€ 6,50

D1705368

Meinem Gefährten im Leben und im Geist,
dem Professor der Medizin Walter Neuweiler gewidmet.

Magda Neuweiler

Zwischen Galgen und Kreuz

Das Leben des rumänischen Freiheitskämpfers
Oliviu Beldeanu

 Verlag SOI

Titelbild nach einer Plastik von Oliviu Beldeanu

© 1979 by Verlag SOI — Schweizerisches Ost-Institut Bern
Herstellung: Steiger Druck AG Bern — Printed in Switzerland
ISBN 3-85913-110-9

Inhaltsverzeichnis

*Das Wahre und Gute ist mannigfach zeitlich gefärbt und be-
dingt; auch z. B. das Gewissen ist zeitlich bedingt; aber die Hin-
gebung, zumal die mit Gefahren und Opfern verbundene, an das
zeitlich bedingte Wahre und Gute ist etwas unbedingt Herrliches.*

Jacob Burckhardt,
Weltgeschichtliche Betrachtungen

Oliviu Beldeanu, das war der Name eines rumänischen Freiheitskämpfers. Oliviu Beldeanu... Man muss sich den Namen merken. In ihm verkörpert sich der Begriff des Helden der Gegenwart. Heldentum heute, oder genauer und ungenauer gesagt in unserem Jahrhundert? Gibt es noch Helden? Wer ist ein Held? Was ist ein Held? Was ist er nicht? Wusste Oliviu Beldeanu, dass er ein Held war? Hat er einst geträumt davon oder sich vorgenommen, ein Held zu werden? In seiner Jugend, die vielleicht mit Heldensagen angefüllt war?

Held, Heldentum... Was wissen wir satten Bürger in unserem angenehmen, unserem redlich erworbenen Wohlstand schon davon! Haben wir je die Luft eines östlichen Gefängnisses, eines Lagers geatmet? Haben wir je die Wassersuppe mit dem angefaulten Gemüse gegessen, das alte Brot, das nie frisch gewesen zu sein schien? Haben wir je auf nassen Steinfliesen, auf feuchten Brettern in dunklen Verliesen gelegen? Oder zum Liegen keinen Platz gefunden, weil die Menge der Gefangenen so gross war für den engen Raum, dass jeder nur stehend darin Platz fand? Und haben wir je die Peitschenhiebe, die Fusstritte und jede nur mögliche lustvoll ausgeführte Tortur an unserem Leibe erfahren? Hätten wir da standhaft bleiben können, die Lippen zusammenpressen um nichts zu verraten, keinen Namen der Gleichgesinnten, der Mitverschworenen, kein Geheimnis preisgegeben? Hätten wir durchgehalten, ein Mal, ein zweites, ein drittes Mal, Wochen, Monate, jahrelang? Aber so unwahrscheinlich es auch klingt, hat unsere Zeit in der Tat solche Helden hervorgebracht, ja in solch ungeheurer Zahl wie noch in keiner Zeit zuvor — es ist ja alles ungeheuer an dieser Zeit, die Hölle des Bösen, einmal in der Masse der übermütigen Henkersknechte, die sich über Wehrlose hermachen, einmal im Abgrund der Seelen vieler Einzelner. Ungeheuer deshalb auch der Widerstand auf verlorenem Posten, das Zeichen, das von den Gequälten ausgeht, das Kreuz, das da unsichtbar aufgerichtet wird oder das einer über sich sieht und es

annimmt, weil ein tiefes Wissen in ihm dieses Kreuz erstellt hat.
Das Kreuz ... Ein Beispiel stehe hier für viele:

Im Jahre 1950 traf ein aus einem rumänischen Gefängnis
herausgeschmuggelter Brief in Rom ein. Darin tat sich etwas wie
der unterste Kreis der Hölle auf, in dem ein Priester gefangen lag,
weil er sich dem sowjetischen Zwang nicht hatte beugen wollen
und der in diesem Brief vom Kreuze schrieb:

«So habe ich ewig unvergessliche Stunden durchgemacht, in
vollster Einsamkeit — nur mit meinem Kreuz allein, das ich
in Gedanken immer vor mir schweben sah. Mein eigenes kleines Kreuz hatte man mir am Gefängnistor abgenommen ...»

Das Kreuz, von dem die Kraft der Unbeugsamkeit ausgehen
kann, kann aber auch anderes sein, der Heimatboden, das Dorf,
die Schafweide, der Bach, die Anhöhe, hinter der sich weitere
Anhöhen türmen zum Gebirge, das schützend diesen Heimatboden abschliesst vor bedrohlich Unbekanntem. Das alles in Gefahr zu wissen und die Menschen, die da wohnen, die von je her
bis in undenkbare Zeiten zurück in ihren Vorfahren da gewohnt
haben, all dies mit einem Mal entehrt, beschmutzt, aufgerissen
zu sehen von fremden Horden, denen sich der Abschaum des
eigenen Landes beigesellt, weil er Vorteil oder ein sich Austoben
wittert: Das ist der Augenblick, da ein Kreuz entstehen, aufste-
hen mag, dem man zu folgen hat, der Augenblick, da alles in
zwei Lager auseinanderbirst, auf der einen Seite die Dämonen,
auf der andern ihre Opfer. So eindeutig soll das sein, fragt ihr?
Gewiss, denn die Schar derer, die dazwischen steht und sich
duckt, zählt nicht, fällt früher oder später der Willkür anheim,
und die Willkür ist auf der Seite der Stärkeren. Die Stärkeren
aber ...

Oliviu Beldeanu, man wird sich, so sagte ich schon, den
Namen merken müssen. Sie nannten ihn auch Puiu, darin
schwingt jene Zärtlichkeit mit, die sich sonst nicht ausdrücken
könnte, weil die Menschen dort in Dej im Siebenbürgischen das
Herz nicht auf den Lippen tragen. Puiu, das deutet nur an, sagt
ganz heimlich: du Guter, du Kamerad, du lieber Bursche! Aber
wenn einer einmal den Namen getragen hat, dann gehört er
zu ihm, trotz dem verbrieften Oliviu oder wie er sonst heissen

10

mag. So wird sich auch Puiu Beldeanu später einmal dem früheren Schulkameraden zu erkennen geben, der ihn sonst nicht mehr erkannt hätte. Puiu sagt ja auch die Mutter, sagt die Grossmutter zu ihm. Und sie werden beide in höchster Not einst in ihn dringen, ihn beschwören:

«Fliehe, Puiu, lass dich hier nicht mehr blicken, sie trachten dir nach dem Leben! Fliehe, Puiu, fliehe!»

Doch noch ist es nicht so weit. Noch ist alles Idylle, trügerische, liebliche Idylle. Längst ist der Junge, 1924 geboren, jetzt im Jahre 1940 mit seinen sechzehn Jahren gewöhnt an die immer gleichen Erzählungen aus dem Ersten Weltkrieg, die in der Weinstube des Gasthofes, der seinem Vater gehört, herumgeboten werden. Aber wie unausdenkbar lange ist das her für Puiu, war er selber damals ja noch gar nicht auf dieser Welt! Wieviel näher liegen ihm da die Heldengesänge der Ilias, die er heimlich in einer schlechten Übersetzung ins Rumänische liest. Aber was weiss der Knabe von guter oder schlechter Übersetzung! Er will ja nur wissen, wie die Männer in jener fernen Zeit gelebt, wie sie gekämpft, gesiegt haben. Und das findet er in dem zerlesenen Buch mit den losen Seiten in Hülle und Fülle. Das Buch war einmal im Hause liegen geblieben, als eine Reisegesellschaft dort gespeist hatte. Nur ein Buch, das niemand kannte, hiess es. Aber der Junge nahm es an sich, las sich in jeder freien Stunde mehr in die fremde Welt der wundersamen Dichtung hinein, heimlich, denn er musste ja immer befürchten, dass ihm das Buch genommen werde. So wurde ihm diese ferne Zeit vertrauter als die Zeit jenes Krieges, von dem immer noch die Rede war und den die Menschen offenbar nicht vergessen konnten.

Der Vater hatte den Ersten Weltkrieg in der österreichisch-ungarischen Armee mitgemacht. Er erzählte wenig davon, liess die andern in der Wirtsstube über diese Dinge reden. Das aber war es gerade, was Puiu so liebte an seinem Vater. Gewiss, die Helden seiner Ilias, die wussten zu reden, zu prahlen, den Feind herauszufordern mit kühnen und frechen Worten! Auch das gefiel dem Knaben, denn da wusste er, dass es bald losging, dass sich Lykomedes oder Glaukos oder ein anderer der unzähligen Helden, vor allem aber Hektor und Achilleus ruhmreich hervortaten. Dann das Gemetzel, oft genügte ein Schwertschlag, oft aber ging es hart auf hart, und der Knabe bangte für den, der gerade sein grosser Held war. Und doch hatte er mit wachsendem Staunen auch das aus dem heimlichen Buch herausgelesen, dass jeder seinen Schutzgott hatte, dem einen war es Zeus selbst, einem andern Apoll oder Poseidon, es konnte auch Hera, konnte Pallas Athene sein. Da musste alles so ausgehen wie es die Götter wollten und sich im Übermut ausdachten.

Die Götter ... Ob es auch heute noch so war? Ob Transsilvanien, ob Rumänien, ob sein Städtchen Dej seinen Gott besass, und die Russen, von denen so oft die Rede war, einen andern? Und die Deutschen, die Franzosen? Einmal hatte er sich ein Herz gefasst, als er draussen vor dem Dorf, wo er die Schafe hütete, den Priester von Dej daherkommen sah und er ihn ganz einfach danach fragte. Der Mann sah den Knaben erstaunt an und sagte nur kurz angemessen:

«Ist der Teufel in dich gefahren, Junge?»

Da aber holte der Junge aus seiner Hosentasche das zerlesene Buch der Ilias hervor, er wollte es dem Priester beweisen, dass das nicht Teufelswerk war, wenn er so fragte. Hier in diesem Buche stand es, und er könnte ihm die Namen vieler Götter dahersagen, wenn jener es wollte. Nein, das wollte der Priester nun nicht, er kannte sie alle längst, jene Götter der Griechen, und er dachte ganz kurz an die Zeit, da auch er heimlich, damals im Priesterseminar, sich an diesen Versen berauschte. Heimlich? Ging das Buch nicht von Hand zu Hand, bis es jeder gelesen hatte? In aller Heimlichkeit, weil man nicht wissen konnte, was die Lehrer davon hielten? Wie lange das her war! Beinahe wehmütig wurde dem Priester zumute.

«Ja, Puiu, das stimmt, was du da liesest, damals gab es noch Götter eine ganze Fülle. Aber nimm dich in Acht, Bursche! Heute weisst du genau, dass es nur einen einzigen Gott gibt, einen strengen Gott, der keine andern Götter neben sich duldet! Merk dir's, Puiu, und dass du mit niemandem über das Zeug da redest, denn es ist nicht so einfach, es zu verstehen. Lass dir das gesagt sein!»

12

Puiu hätte ja nun gerne noch mehr Fragen gestellt, aber er getraute sich nicht. Was, so hätte er wissen mögen, war denn aus den alten Göttern der Griechen geworden? Können Götter sterben? Oder sind sie von einem späteren Gott getötet worden? Von dem einen Gott, an den man zu glauben hatte? Gott hätte getötet? Wer aber stünde heute auf der einen Seite der Helden, wer auf der andern?

Der Priester war längst seines Weges gegangen, der Knabe hatte sich wieder seiner Herde zugewandt, hatte Patrocle zu sich gerufen, den grossen Freund, den prachtvollen Schäferhund, der sein ein und alles war. Patrocle! Welch glückliche Fügung denn auch, dass der Name des geliebten Hundes so nahe an jenen andern grossen Namen seiner Ilias heranreichte, an Patroklos, den ganz grossen Helden der Achaier, den er mehr noch als seinen Widersacher, den hochmütigen Hektor bewunderte, ja den er ganz eigentlich liebte. Unzählige Male konnte er sich an der Szene ergötzen, da Patroklos seine Kriegsrüstung anlegte, der Knabe konnte es sich vorstellen, denn mit aller Umständlichkeit war's beschrieben, und an alles war da gedacht, den Kämpfer zu schützen. Und herrlich musste er ausgesehen haben im Schmuck seiner kostbaren Rüstung. Dann aber das eine dringende Gebot, den Freund und grossen Helden Achilleus zu beschützen, nicht achtend des eigenen Lebens. Doch dabei hingestreckt werden, zwiefach getroffen durch tödliche Streiche des Feindes! Da konnte das Herz des jungen Puiu immer wieder erbeben und in einen Zustand stolzer Trauer versinken, nicht ahnend, dass Patrocle es einst seinem grossen Vorgänger gleichmachen würde. Denn wie genau sollte sich ähnliches Schicksal wiederholen, wie sehr sollte der treue Patrocle seinem wundervollen griechischen Namensverwandten zum Herzensverwandten werden, ebenbürtig auf seine Weise die Eltern des geliebten Freundes mit seinem Leben verteidigend und darob von den Schergen, die sie gefangennahmen, niedergeknallt werden!

Damals aber pflegte sich Patrocle neben ihm niederzulassen, Puiu legte sich ins Gras, den Kopf auf den Rücken des Tieres. So waren sie's gewohnt. Und Patrocle verhielt sich jetzt ganz still, liess nur die Augen spielend über die Herde schweifen, sonst aber bewegte sich nichts an ihm. Denn in solchen Augenblicken war ja auch Puiu ganz still, sei es, dass er las, sei es, dass er in den Himmel oder zu den walddurchsetzten Hügeln hinaufblickte, nichts sagte, nichts tat. Das waren die Augenblicke, an Götter zu denken und an ihre Helden, und das waren auch die Stunden, da alles noch seine Richtigkeit hatte, da die Schulzeit wunderbar unterbrochen wurde durch Schafehüten, Fischfang mit den Kameraden, den Waldgang zur Zeit der Beerenreife. Und daneben das zweite Leben, das seinen Helden und ihren Göttern galt.

Mehr als vom Ersten Weltkrieg redete der Vater aus der früheren Geschichte des Landes mit Puiu. Das Land musste viel gelitten haben, immer wieder waren fremde Heere über es hinweggefegt, hatten geplündert, gebrandmarkt. Und einmal fiel das Land diesen Herren, diesen Königen, ein andermal jenen zu. Immer aber hatte es sich zu ducken, hatte seine Bodenschätze, sein Getreide, sein Vieh abgeben müssen an die fremden Herren.

Es musste ein reiches Land sein, dieses Transsilvanien, dass es soviel hatte hergeben können, dachte der Knabe. Und war doch nicht viel an ihm! Dej, der Marktflecken, bescheiden die Häuser, die Menschen arbeitsam, offen all den kleinen Freuden, die wenig kosteten, dem Glas Wein des Abends, dem Kugelspiel auf dem Dorfplatz oder dem Würfelspiel, zu dem sie auf dem Boden kauerten, würfelten, einlegten, nahmen, gaben, würfelten und abermals würfelten und darob die Welt vergassen. Da trennten noch lange Nachtstunden die Fronarbeit des kommenden Morgens bis in den brennenden Tag hinein. Das galt es zu vergessen, und einer half dem andern dabei. Die Einsätze beim Spiel waren ja gering genug und gerade so hoch, dass sie zum Spiel anreizten und man an dem Verlust nicht eben schwer tragen würde. So war das unter den Bauern von Dej. Das Leben war einfach, wenig aufregend, jeder tat das was er musste, nicht mehr, aber das Geforderte reichte aus um leben zu können, so wollte es dem Jungen scheinen. Wo gehungert wurde, auch das gab es, da war Faulheit im Spiele. Aber die redliche Arbeit war ihren Lohn wert und erhielt ihn auch.

Puiu liebte seinen Vater, ja der Vater war ihm das Mass, mit dem gemessen wurde. Der Junge durfte ihn ruhig neben die Helden seiner Ilias stellen, neben Hektor, Achilleus, Patroklos und all die andern, er hielt jeden Vergleich aus. Gewiss, das was er aus Vaters Kriegszeit wusste, war bei weitem nicht so farbig wie die Gesänge der Ilias. Aber das machte es nicht aus. Der Vater besass Ansehen, war einer der Mächtigen im Umkreis, wie dem Knaben schien, man hörte auf ihn, sein Wort, sein Urteil wurde geachtet. Das Schönste war, wenn er schon als kleiner Junge mit dem Vater auf die Jagd durfte, in die nahen Berge, immer begleitet von den sechs halbwilden Hunden. Der Anmarsch war schon lang, und das war gut so. Denn da hatte er den Vater ganz für sich, da erzählte der Vater dem Jungen gern aus seiner eigenen Jugend. Auch da hatte es schon harte Kämpfe gegeben um das Land, und der Vater hatte mitgekämpft und war dabei zu einem recht streitbaren Mann herangewachsen, der seine Sache auch in der österreichisch-ungarischen Armee im Kriege gut machte; dann, 1918 war er einer der ersten Freiwilligen der Nationalgarde geworden und hatte an der Revolution und am Tisa-Feldzug teilgenommen. Merkwürdig, und darüber konnte der Knabe nicht genug staunen, der Vater besass Auszeichnungen aus verschiedenster Herren Länder. Überall schien er seine Sache gut gemacht zu haben, in Österreich, in Ungarn, in Deutschland, in Frankreich und in Rumänien. Bei Freunden und Feinden hatte er Anerkennung gefunden. Das war das Seltsame, das Puiu nicht begriff. In seiner Ilias, da war das anders, da gehörten die Helden entweder auf die Seite der Troer oder auf die Seite der Achaier. Dazwischen gab es nichts. Aber es war ja auch alles anders und musste wohl so sein.

Der Vater sprach oft von jener frühen Zeit vor dem Krieg, als Transsilvanien noch eng mit Österreich-Ungarn verbunden war und im Lande viele Ungarn ansässig waren. Das war eine Zeit, in der die Bauern schwer ausgebeutet wurden und im Elend lebten. Und da war es dann zu Aufständen gekommen, und es hatte Helden gegeben, er kannte ihre Namen wie er die Namen der Helden seiner Ilias kannte. War da ein Horia etwa geringer als ein Hektor, ein Closca als ein Agamemnon, ein Crisan als

Achilleus? Sie alle waren Transsilvanier gewesen, jene National-
helden, und sie lebten in der Erinnerung des Volkes weiter.
Diese Erzählungen reichten weit in Puius Jugend zurück, es
schien, als ob der Vater nicht früh genug beginnen konnte, den
Jungen damit zu befreunden. Sie trafen auf ein weiches Gemüt,
und es gab da oft heisse Tränen, wenn das Geschehen allzu hart
war, wenn Horia, Closca oder Crisan und alle die andern un-
gerechterweise Gefahren, Leiden, Verurteilungen durchzuma-
chen hatten.

Später kamen neue Akzente in jene Weggespräche, warum
die Menschen gegeneinander kämpften, warum es nie zu gerechten Friedenszuständen kam, warum immer einer den andern
unterdrücken musste. Bot diese Erde, diese von Gott geschaffene
Erde nicht genug des Guten, dass alle bei redlicher Arbeit ihr
Auskommen fänden? Das Fragen ging hin und her zwischen
den beiden, und auch das Anworten. Und auch das sollte sich
tief in das Gemüt des Knaben senken, vergessen werden vielleicht
eine Zeitlang, aber wieder heraufkommen einst wenn eine harte Zeit nach Antworten suchte. Jahre später in der Schule waren
es dann die Lehrer, die ähnlichen Einfluss ausübten auf den
Knaben, die ebenfalls mitgekämpft, mitgelitten hatten und die
auf ihrer Seite Grundsteine legten zu einem Patriotismus und zu
den schweren Verpflichtungen, die dieser auferlegen konnte.

*

Aber noch ein anderer Mann spielte zu jener Zeit eine be-
deutsame Rolle im Leben des Jungen, sein erwachsener Vetter
Nelu Bota, Leutnant beim 81. rumänischen Infanterie-Regiment,
der über längere Zeit in der Familie Beldeanu lebte und der seine Freude an dem aufgeweckten jungen Vetter hatte. Er nahm
ihn oft mit, wenn er sich mit Regimentskameraden traf oder
auch zu Paraden. Nelu verstand es aber auch, ihm weitere leuchtende Beispiele von Mut und Heldentum zu vermitteln. Jede freie
Stunde benutzte er, den Knaben bekannt zu machen mit den Gestalten der früheren Geschichte, der Römer vornehmlich, der
Karthager, der Spartaner.

Puiu liebte diesen Vetter, und er nahm alle seine Geschichten in sich auf um sie nie mehr zu vergessen, nie mehr zum Beispiel zu vergessen, was man, wie der Römer Mucius Scaevola, an Folterungen aushalten konnte um seine Unschuld zu beweisen, nie mehr das entsetzliche Schicksal des römischen Konsuls Marcus Atilus Regulus zu vergessen, der bei den Karthagern einen furchtbaren Tod fand. Sie hatten ihn — Puiu hatte es mit Herzklopfen angehört — gefangen genommen, in sein Land zurück geschickt, harte Friedensbedingungen zu bringen und ihm befohlen, bei seiner Ehre zurückzukehren, auch wenn sein Volk die Bedingungen ablehnte; er musste dann in der Tat seinen Todfeinden die abschlägige Antwort überbringen, worauf er schwere Folterungen zu erleiden hatte und schliesslich umgebracht wurde.

Mit heissen Wangen hörte der Junge den Erzählungen seines grossen Vetters zu. So werden wie dieser, das war es! Und ebenso spannend und aufregend konnte es für Puiu werden, wenn er mit dem Vetter auszog, «das Gruseln zu erlernen». Oft sprach man zu jener Zeit, wenn man abends beieinandersass, von Geistern, Gespenstern und Dämonen. Manch einer wollte schon damit zu tun gehabt haben. Ob er wissen wolle, ob es Geister gebe, fragte dann Nelu den Kleinen ohne dass es die andern hörten. Und ob er es wissen wollte! Puiu brannte förmlich darauf. Und so machten sich die beiden ungleichen Vettern des Nachts öfters auf die Beine und schritten, der Junge an der Hand des grossen Vetters, dem einsam gelegenen Friedhof zu. Kein Mensch war mehr unterwegs, nirgends brannte Licht, kein Hund schlug an, die Gegend war dann wie ausgestorben.

«Denk an die Spartanerjungen!» sagte Nelu jeweilen leise, wenn sie sich dem Friedhof näherten. Dem Kleinen klopfte das Herz, auch wenn er an die Spartanerjungen dachte. Dann traten sie ein.

«Leise!», sagte Botu, «man darf die Geister nicht erschrecken!»

Nun setzten sie sich etwa auf den Rand des Brunnens und warteten ab. Aber sie warteten lange, nichts geschah.

«Nein, so geht es nicht! Komm, wir müssen durch die Gräberreihen hindurch, wenn irgendwo, so finden wir die Geister dort.»

Behutsam schritten sie durch die Gräberreihen. Puiu hörte sein Herz klopfen, es war kaum mehr auszuhalten. Nelu spürte die Aufregung des Knaben.

«Du willst doch ein Mann werden, ein tapferer Rumäne, Puiu! Also!»

Und nach einer Weile:

«Hörst du etwas?»

Puiu strengte sich an, nein, er hatte nichts gehört. Leise gestand er es ein.

«Nun also, ich auch nicht! Aber es ist ja noch nicht Mitternacht. Um Mitternacht wird es, wenn es hier wirklich Geister gibt, lebendig werden. Pass auf, es wird gleich zwölf Uhr schlagen!»

Wiederum banges Warten. Und dann schlug vom Kirchturm herunter in dünnen Tönen die zwölfte Stunde. Der letzte Schlag verhallte, und es schien dem Jungen, dass es nun noch stiller als vorher war. Nelu stellte sich, als ob er nun tatsächlich das Unwahrscheinliche erwarte. Er wollte den Jungen in eine harte Schule nehmen, wie er sie selbst einst durchgemacht hatte. Es war mehr als heimlicher Übermut, der Nelu veranlasste, mit dem Kleinen so zu verfahren. Das Leben verlangte viel von den Menschen dieses Landes. Tapfer mussten sie werden und frei von Furcht. Das war das Schwerste, damit konnte man nicht früh genug beginnen. Mit angehaltenem Atem standen sie da. Zuweilen streifte ein leichter Windstoss die Stirne des Knaben oder liess die Blätter der nahen Birke erschauern, das erste, das einzige Geräusch seit dem Verhallen des letzten Glockentons. Dann wiederum Stille.

Lust und Qual, das war es, was Oliviu in diesen Stunden empfand. Er konnte ja nicht wissen, dass beides einmal, wenn die grosse Prüfung in sein Leben trat, dazu gehören würde als Antrieb zum Handeln, wenn Lust der Tapferkeit, Qual der Furchtlosigkeit vorangehen würde. Beides würde er brauchen, und beides nahm für den Jungen seinen Anfang in jenen bangen Nachtstunden auf dem Friedhof zu Dej. Und dann auf einmal die Stimme Nelus in ihrer gewöhnlichen Lautstärke, mitten zwischen den Gräbern:

«Und nun, Puiu, gibt es hier Geister oder gibt es keine?»

Puiu erschrak durch die aufgebrochene Stille, vermochte aber mit ebenso lauter Stimme, denn er wollte dem grossen Vetter nicht nachstehen, mit einem entschiedenen «Nein!» zu antworten. Und dann die Frage:

«Also würdest du auch allein, ohne mich, des Nachts hierherkommen, Puiu?»

Das war eine Gewissensfrage. Puiu spürte es sogleich. Aber auch das gehörte nun in diese Stunde, dass er ebenso entschieden wie vorher ‚nein!' nun ‚ja!' sagte. Er spürte deutlich, dass er damit das Unmögliche von sich forderte. Niemals würde er allein des Nachts hierher kommen. Aber das Wort war ausgesprochen, er hätte sich geschämt, wenn er nein gesagt hätte, und Nelu hatte den Schwur angenommen. Es gab kein Zurück mehr.

«Bravo, Puiu! Du wirst ein guter Transsilvaner werden!»

Damit nahm er den Knaben wieder bei der Hand, und sie traten den Heimweg an.

Der nächtliche Schwur aber schwelte in der Seele des Knaben fort. Jeden Abend musste er gewärtigen, dass Nelu das Furchtbare von ihm verlangte. Aber der junge Offizier dachte nicht daran, den Mut des kleinen Vetters auf härtere Proben zu stellen. Das Verhalten des Knaben hatte ihn ganz offenbar überzeugt, dass Oliviu seiner Familie, seinem Lande nichts schuldig bleiben würde wenn es einst darum ginge, für seine und des Landes Ehre einzustehen.

Nur einmal noch forderte er den Knaben heraus. Puiu war unvorsichtig gewesen, er hatte von Drachen gelesen und wie sie ihr Unwesen trieben und Menschen und Tiere bedrohten. Davon begann er denn zu sprechen, als er mit Nelu einen grösseren Ausflug ins Vorgebirge machte.

«Drache, das ist wieder eine andere Sache als das mit den Geistern. Weisst du, Drachen hat es tatsächlich einmal gegeben, aber das ist schon tausend, vielleicht auch viele tausend Jahre her, genau weiss man das nicht. Es waren riesige Ungeheuer, aber siehst du, Puiu, es stellte sich heraus, dass der Gott der Schöpfung mit ihnen einen Fehler gemacht hatte. Doch nicht wahr, Puiu, dass du davon keinem Menschen sagst, am wenigsten dem Priester! Das bleibt ganz unter uns. Den Fehler nämlich, dass er die Drachen zu gross gemacht hatte. Und da sie so gross waren, mussten sie ja auch viel zu fressen haben. So wurden sie zu solch fressenden Ungeheuern, dass sie bald alles kahl und klein gefressen hatten und nicht mehr genug fanden, sich zu ernähren. Da wurden sie denn zunächst immer kleiner, erhielten sich aber zäh am Leben, die andere Tierwelt dagegen hatte wiederum Zeit, sich zu vermehren und auszubreiten, sie erstarkte, es gab da auf einmal Bären, und — du weisst, wie gefährlich Bären sind! Und so sahen sich denn diese Drachen umstellt von ebenso gefährlichem Getier, und es wurde unausweichlich, dass ihre Zahl sich allmählich verminderte und sie schliesslich ganz vom Erdboden verschwanden. Dass sie aber eine Zeitlang die Menschen auf das schlimmste bedrohten, das weisst du längst aus der Heldentat des Heiligen Georg, der den Drachen tötete. Also merk dir, Puiu, Drachen sind keine Geister, Drachen sind eine Tatsache gewesen, sind über dies Land gegangen wie wir jetzt, wer weiss, und haben vielleicht gerade in dieser Schlucht, durch die wir hier gehen, ihr Unwesen getrieben. Nicht auszudenken, wenn plötzlich hinter jenem Felsen dort hinten einer hervorkäme! Es gäbe kein Ausweichen für uns, wir müssten nur trachten, den nächsten besten Baumstamm oder Felsblock zu ergreifen und ihn dem Ungeheuer in den offenen Rachen zu werfen.»

Das war wohl im Spass gemeint, aber den Knaben durchfuhr es doch aufs heftigste. Es blieb auch in ihm haften, und später, wenn er in den Bergen Transsilvaniens ein Nest des Widerstandes gegen die Kommunisten schaffen würde und wenn hinter jedem Felsvorsprung das Geknatter feindlicher Maschinengewehre hervorschiessen konnte, da würde wohl in der Stille, die diesem Losbrechen vorausginge, die Drachenerzählung seines toten Vetters noch einmal in dem jetzt erbitterten Kämpfer aufleben.

Das war Nelu Bota, der Leutnant beim 81. rumänischen Infanterie-Regiment. Sein Aufenthalt in der Familie Beldeanu, der sich über Monate erstreckte, hinterliess tiefe Eindrücke in der Seele des Knaben. Und als Nelu Bota im Zweiten Weltkrieg als

Offizier den Heldentod, wie sie es nannten, starb, da erschien dem heranwachsenden Oliviu das Bild des grossen Vetters in noch hellerem Schein, um fortan nicht mehr in der Seele des Jünglings, des Mannes, des Kämpfers auszulöschen. Von nun an blieb ihm keine andere Wahl mehr, das Bild des bewunderten Vetters stellte sich auf immer neben dasjenige des geliebten Vaters, und es sind wohl diese beiden Männer, die den ersten Grund gelegt haben zu dem, was zu durchkämpfen, zu erleiden, zu erdulden Oliviu einst würde aufgetragen werden.

Im Hintergrund, aber seinem Herzen nahe, waren da noch die beiden gottesfürchtigen Frauen, die sein Leben mitprägten, einmal die Mutter, die stets besorgte, und dann die Grossmutter, die auch in der Familie lebte, die alte, kränkliche Frau, deren einziges Anliegen noch war, vor der Ikone zu beten, zu beten für das Land, für die Familie, für Puiu besonders, den sie abgöttisch liebte. Der Junge achtete wenig auf die tief religiöse Haltung der beiden Frauen und war sich auch nicht bewusst, dass selbst ihn ein Strahl dieses Glaubens traf, der in ihm nachleuchten würde. Ja, es gab sogar eine Zeit, da es den Anschein machte, dass sie ihn zum Eintritt ins Priesterseminar zu gewinnen vermochten. Aber der männliche Einfluss in der Familie überwog, zumal noch ein dritter Mann mit seiner ganzen menschlichen und politischen Sauberkeit eine wichtige Rolle im Leben des Jungen zu spielen begann. Es war sein Onkel Ionel Mureseanu. Oliviu liebte ihn sehr. Seine politische Haltung war für ihn beispielgebend, und die Verflechtung beider Schicksale sollte später zu folgenschwerer Auswirkung kommen.

Aber noch sass Mureseanu zuweilen in der Gaststube des Vaters und nahm am Gespräch der andern teil. Öfters jedoch sah ihn Puiu am Familientisch, wo er, wie es dem Jungen schien, ernster und eindrücklicher redete als beim Abendtrunk. Da konnte sich der Junge jeweilen nicht satt sehen an den oft jäh aufblitzenden Augen, wenn der Onkel mit hochgezogenen Augenbrauen etwas Wichtiges zu berichten hatte. Dann mochte es aber auch geschehen, dass diese Augen über die Tischrunde, auch über Puiu hinweg gleichsam in eine Ferne blickten, in der sich ein Unheil zu sammeln schien. Da hob sich denn auch der

Zeigfinger der kräftigen Rechten, die Stimme schwoll entweder an oder wurde ganz leise, ganz eindringlich, dass es wie Angst über den Jungen kam, eine Angst, die er sich nicht erklären, die er nicht verstehen konnte.

Verstehen konnte der kleine Puiu ja auch nicht, was da alles an Krieg, an kämpferischer Auseinandersetzung mit allen, gegen alle im Lande vor sich gegangen war. Auch wenn er abends, wenn die Männer von Dej in der Gaststube des Vaters beisammensassen und das Gespräch nicht enden wollte über Österreich-Ungarn, über Russland, über Polen, Jugoslawien und wie die Länder alle hiessen, auch da konnte ihn einzig das unergründliche Durcheinander fesseln. Es schien, als ob jeder andern Anteil an diesem Geschehen gehabt hätte. Doch es waren nicht die Krücken des kräftig gebauten Mannes mit dem lahmen Bein, der mit rauher Stimme vom Erzfeind Ungarn sprach, oder der bandagierte Oberarm, die verkrüppelte Hand eines andern, der im Eifer der Rede wild um sich schlug, es waren nicht die äusseren Zeichen, die die jüngste Geschichte des Landes im einzelnen Menschen gesetzt hatte. Es musste tiefer liegen; wie denn anders wäre es zu erklären gewesen, dass sie, obgleich oft unvermutet in rauhe Wortgefechte ausbrechend, doch jeden Abend wieder im Gasthof des Vaters zum Abendtrunk zusammenkamen. Aber wie hätte Puiu das auch verstehen können! Verstanden es etwa die Männer selbst, was sie immer wieder gegen einander aufbrachte und dann wieder friedlich miteinander vor ihrem Glase sitzen liess?

Rumänien ... Siebenbürgen ... eines im andern aufgehoben, abgetrennt und abermals zusammengefügt. Das ist die schicksalhafte Verbundenheit dieser Länder. Sie ist ebenso schicksalhaft in der geographischen Lage des Landes begründet. Rumänien, im südlichen Teil offen gegen den Osten, durch unschwer einzunehmendes Gelände dem Einbruch einmal der Türken, einmal der Russen preisgegeben, beide mächtig, beide gezeichnet von Hemmungslosigkeit und Angriffslust. Ach, es war nicht das oft gepriesene Licht, das da vom Osten hereinströmte, es waren dunkle, grausame Mächte, die das Land immer wieder mit Finsternis überzogen. Ein reiches Land, das grossen Viehherden

Nahrung gab, das aber auch alles besass, die Menschen ausreichend mit der Grundnahrung zu versehen. In der Ebene aber zwischen Donau und Südkarpaten als Fluch und Segen zugleich die Erdölquellen, Reichtum und Verhängnis in sich bergend. Denn mit dem Aufkommen der Industrie und der modernen Kriegsführung sollten sie in der Folge so lange an Wert zunehmen, als Rumänien während des Zweiten Weltkrieges damit zunächst Hitler-Deutschland beliefern musste und später Russland, damals als Rumänien, am Ende seiner Kräfte, zu den Alliierten hinüberschwenkte und an der Seite Sowjetrusslands gegen die Achsenmächte zu kämpfen hatte. Alle kriegführenden Staaten hatten ein Interesse an der Erhaltung dieses Erdölvorrates, bei den Alliierten namentlich England für seine Ölversorgung nach dem Mittelmeer, Deutschland für die Ostarmeen sowie für die Schwerindustrie, Russland im Hinblick auf die kurzen Transportwege auf seine Kriegsschauplätze. Das bedeutete, dass Rumänien bei Ausbruch des Krieges fortwährend befürchten musste, dass diese Erdölgebiete je nach der politischen Haltung Rumäniens von der Gegenseite aus der Luft angegriffen wurden oder das Land zum Kriegsschauplatz gemacht wurde. Durch diese Gefahr ist denn auch zu einem Teil die zwiespältige Haltung von Marschall Antonescu in der Führung des Landes während des Krieges zu erklären. Die Frage bleibt offen, ob ein anderer Mann die Geschicke des Landes besser hätte lenken können. So geschah es, dass infolge der früheren Waffenbrüderschaft Rumäniens mit Hitler-Deutschland dieses tragisch verstrickte Land bei Friedensschluss zu erdrückend grossen Erdöl-Lieferungen als Kriegskontribution an Russland gezwungen wurde, so dass nicht nur die Menge dieses Erdöls rasch abnahm, sondern auch seine Qualität und Rumänien seit 1950 selbst gezwungen ist, hochwertiges Erdöl zu importieren.

Dann Siebenbürgen, eingebettet in das Knie der Karpaten, im Westen offen gegen Jugoslawien und Ungarn, bis 1940 im Nordwesten angrenzend an die Tschechoslowakei und Polen, die nach dem Einmarsch Hitlers deutsche Protektorate wurden. Im August 1940 fielen durch Machtanspruch der Achsenmächte im Wiener Diktat grosse Gebiete des nördlichen Transsilvanien mit über 2½ Millionen Einwohnern an Horthy-Ungarn. Erst im Friedensvertrag von Paris zwischen Rumänien und den Alliierten im Jahre 1947 wurden Rumänien wieder die legitimen Rechte auf diese Gebiete zuerkannt.

Grenzstreitigkeiten und ernste Zwischenfälle zwischen Ungarn und Siebenbürgen hatten von jeher die Lage der rumänischen Bevölkerung in Siebenbürgen erschwert. Hier gehört auch jener Tisa-Feldzug hin, an dem der Vater Beldeanus teilgenommen hatte, eine Auseinandersetzung mit Ungarn am Tisa-Fluss, die aber für die Rumänen erfolglos ausging. Der Misserfolg schwelte noch lange in den Herzen der Siebenbürger, handelte es sich doch um ein Gebiet, das zu besitzen sie seit langem ersehnt hatten. Kein Wunder, dass auch das immer wieder beim Abendtrunk in der Gaststube Vater Beldeanus anklang.

Man muss dieses Siebenbürgen auch von Süden, von den grossen Weiten der Walachei, der Dobrudscha und der Moldau aus sehen. Von dort aus erschien das Land jenseits der Berge immer als das gutgelegene, das Geborgenheit gewährende, das es zu hüten galt als das Besondere. Seine Bodenschätze, seine Weiden, seine Wälder bargen Reichtum und waren immer wieder Angriffsziel der angrenzenden Staaten. So kam das Land nie zur Ruhe, war immer wieder Schauplatz kriegerischer Auseinandersetzungen, und noch im Zweiten Weltkrieg fluteten ganze Heerscharen darüber hin.

Die Bevölkerung ist durchaus keine einheitliche, weder in ethnischer, noch in konfessioneller Hinsicht. Wie im südlichen Rumänien hatten auch hier die Römer einst ihren Fuss hingesetzt und ihre Spuren hinterlassen. Nachher war es öfters das ungarische Element, das vorherrschte und von dem eine Minderheit stets im Lande blieb, einmal gefürchtet, ein andermal bedroht. Neben der rumänischen Majorität gab es aber seit Jahrhunderten eine deutsche Minderheit, weniger bedeutsam in der Zahl als in der Besonderheit dieses Menschenschlags; im Mittelalter als Siedler eingewandert und dann sesshaft geworden, ein fleissiges, friedfertiges Volk mit ausgeprägter Kulturfähigkeit, hatte es doch schon zu ungewöhnlich früher Zeit Schulen gegründet und ausgebaut, Zeitungen gedruckt und damit die freie

Meinungsäusserung ermöglicht und herangebildet, hatte Landeskunde getrieben und seine Gemeinschaft sozial ausgebaut. Als während der Reformation diese Siebenbürger Sachsen sich für oder gegen die neue Lehre zu entscheiden hatten, da wurde ein einheitlicher Entscheid gefasst, dem sich alle zu unterziehen hatten. Das kleine Volk bekannte sich zum lutherischen Protestantismus, auch das ein Zeichen von Selbständigkeit und Tapferkeit, war es doch zwischen dem römisch-katholischen Ungarn und dem griechisch-orthodoxen Rumänien auf sich selbst gestellt.

In Siebenbürgen, der Heimat Oliviu Beldeanus, hat sich diese deutsche Minderheit längst eingeordnet in das Land, mit und neben ihr zu leben ergab wenig Schwierigkeiten, ihr stabilisierendes Element, ihre Zähigkeit, ihre Zuverlässigkeit verliehen dem Land oft einen wertvollen Halt. Dass sich später Hitler dieser Deutschen erinnerte, dass er brutale Umsiedlungen vornahm und so diese friedliche, tapfer Widerstand leistende Bevölkerung im Tiefsten aufstörte, war ein nie mehr gutzumachendes Verhängnis. Im gleichen Mass, wie diese Minderheit dadurch an Zahl verlor, wurde denn auch ihre geistige und ihre biologische Substanz empfindlich gefährdet. Das bedeutete einen eigentlichen Verlust für das Land, vermochte doch diese kleine Minderheit durch ihre Haltung, besonders durch ihren ungewöhnlich ausgeprägten Sinn für das Soziale, einen wertvollen Beitrag an das Land zu leisten und beispielhaft zu wirken.

Rumänien hat diese Siebenbürger Sachsen stets respektiert und sie weitgehend zu einem nationalen Bauelement des Staates gemacht. Wenn heute, so sagt der Geschichtsforscher, Rumänien sich im Ostblock eine relative Eigenständigkeit erkämpft hat, so habe hier eine Jahrhunderte alte Durchdringung mit westlichem Kulturgut in Siebenbürgen eine Rolle gespielt.

*

Mit Anton Ionel Mureseanu unabdingbar verbunden ist der Beginn der politischen Tätigkeit des jungen Oliviu Beldeanu. Man zählt das Jahr 1940, Oliviu ist sechzehn Jahre alt. Sein Onkel Mureseanu ist Herausgeber der Zeitung «Ardealul», die von der Vereinigung transsilvanischer Vertriebener gegründet worden war. «Ich liebte ihn,» sagt Oliviu, «wie ich meinen Vater liebte.» Er hatte sich zu Beginn des Zweiten Weltkrieges gegen den Anschluss an Nazideutschland ausgesprochen, und er schrieb in unzähligen Artikeln darüber, so lange bis seine Zeitung zensuriert oder ganz verboten wurde. Leidenschaftlich lehnte Mureseanu sich auf gegen den damals massgebenden Marschall Antonescu, der ganz im Schlepptau der Nazis stand und der hoffte und dies auch aussprach, dass die Rumänen nach dem erfolgreichen Waffengang mit Nazideutschland gegen Russland das von Russland besetzte Odessa einnehmen und als Belohnung auch wieder in den Besitz von Gebieten Transsilvaniens, die unter ungarischer Herrschaft standen, gelangen würden. Odessa wurde besetzt, aber Antonescus Erwartungen und die Versprechen Hitler-Deutschlands zerfielen in nichts. Die siegreichen rumänischen Truppen kehrten nicht wie erwartet von Odessa zurück, sondern wurden an andern Fronten eingesetzt. Mureseanu griff nun öffentlich Marschall Antonescu an, und da er in dieser Haltung seine Zeitung nicht weiterführen konnte, ernannte er einen fähigen Mann an diesen Posten und zog sich vorübergehend von der politischen Plattform zurück. Die Wirkung seines Protestes liess jedoch nicht lange auf sich warten, Mureseanu wurde verhaftet.

Und damit begann der Leidensweg dieses aufrechten Mannes. Über ihn schrieb Archie Gibson, der frühere Korrespondent bei der «Times» in Bukarest in aller Ausführlichkeit, die auch an diese Stelle meines Berichtes gehört:

«Im Targu-Jiu-Lager» befanden sich zwischen 4000 und 11 000 Internierte, miteingerechnet zu einer gewissen Zeit etwa siebzig Engländer, Amerikaner und Franzosen ... Die hervorstechende Persönlichkeit des Lagers war Anton Ionel Mureseanu, ein jovialer Transsilvanier von der Statur eines Herkules. Mureseanu war 1941 bereits in dreizehn Gefängnissen gewesen und dann nach Targu-Jiu eingeliefert worden, weil er gegen die Suspendierung seiner Zeitung Ardealul protestiert hatte. Im Jahre 1941 allein war diese Zeitung siebzehnmal verboten worden, einmal sogar auf Hitlers persönlichen Befehl, dreimal von Ribbentrop und dreizehnmal auf Veranlassung des rumänischen Innenministeriums zur Unterdrückung proalliierter Stimmungsmache. Am 25. November 1943, als Mureseanu sich vor Militärgericht wegen einer Militärrevolte zu verantworten hatte, erklärte er offen, dass England, Amerika und Russland den Krieg gewinnen würden. Bei einer andern Gelegenheit, als Marschall Antonescu ihm Gelegenheit geben wollte, seine Meinung zu widerrufen, antwortete er mit einer schweren Anklage gegen die Deutschland-Politik Antonescus und gab dabei nochmals seiner Überzeugung Ausdruck, dass die Alliierten den Krieg gewinnen würden. Als er später in seiner Zeitung die Verdienste Englands und Amerikas für den Kriegsabschluss mehr hervorhob als diejenigen der Russen, erstand ihm daraus neues Ungemach, das ihn wiederum in Gefangenschaft brachte.»

Mureseanu, der tapfere Kämpfer sollte, wie Oliviu Beldeanu berichtet, nie mehr in Freiheit gesetzt werden, und es sei fraglich, ob er überhaupt noch lebe, heisst es über ihn.

*

Von jeher war Rumänien Ziel fremder Invasionen gewesen. Das Land mit seinen verschiedenen Völkerstämmen war leicht zu besetzen, wenn man es nicht an der nötigen Brutalität fehlen liess. Die Städter, namentlich in Bukarest, fleissig, betriebsam und lebensfreudig, in der Provinz und auf dem Lande Männer, die ihren Boden nur schwer verteidigen konnten, und zu Hause ihre Frauen, die Zuflucht suchten vor der Ikone in der Ecke ihrer Wohnstube. Ein Land auch, das mehr als einmal das Unglück hatte, unfähige Landesfürsten zu haben, die zum Spielball härterer Mächte wurden und das Land schutzlos werden liessen. Es gibt mehrere solcher Durchgangs- und Pufferländer in Europa. Alle tragen sie jenes unsichtbare Signum, in dem Verzweiflung, Auflehnung, Ohnmacht und blinde Hoffnung zu einer Einheit verschmelzen, die die Kräfte des grimmigen Widerstands stählt. Lange können diese schlummern in der Seele eines Volkes, aber einmal erwacht und aufgerufen, können sie lichterloh brennen. So vermögen Gewalt, Täuschung, Niedertracht und Barbarei nur durch eine Übermacht an Brutalität und militärischer Macht diese zähen Völker in die Schranken zu weisen.

Viel zu reden gab im Gasthaus zu Dej, als der heranwachsende Puiu mit heissen Wangen den Gesprächen der Männer folgte, immer wieder die umstrittene, verhängnisvolle und im tiefsten unwürdige Gestalt des Landesfürsten. Es war ein eigentliches Kreuz für das Land, dass in der historisch bedeutsamen Phase zwischen 1930—1940 Carol II. König von Rumänien war, ein Mann, von dem ein Historiker *) aussagt, dass er «vielleicht das korrupteste gekrönte Haupt Europas im Zwanzigsten Jahrhundert» gewesen sei. Ein hoher Verstand und ein zuweilen starker Führungswille lagen im Widerstreit mit seinem Wankelmut, seinem Mangel an Entschlusskraft, seiner Beeinflussbarkeit durch schlechte Berater und namentlich seiner Verschwendungs-

*) N. M. Nagy-Talavera: «The Green Shirts and the Others.»

sucht und Hörigkeit gegenüber seiner Maîtresse und späteren Gattin, Frau Helena Lupescu.

Stets sah sich Carol zwischen einander bekämpfende Parteien und Persönlichkeiten gestellt. Geborener Hohenzoller, in Potsdam militärisch herangebildet, neigte er zur Anlehnung an Deutschland, während sein grosser Gegenspieler Marschall Antonescu in den entscheidenden Vorkriegsjahren und während des Krieges bis zum Zusammenbruch des Landes mit starker Hand die Führung innehatte. Durch seine Auszeichnung im Ersten Weltkrieg hatte dieser bei den Alliierten schon einen Namen, und mit aller Macht suchte er eine Verbindung mit ihnen gegen Hitler-Deutschland.

In scharfer Opposition zum König stand auch die damals noch mächtige Liberale Bauernpartei unter Führung des grossen Iuliu Maniu, eine Partei, die in stetem Kampf gegen die Grossgrundbesitzer stand, unter deren Vorherrschaft die Bauern sehr zu leiden hatten.

Eine zwiespältige aber stets verheerende Rolle spielten die sog. Legionäre, aus deren Gruppe später die «Eiserne Garde» hervorging, eine nationalistische, in ihrer Frühzeit von religiösem Wahn besessene, stark antisemitische Kampffront, die schon einige Jahre vor dem Aufkommen des Nationalsozialismus in Deutschland von Corneliu Zelea Codreanu gegründet worden war und bis in die Blut- und Bodenideologie ähnliche Züge wie der Nationalsozialismus aufwies. Im kompromisslosen Gegensatz stand diese gefährliche Partei zu der zahlenmässig weit überlegenen demokratisch eingestellten Nationalen Bauernpartei und der Liberalen Partei.

So war das Land schon zu Beginn der Hitlerzeit in sich gespalten, und es war ihm trotz seinem Blick nach den westlichen Demokratien nie gelungen, durch ein geordnetes Mehrparteiensystem zu einer demokratisch gelenkten konstitutionellen Monarchie zusammenzuwachsen. Das sollte in der Folge verhängnisvoll für seine Anfälligkeit für den Kommunismus werden, einer politischen Haltung, die dem Volke wesensfremd war, bildete doch die Kommunistische Partei zu jener Zeit die bei weitem schwächste Partei in Rumänien.

Es gibt wohl kein Land in Europa, das soviel politische Schwankungen, soviel Korruption und soviel heldenhafte Auflehnung, aber auch soviel tödliche Balance-Akte zu bestehen hatte wie das Rumänien der Vorkriegsjahre. Dieser Dauerzustand bestimmte denn auch den Zickzackkurs während des Krieges und musste fast unweigerlich zur Überflutung durch den Sowjetkommunismus führen und damit ein weiteres Mal das rumänische Sprichwort bestätigen: Keine bitterere Frucht als die Macht einer Fremdherrschaft im eigenen Land!

In Rumänien ist es nicht nur die Hauptstadt Bukarest, die Grossstadt, die da als einzige mitzusprechen hat. Nein, es sind alle die kleinen Ortschaften, Marktflecken, Kleinstädte, Dörfer, Weiler, wo die Glut des Widerstands aufflackern kann. Eine solche Ortschaft war Dej, und wir wissen etwas über sie, weil Oliviu Beldeanu uns seinen Bericht hinterlassen hat und darin schildert, wie der Einbruch der Kommunisten, verstärkt durch sowjetische Truppen, nach dem Waffenstillstand im Zweiten Weltkrieg in seiner friedlichen Heimat vor sich ging, und wie sie schliesslich unter der Übermacht dieses gemeinsamen Feindes zusammenbrach.

Dej, kleine, unbedeutende Stadt in Transsilvanien, jener nordwestlichen Region des Landes, wo Ungarn und Rumänien dauernd miteinander im Kampfe um die Grenzgebiete lagen. Dej, dessen Männer eingezogen worden waren, um mit Hitler-Deutschland gegen Osten, gegen Russland zu ziehen. Österreich-Ungarn war gefallen, was hätte Rumänien unter einem Antonescu, was Transsilvanien, was das kleine Dej anders tun können als sich dem Diktat von Wien zu beugen. Dies geschah im Jahre 1940, als Oliviu sechzehn Jahre alt war.

Unter diesem Diktat von Wien fielen ganze Teile des Landes, vornehmlich von Transsilvanien, an Ungarn. Einige Monate früher hatten sich die Russen Bessarabiens bemächtigt. Einfall, Überfall also von beiden Seiten.

Das Volk revoltierte, jeder einzelne revoltierte, auch der junge Oliviu, mit seinen sechzehn Jahren durch die Ereignisse mit einem Schlag zum Manne erwacht. Mit der ganzen Unerfahrenheit seiner Jugend stürzte er sich in den Kampf. Die Be-

völkerung von Dej gehörte mehrheitlich der Liberalen Bauernpartei an, so auch sein Vater. Es war das ganz Natürliche, war
doch die Landwirtschaft die Grundlage aller Existenz in jenem
Landstrich. Das mochte das ganz Anfängliche in der Seele des
Sechzehnjährigen gewesen sein. Der Boden, der bebaute Acker,
das Vieh, das bedeutete Heimat, und dieses Gefühl ruhte tief in
der Seele eines jeden, auch des Knaben Puiu. Das aber machte
ihn in kurzer Zeit zum Kämpfer Oliviu Beldeanu. Heimat — das
konnte man sehen, die Scholle, den Wald, konnte es anfassen,
riechen, das ging durch alle Sinne hinein ins Innere und wollte
dort bewahrt und ernährt werden auf immer. Und nun war dieser Boden in Gefahr, ja schon waren fremde Truppen im Land.
Da galt es zu handeln.

Da musste auch Oliviu mitmachen. Ohne grosse Überlegung, ohne Planung zog er von Ort zu Ort, ging in die Kirchen,
läutete die Glocken, rief die Menschen herbei und versuchte, sie
zum Aufruhr zu überreden. Wie dies geschehen sollte und wo,
ach! wie konnte ein Sechzehnjähriger das wissen! So blieb sein
stürmisches Unternehmen wirkungslos. Da schloss er sich Bauern
an, die in der Hauptstadt Siebenbürgens, in Cluj demonstrieren
wollten. Sogleich stiessen sie auf Widerstand, die Strassen waren
verstopft von rumänischen Truppen, die von Ungarn abgezogen
worden waren. Die Ungarn im Lande triumphierten. Ohne Blutvergiessen war das Land eingenommen worden. Das musste ge-
feiert werden. Und es kam zu einer grossen Parade, auch in Dej,
Jubel bei den ungarischen Truppen und jenen Ungarn, die schon
seit langem im Lande lebten, Trauer bei den Rumänen.

Es dauerte auch nicht lange, bis der Terror einsetzte. Schon
bald kam es zu Tätlichkeiten in den Strassen, Gefangene wurden
gemacht, Fenster eingeschlagen, die Willkür der Übermacht fei-
erte Orgien. Viele flohen. Die Familie Beldeanu aber blieb, sie
hatte ihren Gasthof zu verteidigen, ihren angrenzenden Grund
und Boden. Der Junge wurde gefangen genommen, konnte aber
schon bald entkommen und in das Haus von Verwandten fliehen. Auch der Vater wurde verhaftet und ins Gefängnis nach
Cluy überführt, wo er Monate verbringen musste, bevor er

schliesslich ohne Schuldspruch aus Dej, seiner Heimat, vertrieben wurde.

Das Jahr 1940 war für das Land ein Jahr ernstester Prüfungen gewesen, eine schwache, unentschlossene Führung unter Carol II., der schliesslich durch Marschall Antonescu zur Abdankung gezwungen wurde, worauf die Inthronisation seines 19-jährigen Sohnes Michael erfolgte, dem ein Regentschaftsrat beigegeben wurde; dann schwere Ausschreitungen der Eisernen Garde, vorübergehende Verhaftung Ion Antonescus, Druck Sowjetrusslands auf Rumänien, Bessarabien und den nördlichen Teil der Bukowina abzutreten, in seiner Schwäche muss Rumänien darauf eingehen, worauf im Juni sowjetische Truppen diese Gebiete besetzen, im August Annahme des Wiener Diktates und damit Preisgabe des nördlichen Teils von Transsilvanien, Empörung und Auflehnung im Volk, im Oktober vereinbarter Einmarsch deutscher Truppen, als «Militärübungsmission» bezeichnet — sie sollte im Januar 1941 auf 20 000 Mann anwachsen — und schliesslich unausweichlich Eintritt Rumäniens in den Krieg an der Seite Hitler-Deutschlands, nachdem Monate zuvor Grossbritannien die diplomatischen Beziehungen zu Rumänien abgebrochen und eine Wirtschaftsblockade gegen das Land verhängt hatte.

Kriegseintritt also zu einem Zeitpunkt, da Rumänien schon einen Drittel seines Landes, Bessarabien und Teile von Transsilvanien und der Bukowina verloren hatte. So erwachsen dem Land von innen und von aussen immer neue Schwierigkeiten, denen zu begegnen Marschall Antonescu immer mehr Macht an sich reissen muss, was schliesslich zu einer eigentlichen Militärdiktatur führt.

In dieser Situation äusserster Gespanntheit wächst Puiu heran, aus der Nähe erlebt er die Lostrennung eines Teils Siebenbürgens und damit den Triumph der im Lande ansässigen Ungarn, alles aus der Sicht der Männer in der Wirtsstube des väterlichen Gasthofs; und er erlebt schliesslich die Ausweisung der Familie aus der Heimat und deren Übersiedlung nach Bukarest, ein Einbruch in die Seele des Knaben, der sein weiteres Leben und Erleben prägen wird.

Mitten im Winter muss die Familie Dej verlassen. In Bukarest wird der Vater Verwaltungsleiter einer chemischen Fabrik. Oliviu besucht die Schule, um sich auf den Abschluss vorzubereiten. Heimlich hofft aber die Familie, dass sie bald wieder in ihre Heimat zurückkehren könne.

Doch dann erfolgt der Eintritt Rumäniens in den Krieg, im Januar 1941 an der Seite Deutschlands. An einem Sonntagmorgen befindet sich Oliviu auf dem Gang zur Kirche, als er auf einmal sieht, wie die Menschen auf der Strasse hinknieen. Ergriffen von diesem ungewöhnlichen Anblick, aber ohne noch zu wissen was geschehen war, kniet auch der Knabe nieder. Ein paar Minuten später dann auf einmal Lärm, der Klang von Trompeten: Rumänien ist in den Krieg eingetreten. Aufrufe Marschall Antonescus und des Königs hatten den Beginn des «heiligen Krieges» zur Befreiung Bessarabiens und der Nordbukowina an der Seite Deutschlands verkündet.

Oliviu rennt heim und findet die Familie vor dem Radio. Die Mutter weint, sie denkt an alle jungen Männer der Verwandtschaft, die damit unter die Fahnen gerufen würden. Doch der Vater hofft auf die gute Möglichkeit, dass mit diesem Feldzug das Land endlich zu einer geeinten Nation werde, dass man sich offen gegen die Kommunisten, heimlich gegen die Ungarn, ja gegen den deutschen Nationalsozialismus wenden konnte.

Das Leben in der Stadt ging weiter. Oliviu hatte seine Reifeprüfung bestanden, und bereits waren erste Pläne gemacht worden, dass der Junge in ein Priesterseminar eintreten sollte, um später in Rom weiterzufahren. Doch schlechte Nachrichten von der Front durchkreuzten alle Pläne. Entschlossen brach der Junge auf und meldete sich bei einem Fallschirmregiment. Er zählte gerade siebzehn Jahre und wurde aufgenommen. Nach dem ersten Monat durfte er zu einem Wochenende nach Hause. Kaum angekommen bemerkte er zwei fremde Gestalten, die sich in sein Bett verkrochen hatten. Das war seine erste Begegnung mit dem Antisemitismus und den Judenverfolgungen. Die beiden Fremden waren Juden, die aus Transsilvanien geflohen waren vor den Greueltaten, die sich dort ausbreiteten. Sie erreichten Bukarest, und Vater Beldeanu gab ihnen Obdach bis es sich zeigen würde, was weiter mit ihnen geschähe. Die beiden erzählten Puiu, was sie gesehen, erlebt hatten. Für den Jungen gab es keinen Zweifel, das war die Wahrheit, was er da hörte, und sie überfiel ihn mit der ganzen Wucht des Bösen, das über eine nichtsahnende Seele hereinbrach. Ein erstesmal erfasste ihn Entsetzen, dass es möglich war, unschuldige, wehrlose Menschen zu verfolgen, zu quälen, zu martern, zu töten, nur weil sie von anderer Rasse, anderem Glauben waren. Keine Schuld konnte ihnen nachgewiesen werden, aber ihnen, den Nazihörigen genügte jede Anklage, jede Lüge, ihren Übermut an den Wehrlosen auszuleben.

Noch einmal hatte sich für den jungen Oliviu die Welt verändert. Wohl hatte der Geschichtsunterricht in der Schule gelehrt, dass es immer Glaubensverfolgungen gegeben hatte. Aber sie hatten der Vergangenheit angehört, man lernte sie, lernte ihre Jahreszahlen, ihre Auswirkungen, und vergass sie als etwas Überwundenes. Wie konnte er, wie konnten seine Mitschüler wissen, dass es dem grossen Zeitalter, in dem sie lebten, dem strahlenden, fortschrittlichen 20. Jahrhundert vorbehalten war, die grauenhaftesten Judenverfolgungen, die es je gegeben hatte, und später auch andere Glaubensverfolgungen, in die neueste Geschichte hineinzutragen. Noch wusste ja auch niemand, dass dieser Rückfall in die Abgründe des Untermenschlichen den gewaltsamen Tod von sechs Millionen Juden bedeuten würde, abgesehen von den ungezählten weiteren Millionen, die der Trostlosigkeit des Überlebens ausgesetzt würden.

In welche Ferne waren da die Heldengesänge seiner Ilias gerückt! Die Menschen des Altertums, Menschen mit dem wenigen was sie, verglichen mit unserer Zeit, an Wissen besassen, im Landanbau, im Städtebau, im Kriegswesen. Wie primitiv war da doch alles, wie überschaubar einfach. Und wie einfach auch das Freund- und Feindsein, selbst wenn sie damals schon den Verrat kannten, der Freundschaft und Feindschaft bedrohen konnte. Verrat gegen Bestechung, Bezahlung, Verrat im Dienste des Landes, oder gelegentlich auch als gewöhnliche Bosheit, wo gab es keine Verbrechen? Aber wie lächerlich einfach dies alles, wenn man an das grauenhafte Tun dachte, das dem Antisemitismus der jetzigen Zeit entsprang, der krankhafte Trieb, zu quälen so viel und so grausam wie möglich, nur weil man unter dem Schutze des Stärkeren stand. Dass es da Menschen gegeben, die Dante mit seiner Göttlichen Komödie, seiner Hölle, seinem Purgatorium als Stümper an Erfindungsgabe bezeichneten, wer könnte es ihnen verargen?

*

4

In der Armee machte Oliviu seine Sache gut. Seine Haltung war, abgesehen von ein paar Disziplinschwierigkeiten, vorbildlich, und er war schon im Begriff, zum Offizier befördert zu werden, als im August 1944 der grosse Umschwung kam und Rumänien hinüberschwenkte von den Achsenmächten zu den Alliierten. Am Radio verkündigte König Michael, dass die Armee weiterzukämpfen habe, nur jetzt auf der Seite der Alliierten, und dass man alles daran setzen wollte, Transsilvanien zu befreien. Das allein war es, was Oliviu hören wollte. Jetzt hatte er sein Ziel vor Augen. In den Kampf ziehen, seine Heimat befreien, sein Leben einsetzen. So einfach war das! Er befehligte eine Abteilung von zehn Mann, er hätte sich stark genug gefühlt, einem ganzen Regiment vorzustehen!

Erst oder schon am zweiten Tag kam es zu Aktivitäten. Als die ersten Granaten platzten, entfernte sich der führende Leutnant der Truppe, und Oliviu sah ihn nicht wieder. So war er es, der die Führung übernehmen musste. Es gelang ihm, ohne dass er genau wusste, wie, in dem Gefecht eine gute Position zu erlangen. Er feuerte eine Zeitlang, bis er bemerkte, dass er allein war. Da wurde er von einer Wache entdeckt, und der Vorgesetzte war schon im Begriffe, ihm einen Verweis zu erteilen, als man gewahrte, dass Oliviu verletzt war am linken Bein und der rechten Schulter. Man brachte ihn ins Elias-Hospital in Bukarest, das von Kriegsverletzten schon überfüllt war. Dort wurden ihm drei Granatsplitter herausoperiert.

Der kurze Spitalaufenthalt sollte dem jungen Oliviu ein Erlebnis bringen, das ihn bis ins Innerste traf und erschütterte. Ana, so könnte dies Erlebnis ganz einfach umschrieben werden. Ana, den Namen, das Mädchen selbst würde er nie wieder vergessen. Es gehörte fortan zu seinem Leben. Ana war eine College-Schülerin und versah mit vielen ihrer Mitschülerinnen Hilfsdienste bei den Kriegsverwundeten. Sie war der Engel der Kranken und Verwundeten, wie konnte es anders sein, jung wie sie war und liebenswürdig! Jeden Abend machte sie noch die Runde im Saal und sagte jedem Patienten einzeln gute Nacht. Ana sollte die erste sein, durch die Oliviu auch vernahm, dass die Russen in Bukarest eingerückt seien. Es schien ihr Spass zu machen. Oliviu aber erschrak, ohne sich jedoch etwas anmerken zu lassen.

Dann kam der letzte Abend, da sie gesehen wurde. Beim Gutenachtsagen fragte Oliviu, ob er zu ihr heimkommen dürfe. Was ihm einfalle, meinte sie und glaubte sicher, er sei von Sinnen. Er hätte Fieber, sagte sie. «Es ist kein Makel, jung zu sein,» sagte Oliviu später zu einem englischen Journalisten *), «aber heute noch mache ich mir Vorwürfe, dass ich nicht darauf beharrt hatte. Sicher hatte sie nicht viel für mich übrig, war ich doch dort einer von vielen, aber sie konnte auch nicht wissen, dass in mir eine übermässige Zuneigung zu ihr aufkeimte, die mir im Augenblick mehr Halt als alle Rücksicht auf meinen Gesundheitszustand gab. In der Nacht konnte ich nicht schlafen, teils meiner Schmerzen wegen, teils wegen der Unruhe der andern Patienten, die schrieen und stöhnten.

«Am andern Morgen kam Ana nicht. Der Arzt, der die Runde machte, fragte nach ihr, aber niemand wusste etwas. Eine Schwester meinte, vielleicht hätte ihre Mutter ihr nicht erlaubt auszugehen wegen der russischen Truppen. Ich wunderte mich und fragte, was das zu bedeuten hätte. Und dann vernahm ich vom Arzt und den Schwestern, was sich am ersten Tag der Besetzung durch die Russen, die als ‚Freunde’, wie es hiess, in die Stadt gekommen waren, zugetragen hatte. Mein erster Gedanke galt meiner Mutter und meiner Schwester, die ich allein zu Hause wusste. Ich erhob mich, zog meine Uniform an, prüfte meine Pistole, lud sie, entsicherte sie. Ohne um Erlaubnis gefragt zu haben, verliess ich das Spital. Draussen traf ich schon bald eine ältere Schwester, unter der Ana gearbeitet hatte. Diese erzählte mir das Furchtbare, dass auf Ana geschossen worden war und sie im Philantropica Hospital liege. Ich vergass, dass

*) Laurence Wilkinson: No Fruit more bitter.

38

ich heim zu Mutter und Schwester hatte gehen wollen und eilte unverzüglich in jenes Spital.

«Da ich Anas Familiennamen nicht kannte, fragte ich den Portier, wo ich das Mädchen finden könne, das in der vergangenen Nacht mit Schusswunden eingeliefert worden war. Der Portier sah mich mit einem traurigen Lächeln an und sagte nur: ‚Ich könnte es Ihnen sagen, wenn nur ein einziges Mädchen geschändet und erschossen worden wäre in der letzten Nacht.' Ich stürmte davon. Er versuchte, mich festzuhalten, aber ich stiess ihn weg. Wie von Sinnen lief ich durch die Gänge, fragte nach dem Chefarzt, dem ersten Chirurgen, Vintila. Ohne anzuklopfen stürmte ich in sein Ordinationszimmer. Dort gewahrte ich, dass der Arzt mit einer weinenden Frau sprach. Er fragte mich wütend, was ich wolle, und ich antwortete nur: ‚Diese Verbände', und damit zeigte ich auf meine verbundene Schulter, ‚waren mir gestern von Schwester Ana angelegt worden. Was ist mit ihr geschehen?' Die Frau neben ihm schrie auf. Ich blickte sie näher an, zum erstenmal, und gewahrte sogleich: Die Frau hatte Anas Augen, es war kein Zweifel, sie musste Anas Mutter sein. Der Arzt sagte mir nachher, dass Ana zuerst angeschossen, dann vergewaltigt worden und ein paar Minuten bevor ich das Spital betrat gestorben war.

«Ich war wie von Sinnen. Und ich weiss nicht, wie ich von dort wieder wegging, wahrscheinlich ohne auch nur ein Wort hervorzubringen. Ich weiss nur noch, dass ich gegen eine Türe stiess mit meiner verwundeten Schulter, und dass das Blut über meinen Arm und meine Hand hinunterfloss. Irgendwo bestieg ich die Trambahn, eine alte Dame bot mir ihren Platz an, als sie sah, dass Blut über meine Hand rieselte.

«Zuhause war die ganze Familie wie zu einer Feier vereinigt. Auch die Nachbarn waren zugegen. Alle waren glücklich, dass nun die Bombenangriffe aufhören würden, dass es keine Judenverfolgungen mehr geben würde — die meisten unserer Nachbarn waren Juden — und meine Familie war beinahe überglücklich bei dem Gedanken, nun bald wieder nach Transsilvanien zurückkehren zu können.

«Ich war der Einzige, der nicht in diese Umgebung, in diese Stimmung hineinpasste. Als ich heimkam, hatte ich nur den einen Wunsch, den Meinen alles zu sagen über Ana. Jetzt aber sah ich die ganze Unmöglichkeit meines Vorhabens. Das war nicht der Augenblick, mich auszusprechen. Meine Mutter bemerkte als erste, dass ich blutete und fing wie gewöhnlich an zu weinen. Erst am andern Tag, als ich mit meiner Familie allein war, erzählte ich ihnen alles über Ana. Sie waren tief beeindruckt. Doch mein Vater sagte, dass wir über solche Vorkommnisse hinwegsehen müssten, Krieg sei Krieg. Und Menschen, einst mit einem Gewissen aufgezogen worden, seien dennoch oft schlimmer als wilde Tiere.»

Nach drei Wochen der Rekonvaleszenz kehrte Oliviu wieder zu seiner Truppe zurück. Diesmal wurde er an der Front seines eigenen Landes eingesetzt in der Nähe von Huedin.

«Der schlimmste Kampf an dieser Front,» so sagt Beldeanu, «war nicht der Kampf gegen den Feind, sondern gegen Misere und Demoralisation. Unsere Männer wussten nicht, für was und für wen sie kämpften. Und wenn sie hörten, was unter den russischen Truppen in ihrem Lande vor sich ging und dass alles noch schlimmer war als unter den Nazis, löste das tiefste Verwirrung aus. Ihre einzige Hoffnung war, dass alles bald an ein Ende komme und dass die Barbaren in ihre Steppen zurückkehren und Rumänien in Frieden lassen würden.

Und schliesslich kam dieser Tag. Der Krieg war vorüber, und wir alle hofften, dass sich nun alles zum Besseren wenden würde.»

*

5

Zunächst machte es den Anschein, als ob sich das Leben der Familie Beldeanu wieder normalisieren würde. Der Krieg war zu Ende, und die Familie konnte nach Dej zurückkehren. Hotel und Restaurant waren wieder in Betrieb zu nehmen, zwölf Aren Land zu bewirtschaften.

Wiederum trat für Oliviu die Berufsfrage in den Vordergrund. Der Gedanke, Priester zu werden, war längst aufgegeben. Ihn hatte offenbar der Krieg und das, was Oliviu darin gesehen und erlebt hatte, weggeschwemmt auf immer. So trat denn zunächst der Beruf des Architekten in den Vordergrund. Aufbauen, das entsprach dem jungen Mann. Und doch lockte im Innersten eine Tätigkeit rein künstlerischer Art. Kunstmaler, Bildhauer werden, stand verheissungsvoll als Ziel vor seinen Augen. So bewarb er sich um ein Stipendium an der Akademie der Künste in Bukarest und begann sein Studium. In Bukarest lebte auch sein verehrter Onkel Ionel Mureseanu. Was lag näher, als dass der junge Mann dort ein- und ausging. Wiederum spielte das Schicksal seine Rolle, es kam nicht zum geordneten und konsequent durchgeführten Studium, mit Leichtigkeit konnte sein Onkel ihn überreden, halbtags bei ihm in der Redaktion seiner Zeitung Ardealul mitzuarbeiten. Mit Freuden griff Oliviu zu, die Tätigkeit als Sekretär in einer Redaktion, besonders jedoch die Arbeit an der Seite seines Onkels, daneben das Studium an der Kunstakademie, was konnte es Schöneres geben! Das Leben war wieder lebenswert geworden.

Doch Oliviu konnte nicht wissen, dass er mit dieser Zusammenarbeit in die Netze der Politik hineingeriet, und dass sein Onkel ein Mann der Tat, des bedingungslosen Einsatzes für Recht und Gerechtigkeit war, eine Kämpfernatur, die vor nichts zurückschreckte. Oliviu hatte zu jener Zeit nicht im Sinn, sich in die Politik zu begeben, das überliess er gern seinem Onkel. Sein Anliegen war die Kunst. In ihre Gesetze eindringen, selbst künstlerisch tätig sein, das lockte ihn. Die Anfänge dazu gingen weit zurück in jene glückliche Zeit, da der Junge noch in Musse dahinlebte, da er mit Patrocle, dem geliebten Hund, die Schafe hütete, er am Boden liegend seinen Kopf auf den Leib des Tieres stützte und, was meistens geschah, in seiner Ilias las.

Es konnte damals aber auch vorkommen, dass Puiu, etwa am Ende eines Gesanges seiner Ilias, das Buch ins Gras legte und sich das Gelesene ausmalte. Sinnend lag er da, und doch hellwach, aufgestört durch das Geschehen in seinem geliebten Buch.

Doch dann konnte es vorkommen, dass ihn die Gegend, die da vor ihm lag, mit einem Mal auf ganz neue Weise ansprach. Mit Patrocle befand er sich mit Vorliebe im Schutze eines dichten Haselgebüsches, das die Sicht in die Weite nach vorn freigab. In der Nähe neben einer Scheune aber erhob sich — Oliviu hatte sie kaum je beachtet — eine mächtige Linde. Er hatte an ihr vorbeigeschaut, vielleicht in die Ferne, das weite Land, ganz im Hintergrund feine bläuliche Hügelzüge, die, so fern sie auch sein mochten, ihn mächtig anzogen, die geheimnisvoll dalagen, die lockten, die die Begierde weckten zu wissen, was hinter ihnen liege. Und davor nun auf einmal eine einfache Scheune ohne jegliche Besonderheit, das hohe Strohdach war ja ein üblicher Anblick in seiner Heimat, daneben aber und weit über sie hinausragend die Linde, mit ihrer mächtigen gelbgrünen Krone den Vordergrund beherrschend. Das Besondere aber an ihr war, dass sie jene ferne Hügellandschaft in zwei Szenerien aufteilte, links lag eine schmälere, rechts eine breitere. Und je nachdem, wie er nun die Linde mit einbezog, ergaben sich da auf magische Weise zwei Landschaften. Welche Überraschung für den Jungen! Einmal, bei der schmäleren Landschaft befand sich die Linde am rechten Rand, bei der breiteren auf der rechten Seite aber ragte sie von links mächtig in die Landschaft hinein, aus dem kraftvollen Stamm schoss es in die Höhe, quellte grüngelb hervor in mächtigen Ballungen, Ast um Ast drängte zum Licht, strebte nach oben und in die Weite.

Das war wie Erfüllung, war Offenbarung, so durchfuhr es den Jungen immer wieder. Denn diese Linde, diese ganz neu entdeckte Linde stand ja nicht für sich allein da, war ja in Verbindung mit jener zarten bläulichen Hügellandschaft in der Ferne, in Verbindung mit ihr und im Gegensatz zu ihr. Ja, welcher Gegensatz, mächtig und selbstherrlich und ganz gegenwärtig der Baum, ungewiss, verschwommen, nicht ganz zu fassen aber die Landschaft des Hintergrunds. Und als einziges Zeichen menschlichen Waltens die Scheune, vertikal aufgerichtet die Holzwände, darüber durch steile Schräglinien aufgebaut die horizontale Linie des Daches, die Abschrägung genau im richtigen Winkel, wie die Häuser, die Scheunen und Schöpfe der Gegend gebaut waren, in Übereinstimmung miteinander und ohne jegliche Abweichung. Das war es wohl auch, dass man sie nicht weiter beachtete, dass sie zur Landschaft gehörten ohne sie zu verletzen. Sie waren selbst ein Teil dieser Landschaft, wie die Linde, wie die blauen Hügel der Ferne.

Noch weiss der Knabe, der da, an Patrocle gelehnt im Schutze der Haselhecke, nicht, dass die Landschaft, dass die Linde über der Scheune in ihn hineinwächst. Unbekümmert liegt er da, aber offenen Sinnes, die Seele noch angeregt, noch bebend von den Taten Hektors, Polydamas' und all jener andern Helden, vom Todesmut, von der Verzweiflung der Kämpfenden, vom Jubel vielleicht auch, der einen Sieg krönte, um den Puiu gebangt hatte mit den Kriegern im fernen Griechenland. Da kann es geschehen, dass sich die Dinge vermischen, dass sie sich ohne jegliches Dazutun in die Seele senken als ein nie Bedachtes, nie eigentlich bewusst Erlebtes. Die Seele aber wird sie aufheben bis ihre Zeit reif ist, und dann aufsteigen lassen aus dem verborgenen Wurzelgrund. So muss es sein, und so muss allem Tun das Nichttun vorausgehen, das Stillesein, das Bereitwerden.

Eine andere Erscheinung wird sich später des jungen Mannes, der dann schon zum Kämpfer geworden sein wird, in die Seele eingraben. Doch es muss noch Furchtbares geschehen, bis es so weit ist, bis eine steinerne Madonna seinen Blick bannt und ihn mit ihrem holdseligen Lächeln bezaubert. Ja, sie wird sich in seine Seele hineinlächeln; und später wird auf dem Thorberg in der Schweiz eine Betende aus Lindenholz unter seinen Händen entstehen, das Lächeln wird erstarrt sein, und ernst und verschlossen wird sie durch nichts mehr an das frühe Bild, die Statue auf dem Brunnenstock erinnern als durch ihr Dasein im Dienste der selben Idee, des selben Wissens um einen fernen, einen immer ferneren Gott, dem sie zu dienen hat und in dem sie aufgehoben ist.

*

6

Es war wie ein geheimer Zwang. Unausweichlich wurde der junge Mann in die Strömung hineingezogen, die sein Leben fortan bestimmen sollte. Vielleicht wollte es sein Land, seine Heimat, ja vielleicht zwang ihn ganz heimlich eine mächtige Linde über einer einfachen Scheune, sich in die Strömung zu werfen. Nicht immer leicht sind die Dinge von einander zu trennen, manches greift unmerklich in das Andere und dieses wiederum setzt sich fort in einem neuen Andern, unabwendbar.

Sein Onkel Mureseanu hatte ihn gewarnt. Im November 1945 teilte er ihm auf der Redaktion des Ardealul mit, dass er in einem Artikel die Bevölkerung aufrufen wolle, am bevorstehenden Namenstag König Michaels eine Sympathiekundgebung für den König zu veranstalten. Dies geschah nicht eigentlich aus wirklicher Verehrung oder aus Treue zum König, jeder Politiker wusste, dass der rumänische König längst ein unfähiger Monarch im Spiel der Mächte geworden war. Es ging Mureseanu darum, den Geist eines liberalen Rumäniens zu stärken, auf das im Hintergrunde schon die kommunistische Gefahr lauerte.

Der Artikel erschien in seiner Zeitung, Mureseanu wusste, wie gefährlich es sein konnte und sah sich genötigt, vorübergehend unterzutauchen. Es war nicht möglich, dass der junge Beldeanu schon wissen konnte, und auch Mureseanu hatte diese Folgen nicht voraussehen können, dass nun auch für ihn die Lage gefährlich werden konnte. Er wurde denn auch sogleich verhaftet und vor ein Gericht des Ministeriums des Innern geführt. Nach seiner Tätigkeit bei der Zeitung Ardealul gefragt, konnte er mit gutem Gewissen aussagen, dass er dort nur halbtagsweise Sekretärarbeit verrichte, sonst aber Student an der Kunstakademie sei. Trotzdem kam er für mehrere Tage ins Gefängnis, wurde dann vor Militärgericht geladen und dort unter dem Verdacht revolutionärer Tätigkeit dennoch überraschend wieder in Freiheit gesetzt.

Die Zeitung wurde vorübergehend verboten und erst auf die Intervention des amerikanischen Diplomaten Marc Etheridge hin später wieder erlaubt. Mureseanu konnte seine Tätigkeit wieder aufnehmen.

Dann aber folgten für Beldeanu immer wieder Zwischenfälle, die ihn mehrmals ins Gefängnis brachten. Noch schien jedoch alles ein mehr oder weniger ernstes Geplänkel, und wenn sich Oliviu bei einem solchen Gefängnisaufenthalt einmal erlaubte, an die Gefängniswand zu schreiben: «Lang lebe Maniu und die Nationale Bauernpartei!» so wurde er dafür bestraft und ihm im Gerichtsurteil zur Last gelegt, er habe geschrieben: «Tod über Stalin! Nieder mit den Sowjets!»

Maniu war zu jener Zeit noch der allgemein verehrte rumänische Staatsmann und Führer der Liberalen Bauernpartei, nach der nichtkommunistischen Arbeiterpartei die grösste Partei des Landes. Sein Ansehen war so gefestigt, dass ein amerikanischer Journalist schreiben konnte, er halte ihn für einen der nobelsten demokratischen Führer seiner Generation. Auch er hatte, wie Mureseanu, die Machenschaften Antonescus zugunsten der Achsenmächte verurteilt. Als Antonescu aber später von den Kommunisten wegen Verrats zum Tode verurteilt werden sollte, da war es Maniu, der ihn rettete. Hätte er es nicht getan, sagte er später, und dies war kurz bevor er selbst zu lebenslänglicher Gefängnisstrafe verurteilt wurde, hätte er sich bis ans Ende seines Lebens geschämt. Maniu, dieser prachtvolle, aufrechte Mann und grosse Patriot soll dann auch nach langem Aufenthalt im Kerker gestorben sein. Er gehört in die Reihe derjenigen Rumänen, deren Namen in die Herzen der leidenden Patrioten seiner Generation auf immer eingegraben sind.

Und immer wieder Angriffe der Kommunisten, unterstützt durch die Sowjettruppen, die die Macht in den Händen hatten, immer wieder Verhaftungen, Verhöre, Folterungen, Gefängnis. Einer der russischen Offiziere der Militärkommandatur in Dej versuchte, Oliviu, diesen gefährlichen Mann, zu überreden, auf die kommunistische Seite hinüberzuwechseln und aus der Liberalen Bauernpartei auszutreten. Das wäre der Weg gewesen, auf dem Beldeanu ohne weitere Schwierigkeiten sich sein Leben hätte aufbauen können, einen Hausstand gründen, seinen Beruf ausüben, im übrigen sich ducken und die andern die Sache des Landes austragen lassen. Das konnte aber niemals Beldeanus Art sein, Feigheit war ihm das Verächtlichste, und zum Verräter an der rumänischen Sache konnte er nicht werden. Keinen Augenblick zögerte er, seinen ihm vorgezeichneten Weg weiterzugehen. Sollte er nicht, wie viele andere es zu jener Zeit taten, sein Leben einsetzen für die gerechte Sache? Ein anderer Weg wäre die Flucht ins Ausland gewesen, die zu jenem Zeitpunkt noch leicht gewesen wäre. Tausende hatten diesen Weg gewählt und lebten jetzt in Sicherheit in den freien Ländern des Westens, hauptsächlich in den Vereinigten Staaten. Aber er brauchte nur an die tapferen Führer der Bauernpartei zu denken, an Ghita-Pop, den früheren Bauernführer, an Maniu und Bratianu, an seinen Onkel Mureseanu und all die andern, die sich der Übermacht stellten, um zu wissen, wo sein Platz war.

Solchermassen sind die Marksteine des Heldentums. Mit offenen Augen, mit wachen Sinnen, klarem Kopf wissen, dass der Weg für den Kampf in die Freiheit ein harter sein wird, dass er Gefahren, Nöte, Qual und Tod in sich birgt, und es doch nicht fertigbringen, diesen Weg zu verlassen und den bequemeren einzuschlagen. Wie sagte es doch der siebenbürgische Dichter Gheorghe Cosbuc in seinen Heldengesängen?

Ob alt, ob jung,
Es gilt nur dies zu retten:
Dass du als Löwe stirbst,
Und nicht als Hund in Ketten.

Laut hatte der Dichter mit solchen Worten seine Mitbürger herausgefordert. Sie trafen empfindliche Gemüter noch lange über den Tod des Dichters hinaus. Auch in die Seele des jungen Puiu sind sie eingedrungen, sie wirken, ihm unbewusst, als eine innere Stimme, als eine treibende Kraft, die ihn zur Tat zwingen wird. Niemand ausser er selbst hört diese innere Stimme, die ihn dazu zwingt. Auch er selbst könnte versuchen, sie zu überhören, könnte versuchen, die besten Beweggründe für ein Ausweichen ins Feld zu führen, die Rücksicht auf die Familie, die bedrohten Eltern zum Beispiel, seine Berufung als Künstler, dem Höheren zu dienen, ja die Überzeugung, zum Kämpfen gar nicht fähig zu sein. Ehrbare Gründe ein jeder von ihnen, und dennoch zurückgewiesen durch das was stärker ist, was tiefer sitzt im Herzen, jenes Unwägbare, jene mit allen Mitteln nicht zu überhörende Stimme des Gewissens, die nicht einmal etwas wie Gewissensnot zulässt, die einfach spricht und gebietet. Wer, was wirkt in einer solchen Seele? Wer formt sie und gebietet ihr, und wer hält eine andere Seele davon zurück, gehorsam zu sein jener inneren Stimme, jenem Drang der Dunkelheit, in die unser Bewusstsein nicht hinabreicht, wie es Konrad Lorenz ausspricht? Welche geheimnisvolle Macht setzt die Marksteine, an denen einer vorbei muss bis zum letzten, zum allerletzten?

Helden... Wer dächte hier nicht ein weiteres Mal an die Helden der Ilias, an Odysseus, an Hektor, an den Telamonier Aias, der seine Männer mit diesen Worten zur Tat aufrief:

Seid nun Männer, o Freund', und Scham erfüll euch die Herzen!
Ehret euch selber einander im Ungestüme der Feldschlacht!
Denn wo sich ehrt ein Volk, stehn mehrere Männer, denn fallen;
Doch den Fliehenden wird nicht Ruhm gewährt noch Errettung!

Waren sie als Helden zu vergleichen mit einem Oliviu Beldeanu unserer Zeit? Und es gibt tausende und abertausende solcher Beldeanus, der Vergleich wäre zahlenmässig ins Unermessliche auszudehnen. Es ist weder der vergoldete und mit Edelsteinen besetzte Schild des griechischen Helden, noch sein kunstvoll geschmiedeter Speer, der den Unterschied aufzeigt. Wieviel rascher, wieviel sicherer können Maschinengewehre töten als ein noch so gut gezielter Speer, um nur vom Geringsten zu reden und die Panzer, die Kampfflugzeuge, ja die ganze mörderische Maschinerie einer gut ausgerüsteten Armee von heute beiseite zu lassen. Der Raub der Helena, ihre Zurückeroberung, die Rache am Feind, gewiss, das waren zu jener Zeit ebensolche Antriebe zu Taten, die das Leben kosten konnten. Ist es aber dasselbe, wenn ein Hektor im Augenblick, wo er dem feindlichen Heer gegenübersteht, dessen Anführer mit übermütigen Worten herausfordert, heranzukommen, den Kampf zu wagen, und der von sich behaupten darf:

«Und mir gibt herrlichen Siegesruhm Zeus!»

Befindet sich Hektor da nicht eher in einem Rausch des Übermuts, des Tatendrangs, der Gier sich Geltung, höchsten Ruhm vor dem Volk und damit Macht zu verschaffen? Einem Rausch, in dem noch so viel anderes mitschwingen mag! Tapfere Männer, gewiss, an ihrem Mut ist nicht zu zweifeln, sie kennen die Stärke des Gegners, und wenn sie nicht versuchen, ihn durch Verrat zu überlisten und niederzustrecken, sondern mit offenem Visier gleichsam ihm gegenüberstehen, wer würde da nicht Achtung empfinden! Allein, ist es nicht auch eine Lust, dieses Kräftemessen mit dem ebenbürtigen Gegner, beinahe zu vergleichen den Sportwettkämpfen unserer Tage, an denen ja auch bis an äusserste Grenzen des Ertragbaren gegangen wird?

Bis in die frühesten Zeiten menschlicher Geschichtsschreibung lässt sich ja das Problem des Heldentums verfolgen, und es wäre einer eingehenden Studie wert, die Verschiedenheit in der Auffassung des Heldentums zu erforschen. Es müsste da bis dreitausend Jahre v. Chr. zurückgegangen werden, nach Sumer und zu dessen König Gilgamesch. Was aber war die Triebfeder für das Heldentum dieses Gilgamesch, so müsste man fragen? Allgemeine Antworten sind gegeben worden, so eine besonders interessante von Samuel Noah Kramer von der Universität von Pennsylvanien, der den Ansporn zum Heldentum bei Gilgamesch und anderen frühesten Heldengestalten in der Angst vor dem Tode erblickt, dem der Mensch zu entgehen trachtet. Durch eine hervorstechende ruhmvolle, eine ihn über alle Mitmenschen hinaushebende Tat will er sich die Unsterblichkeit erwerben. Sein Name muss in das Bewusstsein seiner Mitmenschen und von da aus in deren Nachfahren eingehen, um nicht mehr im Gedächtnis der Menschheit auszulöschen. Die Erlegung eines wilden Tieres, eines Ungeheuers, ist das immer wiederkehrende Grundthema zur Erlangung von Unsterblichkeit und besitzt, wie ich glaube, archetypischen Charakter. Anders motiviert und doch dem Urtypus noch verwandt könnte man auch die Sage vom Kampf des Heiligen Georg mit dem Drachen auffassen.

Immer aber, also schon in vorchristlichen Zeiten, wurden auch Götter mit in die Handlung einbezogen, die beschützen, eingreifen, die aber auch Verderben bringen konnten. Stets hat offenbar der Mensch in seiner Beschränkung das Bedürfnis nach Führung und Schutz durch höhere Mächte gehabt, hat sie um Beistand angerufen vor dem Kampf.

Die Tat war schwer und leicht zugleich. Schwer, weil keine Erfahrung, kein Wissen um die Kraft des Gegners den Helden führen konnte. Leicht — das sei mit allem Vorbehalt gesagt — weil ja das eigene Fortleben durch die Tat erreicht werden soll-te, nichts Geringeres. Ganz anders liegen die Dinge im christlichen Zeitalter. Da werden Befehle ausgeführt, wenn der Heilige Georg den Drachen tötet, wobei auch hier die sehr abweichenden Überlieferungen nicht zum Kern vorstossen lassen. Eines aber steht fest, es galt hier nicht mehr, dem eigenen Namen Unsterblichkeit zu verschaffen. Es gab da auch nicht Götter, Gottheiten, die eingriffen, mit denen man gleichsam verhandeln konnte, sondern es gab den einen Gott, der die grosse Tat von dem einen Auserwählten forderte und wo Fernes und Fernstes sich nicht zu berühren schienen.

Und dann kommen Menschen, die für ihr Heldentum nicht den eigenen Namen auf den Schild heben wollen. Da kommt ein Oliviu Beldeanu, und ich sagte gleich zu Anfang, den Namen müsse man sich merken: Oliviu Beldeanu. Sein Tun, sein Heldentum kann nicht an jenem frühen Heldentum gemessen werden, es verlangt andere Massstäbe. Sein Heldentum ist ein durch die Gegebenheiten unserer heutigen Zeit gefordertes. Er muss geradezu Held sein, er sucht das Heldentum nicht wie die Helden der früheren Geschichte, es wird ihm aufgezwungen. Es gibt eine ungeheure, nie festzustellende Zahl von Oliviu Beldeanus hinter dem Eisernen Vorhang, nur der Name ist anders, die Hingabe ist oder war dieselbe. Sein Name stehe für sie alle. Zu tausenden haben sie der brutalen Übermacht gegenübergestanden, zu tausenden sind sie aber auch ruhmlos untergegangen. Es wird ihnen kein Heldentod bereitet, und es werden ih-

50

nen auch keine Heldengesänge nachfolgen. Das ist das Neue in der Geschichte unserer Tage. Der Held tritt nicht ins Rampenlicht, er weiss auch, dass das Ungeheuer, dem er die Stirn bietet, um ein Tausendfaches stärker ist als jene frühen Ungeheuer es waren, und dass er, dieser einzelne, in seiner Kraft Beschränkte einer Übermacht gegenübersteht, mit der er sich nicht messen kann.

Ja, es hat sich sogar noch anderes in sein Gegenteil verkehrt, es sind nun die Ungeheuer, deren Namen in die Zeit eingehen werden, ein Hitler, ein Stalin und alle die andern, die einst mit ihren Taten das Bild der Welt schändeten, ebenso wie ihre heutigen Nachfolger, die noch in der Erstarrung des Systems ihre Welt lenken. Es sind jene Untermenschen, die ihre Namen an den Himmel schreiben, dass sie dauern mögen und ihnen Unsterblichkeit verleihen. Es brauchte die Wortgewalt eines Dante, der seiner Hölle diesmal einen neuen Kreis zuzufügen hätte, in dem er über seine grandiose Dichtung hinauswachsen müsste zu heutiger Gültigkeit.

Die Helden aber, Oliviu Beldeanu als ihr Vertreter, werden in der Dunkelheit untergehen, und es wird ihrer höchstens einst als Masse, als Volkselite Erwähnung getan werden. Und deshalb muss man sich den Namen Oliviu Beldeanu merken, aus diesem wahnwitzigen Grund, weil die Dinge sich in ihr Gegenteil gewendet haben und wenigstens einer dafür zeugen soll, was da an Heldentum vom Einzelnen geleistet wurde; in jedem Land, wo die eiserne Faust der Diktatur regiert, nicht nur in Rumänien, in Transsilvanien, in Dej, der Heimat des armen Puiu, der seinem Land ein guter Sohn geworden ist. Unsere Zeit, unsere Dichtung hat nichts für Pathos mehr übrig. Verständlich, ist doch nie der Begriff Pathos so sehr missbraucht worden wie heute. So müssen wir denn verzichten, so darf denn keiner mehr mit Pathos, mit innerer Bewegung aussagen, was da geschehen ist? Muss Pathos sich in sich selbst verzehren? Es wäre unausdenkbar, auch wenn der Begriff abgewertet wurde — und die Bücherschreiber vor allen haben ihn zuweilen mit einer Lust ohnegleichen abgewertet und in den Schmutz gezogen, ohne sich freilich der Mühe zu unterziehen, ihm etwas Besseres gegenüberzustellen. Also denn Pathos m i t Pathos den Garaus machen? Wie heldenhaft!

Aber das Pathos, das echte, dem Menschen angeborene, wird weiterleben, der Begriff mit seinem ihm innewohnenden Gefühlsinhalt, er hat seine Aufgabe, er ist dem Menschen gegeben wie sein Gewissen. Die beiden sind eng miteinander verbunden. Und wenn ihm sein Wirken nicht am hellen Tageslicht erlaubt ist, dann wird er unterirdisch weiterglühen und glimmen, bis seine Zeit wiederkommen wird. Wie lange und wieviel da noch in der Namenlosigkeit gekämpft, gelitten und gestorben werden muss, das wird die Zukunft entscheiden. Noch sind die Menschen unterwegs.

*

7

Es ist nicht leicht, zwei Lebensberichte über den selben Menschen zu einem einzigen zusammenzufügen. Im Mai/Juni 1956 erschien in einem schweizerischen Organ der Aktion freier Schweizerbürger eine Spezialnummer, in der Oliviu Beldeanu unter dem Titel: «Mein Weg nach Thorberg» die Zeit seines politischen Kampfes bis zu seinem Übertritt in die Schweiz darstellt. Nüchtern und sachlich wird da von den Begebenheiten, die sich seit dem Einzug der Sowjets in Rumänien ereignet haben und in die er selbst verstrickt worden ist, berichtet. Dies wäre eine allzu dürftige Ausbeute eines exemplarischen Heldenlebens gewesen, hätte nicht Laurence Wilkinson, damals Spezialkorrespondent einer grossen Londoner Zeitung, sich während Monaten bemüht, mehr Licht in die Vorgänge um Beldeanu zu bringen, hätte er nicht in der Schweiz, in Deutschland, in Frankreich, in London, New York und Washington nachgeforscht. Ich bedaure, heute nach mehr als zwanzig Jahren keine Verbindung zu diesem offenbar mit ganzer Seele engagierten Mann mehr bekommen zu können. Vergeblich habe ich beim Verlag Heinemann, London, nach ihm nachgeforscht. Das Buch, das von ihm in diesem Verlag herausgekommen ist, trägt den Titel: «No Fruit more bitter» und umfasst gegen 250 Seiten.

Wesentlich ist, dass sich alles, was Beldeanu in seinem Bericht niederlegt, mit dem, was Wilkinson schreibt, deckt, soweit der — kürzere — Beldeanu-Bericht in Frage kommt. Das gibt Gewähr für die Genauigkeit beider Aussagen. Und da kein anderes Material, wenigstens meinen Nachforschungen zufolge, vorliegt, so muss ich mich an diese beiden Berichte halten, will ich den Leidensweg Oliviu Beldeanus, der ja in jenem Buch nur im Englischen vorliegt — das Buch ist heute leider vergriffen — dem deutschen Sprachgebrauch zugänglich machen. Das aber ist das eigentliche Anliegen, das ich verfolge. Denn es darf nicht sein, dass Beldeanus kurzer Bericht in jenem Bulletin von 1956 untergeht auf immer. Gilgamesch, der früheste Held, von dem wir Kenntnis haben, wollte seinen Namen durch die Tat unsterblich machen. Und wundersam genug, die Sage hat diesen Namen denn auch durch fünf Jahrtausende weitergetragen. Oliviu Beldeanu hat dem Gegner die offene Brust dargeboten, an seinen Namen, an seine Unsterblichkeit hat er dabei nicht gedacht.

Es lohnt sich, die Begebenheit, in der dies geschah, aus dem Lauf des Lebensberichtes herauszuheben und hier weiterzugeben. Ich halte mich dabei an den Text Wilkinsons, der dies Geschehen mit Beldeanus eigenen Worten festgehalten hat. Es ist der Bericht eines Wunders, sagt Beldeanu, zum erstenmal in seinem Leben hatte er ein wirkliches Wunder erlebt. Dies geschah, als er längst im Partisanenkampf stand, ein Geächteter war und von den Kommunisten verfolgt wurde. Damals lebte sein Freund und Leidensgefährte Jakob noch. Sein voller Name wurde leider nie genannt. So geht dieser tapfere Kamerad, der Beldeanu das Leben gerettet hat und mit dem er im Maquis als letzte Wegzehrung eine von ihm erlegte Krähe teilte, als sein Freund Jakob in die Geschichte der Helden Rumäniens ein.

Mit Jakob zusammen zog er über Land, tagelang in Nebel, Kälte und Schnee waren sie umhergeirrt im Gebirge, um der Verfolgung durch Militär und Kommunisten zu entgehen. Beide waren ausgehungert und durch Entbehrungen aller Art geschwächt. Und dann folgt der Bericht im 13. Kapitel von Wilkinsons Buch mit der eigenen Darstellung Beldeanus:

«Ich taumelte vorwärts wie ein Automat. Im Gehen kaute ich an dem rohen Fleisch der Krähe. Es schmeckte so gut wie jedes andere Fleisch. Ein zutode Erschöpfter kritisiert nicht seine Mahlzeit. Ich bemerkte nicht einmal die Federn, die noch in dem Fleisch steckten.

«Meine Gedanken gingen andere Wege. Bis dahin hatte ich nicht zu Gott gebetet. Ich hatte keine Zeit dazu gehabt. Jetzt, in meiner grossen Erschöpfung, die wie ein bleiernes Leintuch auf meinen Schultern lastete, mit dem Knallen der Schüsse in den Ohren und mit Augen, die in der Rückerinnerung unter der Vorstellung der grellen Lichtsignale der von den Kommunisten besetzten Felsen immer noch brannten, jetzt in diesem Zustand äusserster Schwäche und Zermürbung wurden meine Gedanken dunkel und schwer. Ich war der Verzweiflung so nahe, dass ich daran dachte, meinem Leben ein Ende zu bereiten. Vorher aber wollte ich Gott um seine gnädige Verzeihung bitten.

«Wie im Traum schwankte ich vorwärts. Und in diesem Dahintaumeln wollte ich Gott um Absolution anflehen und meine Seele dem Herrn anbieten. Da aber gingen mir die Worte meiner Grossmutter durch den Kopf, die sie oft wiederholt hatte: ,Wer immer seinem Leben mit eigener Hand ein Ende bereitet, gibt seine Seele dem Teufel.' Und dann fiel mir mein Vetter Nelu ein, der mir einmal gesagt hatte: ,Menschen, die Selbstmord begehen, sind zu feige um den Schwierigkeiten des Lebens in die Augen zu schauen.'

«Und dann begann etwas anderes mich zu beschäftigen, ich fragte mich, wie ein Mensch denn seine Seele Gott darbieten könne, die Seele, dieses abstrakte Ding, das man weder geben noch nehmen konnte und über das man ja keine Kontrolle hatte. So wurde mir auf seltsame Weise bewusst, dass das Einzige, was ich diesem Gott anzubieten hatte, mein Leben sei. Und so gelobte ich Gott — und wie nahe war er mir gerade in dieser Zeit! — dass ich den Rest meines Lebens ihm weihen wollte, nicht meinen eigenen selbstsüchtigen Zwecken, sondern im Kampfe gegen die Menschen, die ihn verneinten und die seinen Namen schändeten.

«Meine Sinne mussten sich verwirrt haben; denn als ich wie aus einem Traume erwachte, fand ich mich am Boden unter einem Baum liegend mit Jakob neben mir, der schlief und schnarchte. Es war schon Tag. Ich konnte nicht verstehen, wie ich hierher gekommen und wie ich mich hier niedergelegt hatte.

«Ich weckte Jakob auf, und er sagte mir, dass ich während des Gehens zusammenhanglos vor mich hingeredet hatte, bis ich plötzlich zusammenbrach und wie tot hinfiel. Er schleppte mich unter eine Tanne und versuchte lange vergebens, mich aus meiner Bewusstlosigkeit aufzuwecken. Schliesslich war er darüber in seiner eigenen tiefen Erschöpfung selbst in Schlaf gefallen.
Ich sah mich um. Die Umgebung hatte sich vollkommen verändert seit der Zeit, da ich noch bei Bewusstsein war. Keine nack-

ten Felsen mehr, aber eine mit verschiedenen Baumarten durchsetzte Landschaft. Der Schnee war geschmolzen, es war trocken, aber noch sehr kalt.

«Am selben Tag erreichten wir ein Haus. Dort tranken wir seit, wie mir schien, hundert Jahren zum erstenmal wieder warme Milch und bekamen gut zu essen. Man gab uns Maiskuchen und Käse mit auf den Weg, als wir wieder weiterzogen. Es ging nun während Tagen immer westwärts. Wir brauchten nicht mehr im Freien zu nächtigen sondern fanden immer Unterschlupf in einem Heustock oder einem Schopf ohne dass wir irgend wen um Erlaubnis hätten bitten müssen. Wir stiessen auch auf keine Polizeipatrouillen mehr, sahen uns aber auf einmal einem wie uns schien unheimlichen Wildhüter gegenüber, der uns zunächst eilig überholte, sich dann umkehrte und uns von hinten mit seiner Waffe bedrohte. Und da erlebte ich zum erstenmal in meinem Leben ein Wunder.

«Ich drehte mich plötzlich auf meinen Absätzen um, ging auf den Mann zu und forderte ihn auf zu schiessen. Er sah mich entsetzt an und schien wie gelähmt. Da nahm ich ihm die Waffe aus der Hand, prüfte sie und gewahrte, dass sie geladen und schussbereit war. Ich fragte ihn, warum er mich nicht erschossen habe. Er war aber unfähig zu sprechen und stand nur zitternd und stammelnd vor mir. Im Grunde wäre ich froh gewesen, wenn er mich erschossen hätte, dann wäre alles für mich endgültig vorüber gewesen. Dann aber dachte ich an mein Gelübde und fühlte sogleich, dass ich unter Gottes Schutz stand. Von diesem Augenblick an bis heute bin ich dem Tode nie mehr ausgewichen. Und deshalb ist mir seither der Tod vielleicht selbst ausgewichen.

«Jakob wollte dann auf den Wildhüter losgehen, aber ich hinderte ihn daran, entlud das Gewehr, gab es ihm zurück und liess ihn gehen, nachdem ich ihm geraten hatte, nie wieder auf Menschen zu zielen die ihm nichts zuleide getan hatten.»

Wenn wir festgestellt hatten, dass es in der Geschichte um bestimmte Helden immer auch eine Verbindung mit einer Gottheit, mit einer Götterwelt oder mit Gott gegeben hatte, hier in dieser Episode aus dem Leben Beldeanus sind die Zusammenhänge erkennbar. Wo früher Götter, war hier ein Gott, war Gott im Spiele. Das hatte der junge Beldeanu, dem man nachsagte, dass er ein grosser, kraftvoller Mann und durchaus kein Phantast gewesen sei, erfahren. Und dieser Erfahrung vorausgegangen war die Zwiesprache mit diesem Gott.

Hier muss eine ganz persönliche Annahme, nein, weniger als dies, eine Vermutung eingeschaltet werden. Sei es Gilgamesch, der Urheld, seien es die Helden des alten Griechenland, sei es ein Heiliger Georg, sie alle suchten das Ausserordentliche, das beinahe Ungeheuerliche, das gegen alle Vernunft Sprechende. Und sie brauchten dazu einen Gott oder mehrere Götter, ohne die sie die Tat nicht glaubten vollbringen zu können. Wo aber waren diese Götter, wo dieser Gott? Und wo war das Ungeheuerliche, nicht Auszudenkende, gegen das sie angehen wollten? War vielleicht beides, das Dämonische und das Göttliche in ihnen selbst im Widerstreit, galt es vielleicht für sie, Herr zu werden über dunkle Mächte, die im Kampfe mit guten Mächten lagen? Ein Kampf gegen Dämonen also, denen sie in einem Wahn gegenüberstanden? Und was war dieses Dämonische, dieses Ungeheuerliche, nicht Auszudenkende, gegen das sie angehen wollten? Da aber lagen ihre Grenzen. Sie mussten als höhere Instanz, ohne die eine Lösung eines solchen Konflikts nicht auszudenken war, einen Gott, eine Gottheit voraussetzen, das war das ganz Primäre. Und diesen Gott nun wollten sie gegen das Dämonische verteidigen, das jenem gegenüberstand. Es gibt wohl keine Religion, die nicht als Widerpart des Göttlichen das Dämonische kennt.

Hier nun scheint sich in Männern wie Oliviu Beldeanu diese Tatsache oder Annahme von neuem zu bestätigen. Der von Gott Besessene oder Erfüllte muss unausweichlich den Kampf gegen diese Dämonen aufnehmen. Das scheint das Gesetz, nach dem der Mensch überhaupt angetreten ist, zu sein. Mögen die äusseren Beweggründe so verschieden wie auch immer gewesen sein, einmal das Verlangen nach Unsterblichkeit, ein andermal der Kampf um eine hohe Frau, auch der Taumel, der Rausch — hier gehört vielleicht auch die momentane situationsgegebene Selbstaufgabe des tapferen Winkelried hin, blitzartig verbunden mit dem tiefen Wissen um ein höchstes Gut, das es zu verteidigen gilt bis in den Tod, die Freiheit des Landes der Väter, die Freiheit des Einzelnen in der Verantwortung für die Gemeinschaft — mag dies alles scheinbar nicht in ein Gesamtmodell hineinpassen, so liegt ihm doch ein Wahrscheinlichkeitsgehalt wenn nicht gar ein Wahrheitsgehalt zu Grunde, der nicht unbedacht von der Hand zu weisen ist. Ein Mensch, der, gut bewaffnet, einen Wehrlosen nicht tötet, weil dieser sich ihm furchtlos stellt und dadurch möglicherweise den verschütteten Gottesglauben im andern wachrüttelt — Oliviu Beldeanu sagt ganz einfach: «Ich habe ein Wunder, das Wunder erlebt.» Und alles was er darüber weiss, ist, dass ein Gott die Hand über ihn gehalten hat. Es ist nicht anders denkbar, als dass diese Hand Gottes, die Beldeanu über sich gefühlt hat, identisch ist mit jenem geheimnisvollen Urvertrauen, das dem Menschen mitgegeben ist und das in Augenblicken höchster seelischer Aufgeschlossenheit in ihm wirksam wird.

Hier müssen die Dinge ins Pathetische einmünden, hier wird der entwertete Begriff des Pathos wieder geadelt und mit neuem Inhalt versehen. Die göttliche — oder die aussermenschliche — Führung wird offenbar.

*

8

Es entbehrt nicht einer gewissen Tragik, wie sehr Rumänien vor und während des Zweiten Weltkrieges zum Spielball der Mächte wurde. Die Lage im Innern war dauernd gespannt, das Volk hin- und hergerissen, weder die grosse Liberale Bauernpartei, der Vater Beldeanu und die führenden Männer der Gegend angehörten, noch die Liberale Partei waren in der Regierung massgeblich vertreten, und je schlechter die Lage wurde, umso stärker beherrschte Antonescus Militärdiktatur das Land.

Im Jahre 1944 erfolgt der Übertritt Rumäniens zu den Alliierten. Dieser keineswegs mutwillig vorgenommene Frontwechsel bedeutet nicht nur weitere grosse Verluste an Soldaten, sondern auch über fast zwei Jahrzehnte den Verlust innen- und aussenpolitischer Entscheidungsfreiheit. Antonescu wird gestürzt, unter harten Bedingungen wird der Waffenstillstand mit Russland geschlossen, wiederum werden erschöpfte und schlecht ausgerüstete rumänische Truppen in den Frontlinien, jetzt aber in umgekehrter Richtung, eingesetzt. Auf eigenem Boden erlebt das Land noch einmal die Schrecken des Krieges. In Siebenbürgen kämpfen nun rumänische mit russischen Truppen gegen deutsche Einheiten.

Nachdem das Land schon unter deutscher Führung einige hunderttausend Tote, Vermisste und Kriegsgefangene zu beklagen hatte, kommt es nun nochmals zu schweren Verlusten. Die Westmächte sind an ihren eigenen Fronten mit den Achsenmächten beschäftigt und überlassen Russland die Balkanstaaten, ein Zustand, der mit Heimsuchungen schlimmster Art verbunden ist. Nach Kriegsende wird die Lage nicht besser. Wohl wird eine interalliierte Kommission zur Regelung der politischen und territorialen Fragen eingesetzt. Es gelingt aber Russland schon bald, in Rumänien die Westmächte auszuschalten, so dass es von da an freie Hand hat. Gefügiger Diener Russlands in der Sowjetisierung des Landes wird der Rumäne Dr. Petru Groza, Grossgrundbesitzer und früherer Anhänger einer Splitterpartei. Wyschinski kommt nach Bukarest, macht Groza zum Vorsitzenden eines Schattenkabinetts und bringt bei einem festlichen Empfang einen Trinkspruch aus «auf das Wohl der neuen demokratischen Regierung Rumäniens, die damit in die grosse Familie der demokratisch gelenkten Völker eintrete. . .» Der Tag sollte zu einem Meilenstein in der Geschichte Rumäniens werden.

Unter Petru Groza erlebte das Land eine Heimsuchung ohnegleichen. Die Bevölkerung bezahlte ihren Widerstand gegen seine harten Massnahmen mit schweren Kerker- und Arbeitslagerstrafen, jede Art von Terror herrschte, die Wahlen wurden unter dem heftigen Protest der USA und Grossbritanniens unter scharfen Massnahmen und Drohungen zugunsten der Kommunisten gefälscht. König Michael wurde zur Abdankung gezwungen. Die freie Meinungsäusserung wurde mit allen Mitteln unterdrückt, die Opposition liquidiert, der grosse Bauernführer Iuliu Maniu und ebenso der mutige Mihalache wurden in Haft gesetzt und zu lebenslänglicher Zwangsarbeit verurteilt, was später in lebenslänglichen Kerker umgewandelt wurde. Das bedeutete eine furchtbare Prüfung des Grossteils der Bevölkerung und zog Massenverhaftungen und Aburteilungen nach sich. Das Volk musste eingeschüchtert werden. Und gerade das wollte sich dies heimgesuchte Volk nicht gefallen lassen und hatte dafür bis zu seiner völligen Unterwerfung einen hohen Blutzoll zu zahlen.

Mit drakonischen Mitteln wurden 1948 die ersten Wahlen ohne Alternativen durchgeführt nach dem bewährten System aller marxistischen Volksdemokratien. 1949 dann offizielle Einführung der Todesstrafe, im selben Jahr Beginn der Kollektivierung der Bauernhöfe, was wiederum zu Terror führte, dann Enteignung der wichtigsten Industrieen, der Banken, des Bergbaus, der Versicherungs- und Transportunternehmungen.

1949 Beginn des Baues des Donau-Schwarzmeer-Kanals, ein Unternehmen, das wegen unzähliger Schwierigkeiten schon im vornhinein zum Scheitern verurteilt war, das aber eine ideale Möglichkeit für Zwangsarbeit politisch verurteilter Regimegegner bot. Unzählige grosse Männer, namentlich auch Intellektuelle, haben dort unter härtesten Bedingungen Sklavenarbeit geleistet, viele von ihnen sind dabei umgekommen. Das Werk ist nie

60

vollendet worden, in den Fünfzigerjahren wurde das gigantische Projekt wieder fallen gelassen.

Es versteht sich von selbst, dass all diese Verfügungen vom Kreml diktiert wurden. In Wirklichkeit hatte das rumänische Volk sein Mitbestimmungsrecht verloren. Wenn heute auch unter Ceausescu der aussenpolitische Kurs von der Sowjetunion abweicht, so sind im Innern doch alle Härten und Schikanen geblieben, das Volk ist seiner Menschenrechte beraubt, die von Moskau gesteuerte Kommunistische Partei übt die Macht im Innern aus. Sie hatte in den entscheidenden Jahren in Petru Groza, aber auch in dem Generalsekretär der Kommunistischen Partei und dem späteren Ministerpräsidenten Gheorghiu Dej linientreue Führer. Unter den Prominenten in der Führungsspitze sticht lange Zeit die in Moskau während Jahren ausgebildete Ana Pauker durch ihre Härte und Durchschlagskraft hervor. In logischer Konsequenz aller Revolutionsabläufe wird aber auch sie, die man «Stalins fähigsten Statthalter» nannte, wie zahlreiche andere eines Tages ihrer Ämter enthoben, einmal mehr verschlingt die Revolution ihre frühen Kämpfer, freilich um immer wieder Gleichwertige an ihre Stelle zu setzen. Unter diesen ersten Schrittmachern des Umsturzes ist es aber besonders Petru Groza, der noch heute im Gedächtnis der Rumänen als der grosse Verräter fortlebt. Da bedeutete es denn auch eine tiefe Beleidigung des rumänischen Volkes, wenn zu seinem Tode im Januar 1958 der damalige Premierminister Gheorghiu Dej in seiner Trauerrede Worte fand wie:

«Petru Groza, diese lichte Gestalt eines mit den Massen verbundenen Demokraten und fortgeschrittenen Patrioten, der sich eins wusste mit den Bestrebungen des Volkes nach sozialer und nationaler Befreiung ... und der ein aufrichtiger und ergebener Anhänger der Freundschaft zwischen dem rumänischen Volk und den Sowjetvölkern war ...»

*

61

9

Es ist ein wesentliches Anliegen dieses Buches, vom Heldentum unserer Zeit zu berichten und eine Gestalt nachzuzeichnen, deren Leben von dieser Zeit geprägt wurde und die ihren inneren Anlagen gemäss eine Antwort auf diese Zeit geben musste, eine Gestalt aber auch, die dadurch in die ganz spezifische Form von Heldentum, wie sie dem 20. Jahrhundert eigen ist, führen musste. Stellvertretend für Tausende und Abertausende, oder für Ungezählte und nie zu Zählende hat der junge Puiu Zeugnis abgelegt für diese Zeit. Ihre Nöte und Prüfungen haben den Heranwachsenden zum Manne gemacht, Ströme von Leiden, Hass, Aufopferung und Scheusslichkeiten sind durch ihn gezogen und haben den jungen Mann, der einst ein Künstler werden sollte und selbst Menschen und Dinge formen wollte, aufgerufen, haben seine Sinne geweckt, empört, ihn in die Tat getrieben. Nicht vereinzelt ist er in dieser Zeit gestanden, das gleiche Erleben hat er geteilt mit seinen Allernächsten, seinen Freunden, mit seiner Gemeinde, seinem Land. Seine Jugend war geprägt vom Anschwellen des unheimlichen Stromes, der dieses Land heimsuchte indem er über die Ufer trat, Stromschnelle folgte auf Stromschnelle, einem schwer zu fassenden Ziele entgegen.

So ist es nicht möglich, an den geschichtlichen Gegebenheiten selbst vorbeizugehen. Zu ihnen gehört neben dem politischen (von dem schon die Rede war und noch sein wird) auch der tödliche Kampf der Kirchen gegen die Diktatur des neuen Regimes. Das Eingreifen in das religiöse Leben des Volkes stellt eines der dunkelsten Kapitel in der Sowjetisierung Rumäniens dar. Innert weniger Jahre sollte das rumänische Volk aller Konfessionen von einer Grundwelle antireligiöser Erschütterungen und Massnahmen überflutet werden.

Bei einer Volkszählung von 1930 in Rumänien fielen gegen 75 % der Gesamtbevölkerung auf die Orthodoxe Kirche. Es folgten mit 7,9 % die Griechisch-Katholische und mit 6,8 % die Römisch-Katholische Kirche, während sich die restlichen 12,3 %

in sieben andere Konfessionen aufteilten. Der Anteil der Juden (4,2%) wurde schon früh durch die «Eiserne Garde» beträchtlich herabgesetzt. Doch durch den Sowjet-Kommunismus waren nun auch alle andern Konfessionen in ihrer Existenz bedroht. In einem Brief Lenins an Maxim Gorki vom Dezember 1913 schrieb dieser:

«Die Idee von Gott hat von jeher die sozialen Gefühle der Völker eingelullt indem sie das Tote mit dem Lebendigen ersetzte, was immer die Versklavung, die schlimmste, ausweglose Versklavung bedeutet. Die Idee von Gott hat nie das Individuum an die Gesellschaft gebunden, sondern hat stets die unterdrückten Klassen durch den Gottesglauben an ihre Unterdrücker gefesselt.»

30 Jahre später erklärte Nikita Chruschtschow, das Ziel des Kommunismus sei: «die letzten Reste religiösen Glaubens auszurotten.» *)

Was zwischen diesen beiden Aussprüchen liegt, ist ein ganzes Meer von Leiden, Schrecken und Entsetzen der Gläubigen, von Ruchlosigkeit und skrupelloser Barbarei ihrer Verfolger.

Um es vorwegzunehmen: diese totale Ausrottung letzter Reste religiösen Glaubens ist nicht gelungen, konnte nicht gelingen. Der Mensch steht nun einmal unabdingbar in einer Beziehung zu Gott oder wie immer er dieses Wesen nennen oder denken will, erfühlbar durch das einzelne Individuum, sichtbar werdend durch die Übereinstimmung mit dem andern Individuum, das in der Gemeinschaft, der Religionsgemeinschaft das aussagt, was auch das andere, in welcher Form auch immer, empfindet, erlebt, glaubt. Wohl besteht hier ein Zusammenhang, und auf diesen haben es die Zertrümmerer abgesehen. Allein, sie verkennen die geheime Kraft im Einzelindividuum, sich seinen Gott vorzustellen und darzustellen auch ohne die Hilfe der Gemeinde. Ja, es kann im Masse, wie dieser Glaube angegriffen wird, zu einer Reaktion kommen, bei der sich dieser Glaube noch verstärkt. Es führt zu einer Verinnerlichung, die der äusseren

*) Alexandre Cretzianu: Captive Rumania.

Form nicht mehr bedarf oder die sie reduzieren kann, z. B. auf die Ikone in der Ecke der Wohnstube, auf ein symbolisches Zeichen, in letzter Konsequenz für den Christen auf das Kreuz. Der Vorgang ist, bewusst vollzogen, schmerzlich, wenn er unter Zwang erfolgt. Das hat sich in Abertausenden von Fällen zugetragen während der Jahre der Ausrottungsversuche des Glaubens durch die Kommunisten.

Längst hatten diese ihre Erfahrungen im eigenen Land gemacht und hatten diese innere Emigration der Gläubigen als Tatsache erkennen müssen. Allein, schon früh die Gefahr erblickend, die für sie in dieser Tatsache lauerte, hatten sie alles daran gesetzt, die äussere Form zu zertrümmern und damit das, was gerade die grosse Masse braucht, vielleicht in der Annahme, dass dann auch die innere Vorstellung allmählich erlösche.

Im August 1948 wurde das sog. Kultusgesetz eingeführt. Einige hervorstechende Massnahmen zur vollständigen Knechtung der Kirchen aller Konfessionen, namentlich aber der katholischen, seien hier nachstehend aufgeführt: *)

«Das rumänische Kultusministerium ist diejenige Behörde, durch die der Staat sein Recht auf Überwachung und Kontrolle der Religionsgemeinschaften ausübt, um Gewissensfreiheit und religiöse Freiheit zu garantieren. Aus diesem Grunde überwacht der Kultusminister alle Religionsgemeinschaften und ihre Einrichtungen, die Pfarreien, Vereine, Orden, Kongregationen und Stiftungen. Der Minister hat die Unterrichtserteilungen zu überprüfen und die Errichtung neuer Pfarreien zu genehmigen. Er überwacht ferner auch das Eigentum jeglicher Art und Herkunft, soweit es religiösen Gemeinschaften angehört.
Die Gläubigen sind verpflichtet, den Eid nach der vom Staat vorgeschriebenen Form abzulegen.
Bei den herkömmlichen religiösen Übungen, ebenso wie bei den offiziellen Feierlichkeiten, die durch Gesetze und Erlasse vorgesehen sind, dürfen — mit Berufung auf die höchste Au-

*) Nicolas Pop: «Kirche unter Hammer und Sichel».

torität des Staates — nur solche Formen gebraucht werden, die vorher vom Kultusministerium erlaubt worden sind.

Keine Religionsgemeinschaft und keiner ihrer Würdenträger darf Beziehungen zu Religionsgemeinschaften des Auslandes unterhalten, es sei denn mit Genehmigung des Kultusministeriums und durch Vermittlung des Ministeriums für Auswärtige Angelegenheiten.»

Das bedeutete die vollständige Dienstbarmachung der Kirchen im Sinne des Sowjetkommunismus. Nicolas Pop fügt diesen Bestimmungen ergänzend bei:

«Die Kirchen, und besonders die katholische (viele Artikel gewinnen nur einen Sinn in Bezug auf die katholische Kirche) sollten in ihren letzten Grundlagen erschüttert werden und dem Staate vollends dienstbar gemacht werden. In die geringsten Belange der kirchlichen Aktivität durfte der Staat nun ‚legal' eingreifen. Keine Wahl, keine Versammlung, keine Predigt ohne Genehmigung! Keine Ernennung von Geistlichen ohne Genehmigung! Keine Verbindung mit dem Ausland ohne Genehmigung! Willkürliche Aufhebung kirchlicher Anordnungen von seiten des Staates! Einheitsschulen unter Staatsaufsicht für Theologiestudenten!»

Also vollständige Unterwerfung aller Konfessionen unter das Joch der Staatsmacht, mit letztem Zynismus begründet «um Gewissensfreiheit und religiöse Freiheit zu garantieren.»

Welche Idylle noch, als der Priester von Dej den jungen Puiu bei der Lektüre der Ilias antraf! Auch er hatte ja das Werk gelesen in seinen frühen Jahren im Priesterseminar. Die grossen Helden darin waren ihm im Gedächtnis geblieben. Das zerlesene Buch des Jungen hatte ihn nachdenklich gemacht. Hatte etwas nachgewirkt in ihm? War etwas von jenem Heldentum eines Hektor, eines Achilleus, eines Patroklos und all der andern noch in ihm? Hatte es geschlummert in ihm all die Jahre seines Priestertums? Bis zu der Stunde vielleicht, da er zu Beginn des Umsturzes hörte von dem, was dem Patriarchen von Rumänien und was den Bischöfen des Landes widerfuhr?

66

Wir wissen nichts darüber. Wir wissen auch nicht, wie sich jener einfache Priester gestellt hat, als die grosse Prüfung an ihn selbst herantrat. Dass seine Tragödie vielleicht im Gasthof Vater Beldeanus besprochen wurde, auch das bleibt im Ungewissen. Sicher ist nur, dass es auch beim Priester von Dej zu einer Tragödie kommen musste in jedem Fall, gab es doch nur die Wahl zwischen Verrat am Priestertum oder das Martyrium.

Das nächste Ziel der Kommunisten war die Unterwerfung der Orthodoxen Kirche unter die Parteidoktrin. Die Weisungen kamen von Moskau, wo die Ostkirche längst völlig in der Gewalt des Kremls stand als ein brauchbares Werkzeug der Umstimmung und Bearbeitung der Massen. Strategisch wurde so vorgegangen, dass die oberste Führung zuerst gefügig gemacht wurde, die Bischöfe mussten in die Knie gezwungen werden, das gläubige Volk sollte führerlos werden.

Mit welchen Mitteln da vorgegangen wurde und zu welchen Leiden und Gewissensnöten sie geführt haben, lässt sich heute schon in den Geschichtsbüchern der freien Welt nachlesen. Jeder einzelne Bischof wurde vor die Frage gestellt, sich zu beugen oder den Leidensweg anzutreten, der über den Entzug der Bischofswürde bis zum schwersten Kerker oder zur härtesten Zwangsarbeit führte. Beides ist geschehen, eine grosse Anzahl der Geistlichen konnte dem Druck der fast tödlichen Drohung nicht widerstehen und verschwand in der Unterwelt des Machtapparates. Die Groza-Regierung war ein brauchbares Werkzeug in diesem Machtapparat, ohne ihr erbarmungsloses Durchgreifen hätten die Dinge vielleicht nicht einen so raschen und furchtbaren Verlauf genommen.

Es ging nicht ohne gesetzliche Zwangsmassnahmen. So wurde u. a. eine Altersgrenze von siebzig Jahren für die Geistlichen bestimmt, die jedoch beliebig gehandhabt werden konnte je nach der Einstellung des einzelnen zum Regime. Die Bistümer wurden stark reduziert, Klöster wurden enteignet und geschlossen, Bischofskonferenzen, die früher durch die Gläubigen bestellt wurden, kamen unter Regierungskontrolle. Die Publikation des neuen Kultusreglementes von 1948 liess den Eindruck aufkommen, die Orthodoxe Kirche sei gegenüber den andern Kirchen noch privilegiert, bei näherem Zusehen aber zeigte sich, dass sie ebenso reduziert, geschädigt und umfunktioniert wurde wie die andern.

Dann wurde aber auch die untere Priesterschaft erfasst, indem fortan ihr Amt einem Provisorium unterstellt wurde, das jeder Willkür in der Auslese und Eliminierung des Einzelnen Tür und Tor öffnete. In obligatorischen Spezialkursen wurde der Priester «zum Dienst am arbeitenden Volk», d. h. zur Ideologie des Sowjetkommunismus und zu deren Anwendung im Amt umerzogen. Es handelte sich jeweilen um eine Folge von Kursen, die sich über Jahre hinzogen und die Priesterschaft in dauernder Kontrolle behielten. Das ermöglichte eine äusserst wirksame Säuberungsaktion und eine totale Unterwerfung der Kirche unter den Staat und unter die Parteidoktrin, was schwere Folgen nach sich ziehen sollte. Erhöht wurde die Verunsicherung von Klerus und Kirchenvolk noch durch den Umstand, dass von kommunistischer Seite in kürzester Frist zu Priestern ausgebildete Agenten in die noch bestehende Priesterschaft eingeschleust wurden, die das Zersetzungswerk wirksam unterstützen sollten.

So gelang es bis zu einer gewissen Grenze, aus der Orthodoxen Kirche ein brauchbares Instrument kommunistischer Machtentfaltung zu machen. Über 72 % der Bevölkerung (nach der Volkszählung von 1930) gerieten auf diese Weise unter das kommunistische Joch.

Fast ebenso wichtig für den Staat war die Unterdrückung der Katholischen Kirche. Der katholische Glaube ist in Rumänien durch die Römisch-Katholische Kirche mit 1 250 000 Seelen und durch die Griechisch-Katholische Kirche mit 1 430 000 Seelen (beides ebenfalls nach der Volkszählung von 1930) vertreten.

Bei einem Bestand von 2 680 000 Seelen stellte der Katholizismus eine eigentliche Gefahr für die Machthaber dar, einmal seines internationalen Charakters wegen und anderseits durch seine westlich orientierte Geisteshaltung. Die Verbindung der Römisch-Katholiken mit dem Vatikan musste unterbrochen werden, wenn es gelingen sollte, sich diesen Teil der Bevölkerung untertan zu machen.

Der erste Schlag traf ganz allgemein die Organisation der Kirche durch eine scharfe Kontrolle ihrer Machtfunktionen. Der zweite Schritt galt der Unterdrückung schlechthin der Griechisch-Katholischen Kirche. Dazu wurden sämtliche erprobten Machtmittel eingesetzt wie Propagandafeldzug gegen die Kirche unter Herausstellung ihrer schwachen Stellen im hierarchischen Aufbau. Es galt, Unsicherheit zu schaffen unter den Gläubigen. Dies alles geschah zunächst nur allmählich, dann aber nahm die Bewegung schärfere Formen an, die Presse wurde eingesetzt, der Papst darin angegriffen als Widersacher, der die «Demokratisierung des Volkes» zu hintertreiben suche, ebenso die Oekumenische Bewegung sowie der «angelsächsische Imperialismus». Durch skrupellose Methoden gelang es dem Regime, hohe kirchliche Würdenträger in ihr Vorgehen einzuspannen oder willige Priester im Rang zu befördern und sie im Kampf gegen den Vatikan einzusetzen. Auf diese Weise wurde der Patriarch Justinian 1948 von der Rumänischen Volksrepublik offiziell als «Seine Heiligkeit» gewählt.

Gleichzeitig wurde eine Atmosphäre des latenten Terrors geschaffen; so wurden in einer einzigen Diözese im Laufe von wenigen Monaten 92 Priester verhaftet. Es wurde auch nicht davor zurückgeschreckt, Männer der Opposition wie den Führer der Nationalen Bauernpartei, Iuliu Maniu, von der Kanzel herab anzugreifen und die Todesstrafe gegen ihn zu verlangen.

Mit jedem Jahr wurde auch die Zersetzung der Römisch-Katholischen Kirche weiter vorangetrieben. Auch hier wieder Zusammenlegung von Diözesen, was eine Verarmung der Gläubigen an kirchlicher Betreuung bedeutete, wiederum Beschlagnahme der Klöster und deren gesamtem Besitz, Reduzierung von Priesterseminarien und deren Unterstellung unter das Kultusministerium, vollständige Umfunktionierung des gesamten Religionsunterrichts für den Dienst am Kommunismus, harter Druck auch auf Mönche und Nonnen, die zuweilen die grausamsten Methoden geistiger und körperlicher Züchtigung zu erdulden hatten. Alle Massnahmen aber vermochten nicht, die Haltung des grössten Teils der Hierarchie zu erschüttern, so dass immer drastischere Mittel angewendet werden mussten.

Es wurde heldenhaft gekämpft. Manch hoher Würdenträger, aber auch unzählige einfache Priester haben so in unserer Zeit durch ihre Festigkeit und ihre Bereitschaft zum Martyrium die Nachfolge der grossen christlichen Märtyrer angetreten, die einen in grauenhaften Verliesen, dunkel, feucht, von Ratten und anderem Getier behaust, die andern bei härtester Zwangsarbeit, der sie kaum gewachsen waren, alle ihrer Menschenwürde beraubt durch systematische Verleumdung und Verhöhnung oder durch körperliche Züchtigung, alle in steter Todeserwartung.

Hier gehört der Name von Monsignor Pacha von Timishoara hin, der mit 81 Jahren zu einer Zuchthausstrafe von 18 Jahren verurteilt wurde und der erst nach Jahren schwerkrank in Freiheit gesetzt wurde um unmittelbar nachher zu sterben.

Das Gesetz hat auch für die Katholische Kirche in Rumänien feste Normen aufgestellt: neben der Reduzierung der Diözesen Schliessung von Seminarien und theologischen Schulen von Universitätsrang, Abschaffung der Seelsorge in der Armee, staatliche Kontrolle der Ausbildung und Einsetzung von Priestern, Aufhebung jeglicher Verbindung mit der Katholischen Kirche im Ausland, besonders auch mit dem Vatikan. Mit Nachdruck sagte im Jahre 1948 der rumänische Kultusminister Stanciu Stoian in einer Ansprache:

«Die Tätigkeit des Vatikans kann uns nicht indifferent lassen, sie versucht, sich in unser demokratisches Regime einzumischen und darüber zu urteilen. Ebenso wenig können wir indifferent bleiben, wenn die sog. Oekumenische Bewegung den Wunsch hat, die Griechisch-Orthodoxe Kirche zu annektieren als weitere Waffe des angelsächsischen Imperialismus.»

Im Jahre 1949 wurde vom Kultusministerium noch einmal eine Verschärfung der Massnahmen herbeigeführt, indem grundlegende frühere Bestimmungen über die Rechte und Pflichten der Kirche aufgehoben wurden, wodurch u. a. die Bischöfe Aron Marton und Anton Durcovic sowie 132 Priester und Verwaltungsangestellte der Kirche ihres Amtes enthoben wurden. Die beiden Bischöfe wurden gefangen genommen, weil sie, nach einer Aussage von Cardinal Tisserant am Eucharistischen Kongress in

Nancy «sich der Staatskontrolle über die Katholische Kirche und ihre Organisationen widersetzt hatten.»

So wurde und wird noch heute die Katholische Kirche in Rumänien vom Staate verfolgt und heftig angegriffen. Die Verfolgungen haben nach Aussage des Vatikans eine Höhe angenommen wie in keinem andern durch die Sowjetunion kontrollierten Land. Die Propaganda gegen die Kirche bedient sich dabei der niedrigsten Mittel und scheut auch nicht davor zurück, willige Schriftsteller und Vertreter jeder Kunstgattung dazu einzusetzen. Vor der Person des Papstes wird nicht halt gemacht, hier kennt die Unflätigkeit der Verhöhnung keine Grenzen.

Ein geradezu erschreckendes Fazit wurde gezogen durch Reverend Don Brunello über die Verluste der Römisch-Katholischen Kirche in Rumänien bis Ende 1953. In den westlichen Staaten, die in die beiden Weltkriege verwickelt wurden, ist es Brauch, in jeder Ortschaft Kriegerdenkmäler für die gefallenen Ortsbürger zu errichten, vom einfachsten Stein auf dem Dorfplatz bis zum Monument im Zentrum der grossen Städte. Man würde vergeblich suchen, wollte man die Namen der Opfer der kommunistischen Säuberung in den Kirchen Rumäniens erforschen. Sie sind nur in der freien Welt — auch da nur in ungefähren Grenzen — bekannt, ihre Zahl sei aber auch hier aufgezeichnet nach Angaben jenes Reverend Don Brunelli in «La Chiesa del Silenzio». *)

— der päpstliche Nuntius ausgestossen
— Alle Erzbischöfe und Bischöfe entweder gefangen genommen, verurteilt oder deportiert (drei gestorben im Gefängnis)
— 55 Priester erschlagen
— 250 Priester irgendwo in der Gefangenschaft gestorben
— 200 Priester in Zwangsarbeitslagern
— 200 Priester im Kerker.

Diese Liste könnte für die Zeit nach 1953 noch verlängert werden. Und dennoch lebt die Kirche wunderbarerweise weiter, mutig und mit dem Vertrauen in ihre Mission.

*) Alexandre Cretzianu: Captive Rumania, a decade of soviet rule.

Ebenso schwer war die Lage der Griechisch-Katholischen Kirche, der Unitarier, einer Glaubensgemeinschaft von hohem ethischem Niveau, die namentlich in Siebenbürgen stark vertreten war. Die kommunistische Regierung machte grosse Anstrengungen, den Klerus dieser Kirche zu bewegen, mit den Gläubigen in die Orthodoxe Kirche überzutreten. Es fehlte ihr dabei nicht an den unglaublichsten Überredungskünsten hin bis zu den grausamsten Vorkehrungen, ging es ihr doch darum, diese kleine aber starke Glaubensgemeinschaft in ihrer eigenen Existenz tödlich zu treffen, indem sie sie in der Orthodoxen Kirche unter strengste Kontrolle brachte. Sie traf aber auf heldenhaften Widerstand, und es brauchte alle Massnahmen — Einschüchterung, grausame Verhöre, Folterungen, Kerkerhaft in unterirdischen Verliesen, brutale Misshandlungen, Todesdrohungen — bis es der Regierung nach sorgfältigster Vorbereitung des Kirchenkongresses in Cluj im Oktober 1948 gelang, den Übertritt von 423 Priestern zur Orthodoxen Kirche zu erzwingen. Es war namentlich der Bischof von Blaj, Monsignore Ion Suci ·, der erbitterten Widerstand leistete und dafür mit einem schw ren, den Gläubigen unbekannt gebliebenen Schicksal zu büssen hatte. Die Sorge um ihn war auch in Dej gross, sein heldenhafter Kampf auch in der Familie Beldeanu bekannt.

Unzählige andere Priester nahmen ebenfalls schwerste Leiden auf sich und wurden so lange verfolgt, bis auch der letzte Unitarier Bischof, Reverend Alexandru Rusu, inhaftiert wurde. Ende November 1948 sollen etwa 600 griechisch-katholische Geistliche in Gefangenschaft gewesen sein.

Kein Wunder, dass auch alle kleineren geistlichen Glaubensgemeinschaften angegriffen und aufgerieben wurden. So ist es der kommunistischen Regierung schliesslich gelungen, die Kirche als das grösste Hindernis auf dem Wege zum totalitären Sowjetkommunismus weitgehend auszuschalten und sie in ein Schattendasein zu zwingen, das vielerorts einer Untergrundbewegung gleichkommt, in der in den verschiedensten Maskierungen im angestammten Glauben weitergelebt und gewirkt wird, untergründig, aber bereit, wenn die Stunde kommt, sich wieder aufzurichten, so wie das Glimmen unter der Asche zur Flamme, zum Feuerzeichen werden kann, wenn ein neuer Odem es nährt.

Es ist erstaunlich, dass der Westen auf das Ungeheuerliche, was den Kirchen Rumäniens widerfuhr, nicht heftiger reagierte. Hat sich die westliche Presse gescheut, über dieses Märtyrertum in unserer Zeit ausführlicher zu berichten? Haben die Kirchen des Westens nicht gesehen oder nicht sehen wollen, was da an gefährlichem Samenkorn ausgesät wurde? Haben die Päpste interveniert, oder schützen sie vor, dem katholischen Klerus in Rumänien und den andern betroffenen Oststaaten durch eine Intervention nur noch mehr zu schaden? Mit verbundenen Augen, abgeschirmt gleichsam gegen die Kirchenverfolgungen im Osten, wurde in Rom viel gebetet für einen Weltfrieden. Allein, was stand an Substanz hinter diesem fragwürdig gewordenen Begriff «Frieden»? Hiess «Frieden» in den von der Sowjetunion kontrollierten Staaten nicht immer auch Unterwerfung der Kirche durch den Staat zu ihrer Dienstbarmachung für seine machtpolitischen Ziele? Ist nicht der kommunistische Osten selbst bemüht, seinen Völkern bei jeder Gelegenheit mit Friedensschalmeien aufzuwarten um ihnen dadurch das Denken an Freiheit und Menschenrechte abzugewöhnen?[*] Ja, werden nicht die meisten internationalen Friedensorganisationen von Moskau aus gesteuert mit einem strategischen und taktischen Geschick ohnegleichen? Ist es nicht bittere Ironie, dass sich Moskau — um seiner Aufrüstung und der Schwächung Amerikas willen — ausgerechnet der Kirche, die sie ausrotten wollte, bedient, um diesen

[*] Der erste Papst, der den Mut hat, diesen Frieden als Scheinfrieden zu entlarven, ist meines Wissens Papst Johannes Paul II. Am 2. Oktober 1979 sprach er an der Generalversammlung der Vereinten Nationen in New York laut «Bund» unmissverständlich von Einschränkungen der Menschenrechte einschliesslich der Religionsfreiheit, von Folter und Unterdrükkung, physisch wie moralisch, und fügte bei: «Diese Erscheinung ist umso bedrückender, wenn sie unter dem Vorwand der inneren ‚Sicherheit' oder der Notwendigkeit geschieht, einen S c h e i n f r i e d e n zu wahren.»

«Friedensfeldzug» zu tarnen? Aus welchem Grund finden sich dort wohl, auf der katholischen wie auf der reformierten Seite, immer wieder gutgläubige und unkritische Geistliche und Laien, die bereit sind, weitere Gutgläubige und Unkritische hinters Licht zu führen? Ferner aber, was an konkretem Protest gegen die Knechtung der Kirche im Osten und an mutiger Hilfe hat der Oekumenische Rat geleistet?

Solche Fragen müssen sich jedem aufdrängen, der mit innerer Anteilnahme diese geistige Versklavung der schwergeprüften Gläubigen im Osten verfolgt.

*

10

Oliviu Beldeanu war zwanzig Jahre alt, als nach den Wirren des unseligen Weltkrieges die ganz grosse Heimsuchung über das Land hereinbrach mit der Machtentfaltung des Kommunismus unter sowjetischer Führung. Ein junger Mensch voll hochgesteckter Ziele, intelligent, vielseitig begabt, der seinen Weg in die bildenden Künste antritt mit dem Studium an der Kunstakademie in Bukarest.

Der Einbruch der brutalen Gewalt in seine Umgebung hinein bis in den Kreis seiner Familie trifft auf einen noch unfertigen, sensiblen, hochgestimmten Jüngling, tief religiös und der wechselvollen Geschichte seines Landes und namentlich auch Siebenbürgens kundig. Nichts fehlt ihm mehr als ein paar ruhige Studienjahre um zu verwirklichen, wonach sein Sinn steht: Umgang mit den Künsten, mit Bildhauerei und Malerei. Das Auge ist kritisch und scharf, die Hand feinnervig und geschickt, geweckt sind Farben- und Formsinn, die Phantasie beginnt zu arbeiten, die Schwingen sind bereit, den Höhenflug anzutreten.

Unter diesem Gesichtspunkt muss man Olivius Verhalten in jener Zeit sehen. Eine furchtbare Wirklichkeit tritt an ihn heran. Wohl war er gewohnt, über Kampf und Krieg zu hören und hatte ja selbst am Kriege teilgenommen und seine Schrecken aus der Nähe kennen gelernt. Allein, das war eine Wirklichkeit, die, wenn auch mit Mühe, noch zu bewältigen war.

Nun aber, da der Krieg zu Ende ist und Rumänien aufatmen möchte nach seinen harten Prüfungen, stellt sich eine andere Wirklichkeit ein, mit hundert Gesichtern auf einmal. Er hört von den ersten Greueltaten, sie sind nicht zu glauben, sie können unmöglich wahr sein, so sind Menschen nicht! Dann erlebt er sie aber in der eigenen Familie, am eigenen Leib. Aufbäumung wird mit Gefangennahme und Misshandlung beantwortet, hier wird ein lieber Mensch verhöhnt, dort ein teurer Name entehrt, Freunde, Bekannte verschwinden im Ungewissen, die Begriffe von Menschentum und Menschenwürde geraten durcheinander, was ist zu glauben, was nicht?

So sieht mit einem Mal die Wirklichkeit aus. Da bleibt kein Seelenwinkel verschont in dem Jüngling, er muss kämpfen, muss wild um sich schlagen lernen anstatt den Gesetzen der Kunst nachgehen zu dürfen. Der Traum von Schönheit und Ebenmass, vom Zusammenspiel von Licht und Farbe ist ausgeträumt, ist zertrümmert worden. Noch ist er in jenen Jahren der Entfaltung, da Seele und Geist ihre Gestalt formen durch das was in sie hineinströmt. Jetzt fegen auf einmal Ströme von Hass und Entsetzen durch die aufgebrachten Sinne und räumen auf mit allem was einst war. Der junge Mann wird zum erbitterten Kämpfer, er lernt den Verrat, die Niedertracht kennen, muss mit ihnen rechnen und muss sie vielleicht einmal selbst anwenden. Wohl verletzt der Gedanke daran noch das Herz, aber der Augenblick wird kommen, wo dies Herz nicht gefragt wird, da wo höchste Werte durch die niedrige Tat gerettet werden sollen. Aus der Wirkung entsteht Gegenwirkung, der Mensch besitzt die Fähigkeit, aus sich herauszutreten, über sich hinauszuwachsen. Bei diesem Wachsen aber verändert er sich, gültige Worte können vorübergehend zum Schweigen gebracht werden weil sie der Tat im Wege stehen. Aber Oliviu wird erfahren, dass ein jeder seinesgleichen jetzt in derselben Prüfung steht und dass es um jenes höchste Gut geht, das würdig ist verteidigt zu werden, jenes viel Umfassende aber in seiner Umgebung noch wenig Erprobte, im Geschichtsunterricht ohne Widerhall in der Seele Angelernte, damals so Selbstverständliche und heute in höchster Gefahr Stehende: die Freiheit.

Freiheit, schillernd als Begriff und doch so eindeutig, wenn er auf einmal in der Umkehrung erscheint, der Unfreiheit. Erst da wird die Freiheit in ihrem Wesen erkannt als ein höchstes Gut gesitteten Menschentums, Freiheit nicht als Schrankenlosigkeit, als Willkür gesehen sondern als die einzige Möglichkeit, hohen Menschenwerten zu leben, sie als Pflicht des Einzelnen zu verwalten.

Dermassen hat sich nun mit einem Mal alles gewendet in diesem jungen Leben und im Leben ungezählter anderer. Als

veränderte, erwachende, getroffene Menschen haben sie fortan
weiterzuleben, anders, neu, nicht zu berechnen, im Taumel einmal, in lohender Entschlossenheit ein andermal, immer aber als
Menschen, denen ein Auftrag in der Seele brennt, den sie zu
erfüllen haben.

So tritt Oliviu Beldeanu in den politischen Kampf ein, der
ihn nach Jahren unendlichen Leidens schliesslich auch in die
Schweiz führt. Hier blickt er, vorübergehend zur Ruhe gekom-
men, auf sein bisheriges Leben zurück und schreibt sich in einem
Bericht das furchtbare Geschehen von der Seele. Dieser Bericht
erscheint im Jahre 1956 in dem schon erwähnten Bulletin des
Nationalen Informationszentrums. Oliviu war zu jener Zeit 31
Jahre alt, ein Alter, in dem ein im Sturm gereifter Mann mit
Recht die Frage an den Anfang seines Berichtes stellen wird:
Habe ich falsch gehandelt?

Nur vier Jahre älter, jedoch zwanzig Jahre später wird ein
anderer erbitterter Kämpfer gegen den russischen Kommunismus nach jahrelanger Gefangenschaft in Freiheit gesetzt, der
35jährige Wladimir Bukowski. Sein Leben in der Gefangenschaft
hat ihn zu einer starken Persönlichkeit gemacht. Aus seinen Erfahrungen seien hier einige wiedergegeben. Sie stammen aus
Gesprächen, die der Norweger Leif Hovelsen mit verschiedenen
Dissidenten geführt hat und die in der indischen Zeitschrift
«Himmat» erschienen sind.

«Wir dürfen nur nicht unsere Persönlichkeit preisgeben. Das
heisst wir dürfen uns keinem Druck von aussen beugen. Man
muss sich entscheiden, sich selber treu zu bleiben, ehrlich zu
seiner Überzeugung zu stehen und keinen Freund zu verraten.»
«Wenn wir für das Richtige kämpfen, obschon keine Aussicht
auf Erfolg besteht, zeigt sich dann doch plötzlich eine Möglichkeit, die sich ohne Kampf niemals ergeben hätte. Das bewiesen Solschenizyn und Sacharow, und auch ich habe es erlebt.»
«Der sowjetische Machtapparat ... ist machtlos, wenn er es

mit innerlich freien Menschen zu tun hat, die sich nicht von der Angst bestimmen lassen.»

«Die Trennungslinie in der heutigen Welt verläuft nicht zwischen rechts und links, sondern zwischen den Kräften, die zur Freiheit hinführen und denen, die davon wegführen. Die beste Waffe für Freiheit und Demokratie sind Menschen, die durch ihre persönliche Haltung die Freiheit praktisch verwirklichen.»

Solche Worte werden nach der grossen Prüfung eines erfahrenen Kämpfers ausgesprochen. Darin lebt der selbe Geist, von dem auch Beldeanu beseelt war und der unzählige andere auf diesen Weg wies. Das war die Sendung Beldeanus damals, das ist die Sendung Bukowskis, Solschenizyns, Sacharows und vieler anderer heute. Es ist die ganz genaue Form, in der Heldentum in unserer Zeit gelebt wird. Das Vermächtnis eines der frühen Kämpfer sei hier wiedergegeben in dem in der Schweiz verfassten Bericht Beldeanus. Am Schluss dieses Berichtes im Bulletin steht unter dem Strich die redaktionelle Notiz: «Nachdruck erwünscht.» So sei hier mit dieser Wiedergabe gleichzeitig jenem frühen Wunsche nachgekommen. Wenn auch über zwanzig Jahre dazwischen liegen, hat Beldeanus Bericht noch seine volle Gültigkeit, hat sich in dieser Zeit doch die Lage in Rumänien in keiner Weise verbessert sondern noch verhärtet. Es ist anzunehmen, dass die meisten der Menschen, die in diesem Bericht aufgeführt sind, nicht mehr leben und dass diese vergangenen zwanzig Jahre eine Legion von Opfern für die Freiheit Rumäniens gekostet hat. Auch diesen möge die schwache Stimme des Einzelnen gelten.

*

11

MEIN WEG NACH THORBERG

Von Oliviu Beldeanu

Habe ich falsch gehandelt?

Es war an einem Neujahrstagabend, als die Beschlüsse der Moskauer Konferenz veröffentlicht wurden, wonach jede nationale Partei in der Regierung Petru Grozas vertreten sein sollte. Viele begannen von neuem Hoffnung zu schöpfen. Die Oppositionsblätter «Dreptatea» und «Liberalul» erschienen wieder. Ein englischer Delegierter, Sir Archibald Klar Karr, und ein amerikanischer, Averell Harriman, trafen zur Überwachung der Moskauer Beschlüsse in Bukarest ein. Die Beratungen zogen sich ein paar Tage hin, dann brachten wir heraus, dass lediglich zwei Minister ohne Portefeuille dem Groza-Kabinett beigegeben worden waren: Emil Hateganu, Vertreter der Nationalen Bauernpartei und Mihail Romniceanu, Vertreter der Liberalen Partei. Die Enttäuschung war gross, hatte doch jedermann auf eine stärkere Vertretung der Opposition mit mehreren Ministern gehofft. Schliesslich mussten wir uns mit dem begnügen, was uns zugestanden wurde. Gewiss würden die Neuwahlen eine Änderung zum Besseren bringen. Der Wahlsieg der nationalen Parteien galt als gesichert. Wir erwarteten die Wahl wie den Tag des Gerichtes.

Es begann mit eingeschlagenen Fenstern

Einige Tage nach der Ernennung der Minister erhielt ich durch einen Vertrauensmann einen Brief von zu Hause. Mein Vater berichtete mir von einer Versammlung der Kader der nationalen Parteien in der Halle unseres Restaurants. Nach dem Meeting hatten Propagandatrupps der Bauern- und der Liberalen Partei die Fenster überklebt. Dass die nationalen Parteien eine neue Aktivität entfalteten, erregte den Unwillen der Kommunisten, die kurzerhand die Fenster einwarfen. Vaters Restaurant hiess «Rumania» und war nächst dem Polizeiposten gelegen, vor dem ständig eine Wache stand, die den Überfall nicht hatte übersehen können. Übrigens waren die Namen der Teilnehmer das Tagesgespräch der Stadt. Trotzdem ergriff die Polizei keinerlei Massnahmen gegen sie, und damit blieb eine Gewalttat mehr ungestraft. Ich machte mir über Vaters Brief und die geschilderten Ereignisse Gedanken. Von Sympathien für die Kommunisten konnte schon längst keine Rede mehr sein; ich erwartete die Wahlen, von denen ich mir alles versprach, ungeduldiger denn je.

Mein Vater bat mich, Ghita Pop, einem bekannten Führer der Bauernpartei, der in ganz Siebenbürgen beliebt war, ein Schreiben von Rechtsanwalt Curau zu übermitteln. Ghita Pop war Mitglied der Waffenstillstandskommission gewesen, die mit den Alliierten zu verhandeln hatte. In diesem Schreiben berichtete Curau über die Geschehnisse anlässlich der Parteiversammlung und dem Überfall in der darauffolgenden Nacht. Pop las den Bericht Curaus aufmerksam durch und mass ihm grosse Bedeutung bei.

«Ich muss persönlich nach Dej, und zwar sobald als möglich. So kann es nicht weitergehen.» Und nach ein paar Augenblicken fügte er bei: «Wollen Sie mich begleiten?»

Ich wollte ohnehin meine Familie wiedersehen, und einen Tag in der Gesellschaft Ghita Pops zuzubringen, reizte mich. Ich begab mich ins Hauptquartier der Bauernpartei an der Clémenceau-Strasse, um das Propagandamaterial für die kommenden Verhandlungen zu holen. Eine Woche später befand ich mich auf dem Wege nach Dej. Die Strecke ist nicht sehr lang, doch damals brauchten die Züge drei bis sechs Tage. Ghita Pop fand reichlich Zeit, mir seine Lebensgeschichte zu erzählen, und die Art, wie er es tat, liess keine Langeweile aufkommen. Er war ein Mann von grosser Kultur und äusserster Bescheidenheit. Sein Leben galt dem Kampf für die Rechte der Nation und der Landbevölkerung. Von sich selber oder seiner Familie sprach er nie. Ich erinnere mich, dass er ein einziges Mal seinen Grossvater erwähnte, der Schafhirt gewesen war. Er sprach mit grosser Hochachtung von ihm.

In Dej angekommen, begab sich Ghita Pop geradewegs zu meinem Vater, der sich über das Wiedersehen freute. Im Handumdrehen wusste die ganze Stadt von dem Besuch und viele Leute kamen ins Hotel Rumania, um den verehrten Führer zu sehen und mit ihm zu sprechen. Ohne sich nur eine Minute Rast zu gönnen, begann Ghita Pop mit den politischen Verhandlungen. Es wurde ein Wahlkampf-Programm ausgearbeitet. Niemand konnte dazumal vorausahnen, dass der Wahlkampf die Heftigkeit und Gewalttätigkeit vom Jahre 1946 erreichen würde.

Die ersten Tätlichkeiten

Es wurde auf den folgenden Tag eine Versammlung anberaumt, an der die Distriktdelegierten die regionalen Wahlversammlungen vorbereiten sollten.

Ich besprach mich mit ein paar früheren Schulkollegen und wir kamen überein, an den Häuserwänden Aufschriften anzubringen wie «es lebe der König und Rumänien», «es lebe Juliu Maniu», «es lebe die Bauernpartei». Wir unterliessen absichtlich jede Anspielung auf die Kommunisten, um sie nicht herauszufordern. Mit Pinsel und Farbtopf bewaffnet, zogen wir in zwei Gruppen los, die erste Richtung «Piata Unirii», während ich mit zwei Kameraden gegen die «Calea Traian» aufbrach. Wir hatten eben unsere Tagesarbeit beendet und betrachteten befriedigt unsere Aufschriften, als ein Mitglied der anderen Gruppe atemlos dahergestürmt kam und uns berichtete, die Russen hätten die ganze Gruppe abgefasst und die Kommunisten Botu, Martin und Julius hätten sie mit Stöcken blutig geschlagen. Er selbst konnte im letzten Augenblick entfliehen, während seine Kameraden von den Russen auf das Hauptquartier geführt wurden.

Noch nie war die Zeit so rasch vorbeigegangen. Ostern stand vor der Türe. Ich beabsichtigte, die Osterfeiertage mit meiner Familie in Somes zu verbringen. P. Mureseanu von «Barsul Mare», der ebenfalls seinen Vater besuchen wollte, nahm mich in seinem Wagen mit.

Die Verhandlungen der letzten Zeit hatten meine Gesundheit angegriffen. Ich fühlte mich schwach, ohne sagen zu können, was mir fehlte. Meine Mutter verordnete mir Ruhe und Diät. So kam es, dass ich, statt im Kreise meiner Familie Lammbraten und Ostereier zu essen und Rotwein zu trinken, Ostern im Bett verbrachte.

Wir befreiten Minister Hateganu

Am Ostermontag hielt ich es nicht länger aus im Bett. Ohne jemandem etwas zu sagen, kleidete ich mich an und ging zur Kirche, um zusammen mit den Gläubigen in das «Christ ist erstanden» einzustimmen. Kaum hatte ich mich nach dem Gottesdienst wieder hingelegt, als ein Freund mit der Botschaft in das Zimmer stürmte: «Minister Hateganu ist in Gefahr. Die Kommunisten greifen ihn auf der Somes-Brücke an. Er kann von Glück sagen, dass sie ihn noch nicht samt seinem Wagen in den Fluss geworfen haben.»

Im Augenblick waren Krankheit und Müdigkeit vergessen, ich sprang aus dem Bett, und während ich mich ankleidete, gab ich meinem Freunde Anweisungen und entwarf den Schlachtplan:

«Rufe unverzüglich Koati, Tuti, Toati und Achile, ich selbst will Racea und Zaniemetereu mobilisieren, dann nichts wie los zur Somes-Brücke, um den Minister zu befreien.»

Ich wusste, dass ich auf meine Freunde zählen konnte. Auf dem Wege nach der Brücke klopften wir an die Fenster von Bekannten und baten sie, mitzukommen. So wurde unsere Gruppe schliesslich zwanzig Mann stark. Als die Kommunisten uns herankommen sahen, sprangen sie in ihr Gefährt und suchten das Weite.

Hateganu hatte die Ruhe nicht verloren. «Seid mir willkommen, ich wusste gar nicht, was die Burschen im Schilde führten.»

Die Reifen seines Wagens waren alle mit Messern durchschnitten, die Lampen zertrümmert und der Kühler beschädigt durch das Gefährt, mit dem die Kommunisten seinen Wagen gerammt hatten.

Hateganu war in Begleitung seiner Frau und des Chauffeurs. Sein Besuch hatte nichts mit Wahlpropaganda oder irgendwelchen politischen Zielen zu tun. Er wollte lediglich seine Schwiegereltern besuchen, die in Lapusul Mare wohnten. Da er die Reise im Wagen nicht fortsetzen konnte, verzichtete er auf den Besuch und kehrte nach Cluj zurück; vorher bat er mich noch, die Namen der Angreifer wenn möglich ausfindig zu machen.

Mit dem Angriff auf Hateganu hatte eine neue Etappe begonnen. Die Kommunisten begnügten sich fürderhin nicht mehr, Schüler und wehrlose Jugendliche festzunehmen, wie sie es im vergangenen November praktiziert hatten. Sie machten auch vor Ministern, die als Vertreter der Opposition in der Regierung ernannt worden waren, nicht halt. Aber noch hatten wir die Höhe des Kalvarienberges, der unser Land und unser Volk erwartete, nicht erklommen.

Die Russen fallen der Justiz in den Arm

Ein paar Tage nach dem Zwischenfall auf der Somes-Brükke traf ein Bevollmächtigter des Militärgerichtshofes in der Stadt ein, um die Untersuchung zu führen. Ich wurde in das Hauptquartier eingeladen, um meinen Bericht abzugeben. Unterdessen war es mir gelungen, zwei der Angreifer, Borszsy und Szigety, zu identifizieren. Es handelte sich um ehemalige Pfeilkreuzler, die bei Beginn der russischen Besetzung ohne Zögern zu den «Madosz» hinübergewechselt hatten.

Ich erstattete dem Bevollmächtigten Bericht über alles, was ich gesehen und gehört hatte. Hernach musste ich ihn zur Somes-Brücke an den Tatort begleiten. Er ersuchte mich, auf Zeichenpapier eine genaue Skizze vom Standort der am Angriff Beteiligten zu machen.

Nachdem der Bevollmächtigte wieder abgereist war, nahm ich Kompass und Massstab zur Hand, um, unterstützt von einem Freund, einen Situationsplan aufzunehmen. Kaum hatte ich damit begonnen, als mich russische Soldaten umringten und mir die Mündung ihrer Maschinengewehre auf die Brust setzten:

«Das ist Spionage, was Sie da tun.» Nach einer kurzen Auseinandersetzung brachten sie mich zum sowjetischen Hauptquartier, wo ich sogleich einem langen Verhör unterzogen wurde.

Die Russen wollten wissen, wozu ich die Zeichnung herstellte. Als sie herausfanden, dass ich etwas russisch sprach, musste ich mich ausweisen, woher ich die Kenntnisse hatte. Als ich erklärte, ich hätte lediglich einen Auftrag einer Militärgerichtsbehörde ausgeführt, empfahlen sie mir, meine Zeit nicht mehr mit solch belanglosen Dingen zu vergeuden und bedeuteten mir, ich täte gut daran, mich einer fortschrittlichen Organisation anzuschliessen, andernfalls... Ich bewahrte kaltes Blut und antwortete: «Was ich tat, verstösst nicht gegen die Bestimmungen des Waffenstillstandes oder irgend ein Gesetz. Die Bauernpartei ist eine gesetzlich zugelassene Partei und ich gedenke auch weiterhin meine Mitgliedschaft beizubehalten.»

Der Politoffizier wiederholte seine Warnung und fügte bei: «Die einzige Partei, die das Vertrauen Russlands besitzt, ist die Kommunistische Partei und die ihr angeschlossenen Organisationen. Die übrigen Parteien sind uns feindlich gesinnt und wir gedenken nicht, ihre Tätigkeit länger zu dulden.»

«Warum erklären Sie dies nicht in aller Öffentlichkeit und sagen nicht deutlich heraus, was Sie denken, anstatt die Leute in Illusionen zu wiegen?»

Der Politoffizier lächelte: «Es ist bedauerlich, dass Sie nicht auf mich hören und mir glauben. Sie können gehen. Doch wenn Sie ein einziges Wort von dem, was ich Ihnen sagte, weitererzählen, werden wir uns eher wiedersehen, als Ihnen lieb sein wird. Dann werden Sie nicht mehr so glimpflich davonkommen.»

Der Überfall auf der Somes-Brücke hatte unsere Initiative nicht zu beeinträchtigen vermocht. Ghita Pop, Mureseanu und andere lokale Führer der Bauernpartei kamen zusammen, um die Organisation des regionalen Parteikongresses, der auf den Monat Juni geplant war, zu besprechen.

Eines Tages, als Mureseanu zusammen mit Valer Pop — dem Sekretär der Kreisorganisation — im Parteilokal beschäftigt war, erfuhren wir, dass kommunistische Banden das Lokal umstellten und den Tod des «Faschisten» Mureseanu forderten. Ich machte mich so schnell wie möglich auf den Weg, um zusammen mit ein paar jungen Freunden den Eingeschlossenen zu Hilfe zu eilen. Auch diesmal verstärkten sich unsere Reihen auf dem Wege, da die Leute von der Geschichte Wind bekommen hatten. Die Polizei hatte den Überfall der Kommunisten beobachtet und war bereit, nötigenfalls zugunsten der Angreifer zu intervenieren. Als sie sah, dass ihre Günstlinge den kürzeren zogen, griff sie ein und säuberte die Strasse. Der Polizeichef Briceag gab Mureseanu das Versprechen ab, persönlich für seine Sicherheit zu garantieren und ihn in Zukunft gegen jeden Angriff zu schützen.

Anschlag unter polizeilicher Deckung

Unterdessen gingen die Anhänger der Bauernpartei nach Hause. In der Halle des Restaurants blieben nur mehr Ghita Pop, Mureseanu, C. Radodea, Valer Pop, mein Vater und ich zurück. Es war gegen neun Uhr abends. Wir sassen gerade bei Tisch, als eine Gruppe von schmutzigen und unbekannten Leuten hereinstürmte, etwa dreissig an der Zahl, die sich auf uns warfen. Ich konnte mich gerade noch freimachen, um das elektrische Licht auszuschalten, so dass der Raum in schwärzeste Nacht getaucht war. Nach ein paar Augenblicken kehrte die Ruhe wieder zurück und die Angreifer verschwanden, nachdem sie das Lokal verwüstet hatten. Als wir das Licht wieder andrehten, sahen wir, dass die Fenster eingeschlagen, die Stühle zerbrochen waren. Mureseanu lag in einer Blutlache am Boden. Die anderen kamen mit geringeren Verletzungen davon, doch jeder hatte irgend etwas abbekommen.

Nachdem sich die Kommunisten ungestört zurückziehen konnten, wurde von der Polizei und dem Generalbevollmächtigten nach einiger Zeit eine Untersuchung in Gang gesetzt. Mureseanu wurde in ein Spital gebracht, wir selbst verbarrikadierten uns in einem Raum des Hotels, um uns im Falle eines neuen Angriffes verteidigen zu können. Ghita Pop verweigerte der Polizei jegliche Auskunft, nachdem wir unter den Angreifern einige Polizisten identifiziert hatten.

Die öffentliche Gewalt hatte sich an dem kommunistischen Überfall beteiligt. Die Polizei verteidigte die Rechte des Bürgers, wie der Wolf die Schafherde beschützt. Auf der Rückreise nach Bukarest wurde das Auto, in dem Ghita Pop und Mureseanu Platz genommen hatten, auf der Landstrasse von kommunistischen Terroristen gestoppt, die den Wagen des Bauernführers in Brand steckten. Ghita Pop und Mureseanu, die angeschossen wurden, konnten mit knapper Not ihr Leben retten.

Ghita Pop hat in der «Dreptatea», dem Organ der Bauernpartei, seinerzeit über den Vorfall berichtet und C. Rodacea in einer anderen Nummer der gleichen Zeitung die Namen der Angreifer veröffentlicht: Szigety, Borszsy, Cassian, Soare, Dejak und andere. Bis heute wurden die Angreifer nicht belästigt. Das Militärgericht von Cluj, das damals noch einen Rest von Unabhängigkeit bewahrt hatte, verordnete wohl die Festnahme der Angreifer Hateganus, doch blieb der Befehl auf dem Papier und die Angreifer blieben ungestraft und in Freiheit.

So respektieren die Kommunisten die Rechte der Bürger, die sie immer im Munde führen, solange sie in der Opposition sind.

Die Schlägereien mit den Kommunisten und die Verhaftungen von Mitgliedern der Bauernpartei konnten uns nicht entmutigen. Schon rückte eine neue Veranstaltung in die Nähe und wir mussten uns darauf vorbereiten. Auf den 13.—15. Mai fiel die Feier der 1848er Revolution.

Vor hundert Jahren, als überall in Europa die Revolution ausbrach, wurde die Nationale Partei von Siebenbürgen in der Ebene von Blaj geboren, wo Simion Barnutiu zur Unabhängigkeit aufrief und die Revolutionshymne «Desteap-ta-te-Romane» ertönte. Deshalb wurde der Tag von unserer Partei besonders feierlich begangen. Ihr Führer, Julius Maniu, war der direkte Nachkomme des Gründers. Er ist ein Neffe Simion Barnutius. Er war stolz auf seinen Vorfahren und übernahm die politischen Ideen und Aktionen seines grossen Ahnen. Die Bauernpartei hatte beschlossen, neben dem Meeting auf der Ebene von Blaj, die alljährlich stattfand, dieses Jahr (1946) in Bukarest auf dem Ateneul Roman eine Feier zu veranstalten, an der Hateganu und

Vasile Netea sprechen sollten. Ausser unseren Parteifreunden wurden General Radescu, Bischof Vasile Aftenie, Persönlichkeiten des politischen und kulturellen Lebens und viele ausländische, darunter amerikanische Journalisten erwartet.

Falls kommunistische Agitatoren die Menge angreifen sollten, konnten sie uns nicht mehr überraschen. Auf alle Fälle war ich entschlossen, diesmal die Schläge nicht einfach einzustecken.

In diesen Tagen erreichte uns eine weitere schlimme Nachricht. Ilie Lazar, Gavril Olteanu und zahlreiche andere Freunde waren einem organisierten Überfall der sogenannten «Schwarzhosen» (Sumanele Negre) zum Opfer gefallen. Olteanu fand dabei den Tod.

All dies konnte uns nicht abhalten, unbeirrt unseren Weg zu gehen, obwohl wir genau wussten, was die Russen und die Kommunisten ihren Gegnern zugedacht hatten. Die Führer der Bauernpartei, Iuliu Maniu, Ghita Pop, Mureseanu und auch die übrigen wollten sich im Vertrauen auf die Versprechungen der Moskauer Konferenz jeder Gewalt enthalten und setzten ihre Hoffnung auf die Neuwahlen.

Der letzte Parteikongress

Unterdessen rückte das Datum des regionalen Parteikongresses näher. Er sollte in Tirgul Ileanda stattfinden, d. h. in einer Gegend, in die die Kommunisten noch nicht vorgedrungen waren. Ich machte mich rechtzeitig nach Ileanda auf, um die letzten Vorbereitungen zu treffen. Viel blieb mir nicht mehr zu tun, denn bevor das Datum des Kongresses ausgeschrieben worden war, wusste in der Gegend schon jedermann davon. Nachrichten wurden von Mann zu Mann, durch Verwandte und Freunde weitergegeben. Die Polizei trat alsogleich auf den Plan und versuchte, die Delegierten einzuschüchtern und sie von der Teilnahme am Kongress abzuhalten. Anderen machte sie den Vorschlag, mit ihr zusammenzuarbeiten und die Veranstaltung zu stören. Tatsächlich liessen sich einige einschüchtern und blieben dem Meeting fern. Die meisten Delegierten trotzten der Gefahr und nahmen die Herausforderung an.

Am 16. Juni 1946 füllten die Bauern die Strassen und Wege nach Ileanda. Die Kommunisten hatten die ganze regionale Polizei mobilisiert, um unter dem Vorwand, in Ileanda sei der Typhus ausgebrochen, den Kongressort mit starken Polizeikräften von der übrigen Welt abzuschneiden. Doch die Bauern glaubten der Lügenmeldung nicht und liessen sich auch von den Drohungen der Polizei nicht einschüchtern. Es gelang ihnen, die Polizeisperren zu durchbrechen, ohne offen Widerstand zu leisten oder die Vertreter der öffentlichen Gewalt zu belästigen. Sie unterhielten sich mit den Polizisten, brachten sie mit Spässen zum Lachen, boten ihnen von der mitgebrachten Verpflegung an, und so gelang es ihnen schliesslich, ihre Linien zu durchbrechen. Die Polizei liess es geschehen, ohne energisch einzugreifen und nahm die angebotene Verpflegung dankbar an.

Gegen elf Uhr hätte man auf dem Ileanda Square auf den Köpfen gehen können. Über 4000 Bauern waren allein von den Dörfern des Distriktes von Dej gekommen, um Ghita Pop und Anton Ionel Mureseanu sprechen zu hören.

Die Kommunisten waren wütend, doch angesichts der Zahl und der Stimmung der Teilnehmer hielten sie es für klüger, die Veranstaltung nicht zu stören und keine Zwischenfälle zu veranlassen.

Die Distriktsdelegierten kamen darauf in der grossen Halle der Primarschule zusammen, wo das Distriktskomitee für Somes in geheimer Wahl folgendermassen bestellt wurde: Präsident: Ghita Pop; Vizepräsidenten: Anton Ionel Mureseanu, Corneliu Radosca und Casiu Pop; Sekretär: Valer Pop; Kassier: Oliver Beldeanu, mein Vater. Als Präsident des Bäuerinnenverbandes wurde Florica Argeseanu gewählt und ich selbst als Sekretär des bäuerlichen Jugendverbandes. Unsere ehemaligen Abgeordneten, Senatoren und Vertrauensleute wie Blitz, Muteanu und drei andere, wurden zu Ehrenpräsidenten gewählt. Die Wahl ging in völliger Ruhe und Ordnung zu jedermanns Zufriedenheit vor sich.

Die Tagung ging gegen Abend zu Ende, die Bauern verteilten sich in Gruppen und sangen auf dem Wege nach Hause patriotische Lieder. Die meisten mussten zu Fuss gehen, nur wenige waren zu Ross oder mit einem Fahrzeug hergekommen. Ich mischte mich unter die Menge und stimmte in den Gesang ein. Ich trug die Bauerntracht mit bestickter Hose und Hemd, mit Weste und Gürtel. Die Begeisterung kannte keine Grenzen, und die Kommunisten konnten es nicht wagen, einzugreifen. Wir hatten es bewiesen, dass uns die Regierung Groza nicht in die Knie zu zwingen vermochte und dass wir die Herren des Landes blieben. Jedermann fragte sich: Wenn das ganze Land gegen die kommunistische Regierung eingenommen ist, warum sollten wir sie weiter dulden? Stürzen wir sie sobald als möglich und geben dem Volk das heilige Recht zurück, sich seine Vertrauensmänner in die Regierung zu wählen.

Aber wir wussten zum voraus, dass Mureseanu, Ghita Pop und andere Führer friedfertig gesinnt waren und sich an Iuliu Manius Ermahnung hielten: «Nur keine Gewalt. Wartet geduldig die Wahlen ab, die Kommunisten werden nicht einmal 10 % der Gesamtstimmen zusammenbringen.»

Im Kugelregen

Wir näherten uns dem Dorfe Glod. Unsere Gruppe zählte annähernd hundert Personen, lauter Bauern, die mit ihren Frauen und Kindern zur Tagung gekommen waren. In diesem Augenblick überholte uns mit grosser Geschwindigkeit ein Lastwagen, in dem Kommunisten sassen, die uns beim Vorbeifahren mit Steinen bewarfen. Als sich der Strassenstaub gelegt hatte, fanden wir fünf Schwerverletzte, zwei Bauern und drei Frauen.

Wir brachten ihnen die erste Hilfe und legten sie an den Strassenrand. Im gleichen Augenblick wurde eine andere Frau von einem Wagen, der wiederum mit grosser Geschwindigkeit vorbeifuhr, angefahren und auf die Strasse geworfen. Offenbar hatte der Angriff der Kommunisten erst begonnen, und es waren weitere zu erwarten. Zu allererst mussten Frauen und Kinder aus der Gefahrenzone gebracht werden. Wir schickten sie in den nahegelegenen Wald. Die Kommunisten konnten nur von der Landstrasse aus angreifen, auf der sie ihre Agitatoren von Dej herbrachten. Um die nachfolgenden Bauerngruppen vor einem neuen Angriff zu schützen, hielt ich es für das beste, rasch eine Strassensperre zu errichten. Nicht weit hinter uns, in einer Kurve, war die Strasse zwischen dem Ufer des Somes und einer Felswand eingezwängt. So fiel es verhältnismässig leicht, die Strasse mit Stämmen und Gestein zu verbarrikadieren. Unterdessen stellten sich eine Anzahl unserer jungen Leute auf dem Felsen auf, von dem aus sie die Strasse auf eine grössere Distanz überblicken und das Herannahen der Kommunisten melden konnten. Wir waren noch nicht mit der Barrikade fertig, als ein Wagen der Kommunisten gesichtet wurde. Wir suchten uns zu verbergen und in den Wald zu flüchten, wurden aber von den Kommunisten mit einem Kugelregen überschüttet. Als sie vor der Barrikade in der Kurve plötzlich stoppen mussten, verloren die Angreifer ihren Stand und die Maschinenpistolen entfielen ihren Händen. In dem darauffolgenden Durcheinander schossen die Kommunisten aufs Geratewohl nach allen Richtungen und fuhren weg.

Die Szene hatte nicht länger als ein paar Minuten gedauert. Wir waren kaum dazugekommen, unsern Sieg zu registrieren, als ein Wagen voll russischer, mit Maschinenpistolen und Handgranaten bewaffneter Soldaten heranfuhr. Sie sprangen ab, brachten sich am Ufer des Somes in Deckung und eröffneten ein heftiges Feuer. Es blieb uns nichts anderes übrig, als den Kampf aufzugeben. Wir suchten das Weite und verschwanden im nahen Wald.

Ich zog mich nach Magura zurück, einem kleinen Dorf mit 40 Familien, zumeist aus meiner Verwandtschaft. Hier kam auch mein Grossvater zur Welt. In Magura fühlte ich mich sicherer, weil das Dorf von der Welt isoliert ist und man lediglich zu Ross oder zu Fuss hinkommen kann. Selbst für ein Pferdegespann war die Strasse gefährlich, und Autos waren überhaupt noch nie ins Dorf gekommen. Die einzige kommunistische Gruppe des Distrikts befand sich in Dej, und dort stand auch der starke Wagenpark der Partei, jederzeit einsatzbereit, wenn es galt, irgendwo den Frieden zu stören.

Ich ruhte mich vorerst etwas aus und stärkte mich, um wieder zu Kräften zu kommen. Dann schickte ich einen Jungen nach

90

dem Dorf Ileanda, um nach Ghita Pop und Mureseanu zu forschen. Dieser Junge zählte nur 15 oder 16 Jahre, war aber sehr geschickt. Er holte sich einen Stock, warf sich sein Gepäck über die Schulter und machte sich auf den Weg, ohne irgend etwas Schriftliches auf sich zu tragen. Drei Tage später kam er zurück und nannte mir aus dem Gedächtnis die Namen aller verhafteten Priester und aller Parteimitglieder, die von den Kommunisten geschlagen und gefoltert worden waren. Mureseanu hatte er in einem anderen Dorf gefunden, wo er in Sicherheit war, denn in unseren Dörfern hätte sich damals nirgends ein Verräter gefunden. Mureseanu liess mich bitten, nach Bukarest zu kommen, wo er mich treffen wollte. Bei der Begegnung erzählte er mir, die Untersuchung über den kommunistischen Überfall sei zu unseren Gunsten abgeschlossen worden, die Kommunisten seien nicht berechtigt gewesen, Kongressteilnehmer anzugreifen, was sie allerdings nicht gehindert hatte, mit Maschinenpistolen auf unsere Freunde zu schiessen.

Ich ging nun daran, gemäss den Beschlüssen des Parteitages und im Hinblick auf die Wahlkampagne die nationale Bauernjugend zu organisieren. In das Jugendkomitee des Distrikts von Somes wählten wir Leute, die bereit waren, politische Aufgaben mit den damit verbundenen Risiken zu übernehmen. Vizepräsident wurde Gavril Rusu, ein Student von 24 Jahren, Sekretär der Hochschulstudent Mircea Puscas, 16 Jahre alt, Kassier Puiu Manzatu, ein Student von 21 Jahren, ferner einige Mitarbeiter aus der Bauernschaft im Alter von 18 bis 20 Jahren: Vlad Liviu, Todoran Traian, Bizo Aurel, Bodea Pompei, Ciceu Coriolan. Ich begab mich persönlich in jeden Unterdistrikt, um den verantwortlichen Leiter zu ernennen, der seinerseits in jedem Dorf seines Einzugsgebietes den Dorfverantwortlichen zu ernennen und neue Mitglieder zu gewinnen hatte.

Wir gehen in Deckung

Dabei kamen uns die gemachten Erfahrungen zugute. Um den Kommunisten jeden Vorwand zu neuen Zwischenfällen zu nehmen, verbot ich öffentliche Tagungen und gab Weisung, alle Mitteilungen mündlich von Mann zu Mann weiterzugeben. Einerseits brachten mir Spezialkuriere das benötigte Propagandamaterial mit den Parteiinstruktionen aus Dej und Vertrauensleute aus den Dörfern die Listen mit den Neueintritten; auf dem gleichen Wege schickte ich die entsprechenden Mitgliederkarten zurück. Die ganze Tätigkeit wickelte sich in aller Stille ab; ich brauchte mein Zimmer überhaupt nicht zu verlassen und wusste doch, was im ganzen Distrikt vor sich ging. Die Auslagen für die Kampagne bezahlte ich aus der eigenen Tasche. Von der Partei erhielt ich das Propagandamaterial, die Beitrittsformulare und die Mitgliederkarten. Die Delegierten der Unterdistrikte kamen selber für ihre Auslagen auf, und die Vertrauensleute in den Dörfern arbeiteten ohne Entgelt.

Die älteren Parteimitglieder, die etwas weniger beweglich waren als wir, übernahmen schliesslich unser Organisationssystem und auch die Mann-zu-Mann-Nachrichtenmethode. Auch die Bäuerinnen-Organisation unter der Leitung von Frau Dr. Florica Argeseanu war sehr aktiv. Die äusserst energische Präsidentin ging in Bauerntracht von Dorf zu Dorf, um die Frauen aufzuklären.

Wie bei uns, waren in der Liberalen Partei die Frauen- und Jugendorganisationen am rührigsten. Die liberalen Frauen hielten unter der Leitung von Dr. Eliza Sighiartau mehrere politische Tagungen ab. Anlässlich des letzten Meetings in Targul Garboiului wurde Frau Dr. Sighiartau verhaftet und grausam gefoltert.

Die Kommunisten führten ihren Wahlkampf mit tausend Schlichen und Lügen durch. Nicht nur einmal kam es vor, dass die Menge die Versammlung auflöste und die Kommunisten verjagte. In Targul Lapusului wurden die Kommunisten von den Frauen mit faulen Eiern beworfen, bis sie es aufgaben, ihre Wahlreden zu halten. Bei anderen Gelegenheiten, so in Targul Retegatului, wurden die Kommunisten von der Menge kurzerhand zusammengedroschen.

So versprach der Wahlkampf jedenfalls sehr hart zu werden. Wir waren indessen nach wie vor von unserem Siege überzeugt.

Die zunehmende Bedeutung der bäuerlichen Jugendorganisation im Distrikt von Somes passte den Kommunisten nicht in den Kram. Unsere Reihen wurden immer stärker, und sie selber brachten keine einzige Veranstaltung mehr zustande. Um zu erfahren, was bei uns vorging, schickten sie uns einen Spion auf den Hals, der aber sein Vorhaben aufgab und mir den erhaltenen Auftrag verriet. Statt ausgekundschaftet zu werden, erfuhren wir nun alles, was im gegnerischen Lager passierte.

Schliesslich gelang es aber einem Studenten namens Visca Viorel, in unsere Reihen einzudringen, ohne dass wir Verdacht schöpften. So erfuhr die Polizei, dass die Fäden der Jugendorganisation in meinem Hause zusammenliefen.

Meine Eltern werden verhaftet

Ich hatte persönlich in Bukarest zu tun und verliess Dej in der Hoffnung, bald zurück zu sein. Zwei Tage nach meiner Ankunft in der Hauptstadt erhielt ich ein Telegramm, dessen Inhalt ich vorerst nicht verstand: «Patrocle ernstlich erkrankt, gestorben. Ophelia.» Ich kannte niemanden dieses Namens, ausser meinen Hund. Die Nachricht kam mir spanisch vor, hatte ich doch Patrocle vor zwei Tagen in bester Gesundheit zurückgelassen. Mureseanu, dem ich das Telegramm zeigte, riet mir, unverzüglich nach Dej zurückzukehren und vermutete, es sei Schlimmes vorgefallen.

Voll böser Vorahnungen kehrte ich heim, wo ich um Mitternacht eintraf. Vorsichtigerweise betrat ich das Haus nicht durch den Hof, sondern im Schutz der Bäume durch den Garten — eine Gewohnheit, die ich seit einiger Zeit angenommen hatte. Gewöhnlich begrüsste mich Patrocle mit freudigem Gebell. Ich rief ihn leise an, erhielt aber keine Antwort. An seiner Stelle kam Nero, ein sehr gefährliches Tier, das ohne Warnung zugriff, auf mich zu. Er jaulte leise, als wollte er mir etwas klagen. Ich hoffte von Herzen, es bedeute nichts Schlimmes.

Ich trat unbemerkt ins Haus. Im Vorderzimmer gewahrte ich im Dunkeln meine Grossmutter, die vor der Ikone kniete. Sie war schon über 70 Jahre alt; die Jahre hatten wohl ihr

Augenlicht und ihr Gehör geschwächt, dafür aber ihren Glauben an Gott gestärkt. Sie war von einem unerschütterlichen Vertrauen. Tag und Nacht kniete sie hier und betete unentwegt. Noch heute höre ich, wie sie in jener Nacht vor der Ikone betete:

«Gott, gib uns die Kraft, zu ertragen, was Satan und seine Trabanten Böses gegen uns im Schilde führen. Gott, stehe uns bei, damit wir Deinen Namen nicht verleugnen, auch wenn sie uns den schrecklichsten Folterungen aussetzen. Wir danken Dir, Gott, dass Du uns die Kraft gibst, für Deinen heiligen Namen zu kämpfen und zu leiden.»

«Grossmutter, ich bin's! Erschrick nicht, ich bin's, Puiu!»

Als sie mich erkannte brach sie in Tränen aus:

«Geh, lauf, mein Junge! Mach nicht, dass dich die Banditen erwischen, sie wollen dich töten!»

In diesem Augenblick trat meine Mutter aus dem Nebenzimmer heraus und machte Licht. Ich erkannte sie nicht mehr. Auf ihrer linken Wange klaffte eine breite Wunde, ihr Haar war büschelweise ausgerissen. Ich glaubte, ich sähe einen Geist. Meine Zunge war gelähmt, ich stand stumm mitten im Zimmer, sperrte meine Augen auf und starrte sie an. Sie wiederholte Grossmutters Worte:

«Lauf, Puiu, fliehe, so rasch du kannst!»

«Aber warum, was ist denn geschehen?»

Schliesslich hatte sich meine Mutter soweit gefasst, dass sie mir erzählen konnte:

«Kaum zwei Stunden nach deiner Abreise nach Bukarest stürmten Kommunisten und Polizisten ins Haus. Sie suchten jeden Winkel ab, schleppten eine Menge Dinge und die Akten der Organisation weg. Sie nahmen deinen Vater und mich fest. Als sie uns zwischen zwei Polizisten durch den Garten führten, sprang sie Patrocle an, sie schossen ihn tot.»

Ich war von ihrem Bericht wie betäubt. Mutters Blick war starr und ausdruckslos, sie fand keine Tränen mehr. Mehrere Tage lang hatte sie in einem Keller auf dem feuchten Lehmboden zugebracht, während der Vater schon am ersten Tag in das Gefängnis von Cluj überführt worden war. Bei Mutters Anblick riss ich mich zusammen:

94

«Sag mir, wer dich misshandelt hat, wer dich anzurühren wagte!»

Sie wollte nicht gelten lassen, dass sie geschlagen worden sei. Sie war zu stolz dazu und erinnerte sich zweifellos an die Drohungen der Polizei, im Falle sie ein Wort darüber verlauten lasse. Vielleicht fürchtete sie auch, ich könnte sie rächen wollen.

«Geh, Puiu, lass die Hände weg von diesen gottlosen Leuten, geh weit weg so rasch du kannst. Komm nie mehr in die Gegend zurück. Wenn du dich weiterhin mit Politik befassen willst, wirst du mich und Vater nie mehr sehen.»

Das war die Rache der Kommunisten für meine politische Tätigkeit. Wie Diebe brachen sie in mein Haus ein, beschlagnahmten meine Akten, nahmen meine Eltern fest und schossen mir meinen wundervollen Hund tot.

Aus der Mutter war nichts mehr herauszubringen. In dieser Nacht schlief ich nicht daheim, ich suchte mir einen sicheren Ort bei einem Freunde. Dort erfuhr ich, dass die Kommunisten gleichzeitig den protestantischen Pastor Doday Lorand und Frau Casiu Pop geholt hatten. Casiu Pop gehörte in der Partei zu den aktivsten Leuten der alten Garde. Nach einer Tagung in Mintiu Gherlii hatte er seine Beziehungen zu den Bauern nicht abgebrochen, trotzdem er wusste, dass er überwacht wurde. Zwei seiner Brüder waren schon lange vorher verhaftet worden. Er selbst war im Prozess der «Sumanele Negre» verwickelt gewesen und hatte sich in den letzten vier Monaten vor den Kommunisten versteckt gehalten. Nur mit grösster Mühe gelang es mir, ihn bei einem Bauern ausfindig zu machen. Er wusste, dass seine Frau verhaftet, gefoltert und vergewaltigt worden war. Er gab mir ein Schreiben mit, in dem er gegen diese Gewalttätigkeiten und die Folterungen der Gefangenen durch den betrunkenen Rohling Manzatu protestierte.

Mein Erstes war, die Mitglieder, deren Namen den Kommunisten mit den Listen in die Hände gefallen waren, zu warnen; dann begab ich mich nach Cluj und suchte den Anwalt auf, der meinen Vater im Falle eines Prozesses verteidigen sollte.

Mein Vater sass im Militärgefängnis in Cluj und war des verbotenen Waffentragens angeschuldigt. Der Anwalt zerstreute einen Teil meiner Befürchtungen und rechnete mit der Freilassung meines Vaters innert weniger Tage.

Ich wollte so rasch als möglich nach Bukarest, um meine Freunde über das Vorgefallene zu unterrichten und wenn möglich zugunsten der unschuldig Verhafteten zu intervenieren.

Auf dem Bahnsteig des Bukarester Nordbahnhofes führte mich der Zufall mit Rechtsanwalt Aurel Margineanu, dem Präsidenten der Liberalen Partei des Distriktes Somes, zusammen. Er wusste über die Willkürakte bereits Bescheid und ich erfuhr von ihm, dass auch viele Liberale verhaftet worden waren. Er riet mir, auf das Parteisekretariat zu kommen, um Bebe Bratianu zu erzählen, was ich in diesen Tagen in Dej und Cluj gesehen und gehört hatte. Bebe Bratianu empfing uns sofort. Er erinnerte sich meiner und fand sehr schmeichelhafte Worte für mich.

Der verhängnisvolle gesetzliche Weg

Er war ein Mann von schlanker Statur, feinen Zügen und einem leicht ergrauten Schnurrbart. Er schien nicht älter als 45. Ich meisterte meine Erregung, nicht aber meine Empörung über das Schicksal meiner Familie und erzählte ihm in allen Einzelheiten, wie sich die Terrorakte in Somes zugetragen hatten. *Wie Ghita Pop empfahl Bratianu den gesetzlichen und gewaltlosen Weg der Verhandlungen.* Seine Partei werde bei der Regierung und bei der alliierten Kontrollkommission energischen Protest einlegen und die Bestrafung der begangenen Verbrechen fordern.

Meine Angaben wurden von einem Sekretär gewissenhaft notiert, um die Eingabe so genau und zuverlässig als möglich zu belegen.

Von hier begab ich mich direkt zu unserem eigenen Parteisekretariat in die Clémenceau-Strasse, wo ich Ghita Pop und Mureseanu traf, denen ich den gleichen Bericht erstattete.

«Die Polizei», sagte ich, «ist im Besitze unseres ganzen Archivs, sie kennt alle unsere Mitglieder und ihre Adressen, die Verhaftungen können jeden Augenblick einsetzen. Das Unglück könnte nicht grösser sein, die Mitgliederlisten werden der Polizei mehr nützen, als sie uns gedient haben. Sie wird nicht nur unsere Anordnungen, sondern auch unsere Geldgeber kennen, wir sind vollkommen lahmgelegt.»

Ghita Pop und Mureseanu sahen mich gedankenvoll an. Ich fuhr fort:

«Wenn sich die Kommunisten heute schon solche Freiheiten herausnehmen, was wird erst kommen, wenn sie unbestrittene Herren des Landes sind! Wir werden früher oder später verschwinden müssen. Jeden Abend kann die Bartholomäusnacht auf uns warten. Wollen wir nicht lieber auf Mitgliederkarten und Akten verzichten und die Legalität aufgeben, die ja doch früher oder später illusorisch wird? Warum wollen wir der Gewalt nicht mit der Gewalt begegnen, solange es noch früh genug ist? Solange das ganze Land noch mit uns ist? Solange sogar die Steine sie hassen? Es wird gewiss viele Opfer kosten, doch werden sie nicht umsonst sein, wir werden wissen, wofür wir sie bringen. Wenn wir uns weiterhin an die Gesetze halten, während die Kommunisten sie stündlich dreimal verletzen, ist der Ausgang gewiss: Wir werden vor lauter Gesetzlichkeit zugrundegehen, und wir werden es bereuen und uns schämen, als Feiglinge zu sterben. Wenn wir uns aber wehren, wenn wir uns erheben, wird die freie Welt von den Untaten, die in unserem Lande geschehen, Kenntnis erhalten, und so wird unser Aufstand schliesslich eine historische Bedeutung erhalten.»

Ghita Pop liess sich nicht überzeugen. Er sagte mir, ich hätte meine volle Pflicht gegenüber dem Land und der Partei getan, doch solle ich jetzt zu meinen Studien zurückkehren und die Geschicke der Jugendgruppe von Somes dem Vizepräsidenten Gavril Rusu anvertrauen. Im Augenblick sei es vielleicht nicht tunlich, nach Somes zurückzukehren. Er werde Rusu in Bukarest, wo er erwartet werde, mündlichen Bescheid geben. *Die Bauernpartei aber werde sich nach wie vor streng an die Legalität halten.* Rusu traf kurz darauf in der Hauptstadt ein und konnte mir bestätigen, dass viele Mitglieder, deren Namen auf den beschlagnahmten Listen gestanden hatten, verhaftet worden waren, allerdings nicht für längere Zeit. Doch wurden sie schlimm misshandelt und alsdann entlassen. Die Kommunisten hofften, die Bevölkerung würde sich durch deren Berichte noch mehr einschüchtern lassen und jegliche politische Tätigkeit aufgeben. In den Reihen unserer Mitglieder verbreitete sich eine Panik; viele wagten nicht, ihre früheren Beziehungen weiter zu pflegen, da sie sich gefährdet fühlten. Aber Gavril Rusu gab die Hoffnung nicht auf; er sammelte die Reste unserer Organisation um sich und führte seine politische Tätigkeit in streng gesetzlichem Rahmen weiter.

Es war Mitte Oktober 1946. Ich war noch keinen Monat in Bukarest, als ich die Einladung zu einer Sitzung des Distriktkomitees von Cluj erhielt, an der die Kandidatenlisten für die Abgeordnetenwahlen aufgestellt werden sollten. Wir hatten den Besammlungsort streng geheim gehalten, um Überraschungsmanövern der Kommunisten zuvorzukommen. Eingeladen waren Ghita Pop, Mureseanu, Valer Pop, Florica Argeseanu und einige Leute aus der Gegend; hingegen war mein Vater nicht dabei. Die Kommunisten hatten ihn beim Überfall auf unser Haus und auf dem Wege zum Gefängnis so übel zugerichtet, dass er es aufgab und der Liberalen Partei Tatarescus beitrat, die mit den Kommunisten einen Modus vivendi gefunden hatte. Die Diskussion über die Aufstellung der Kandidatenlisten dauerte nicht lange. An erster Stelle wurde einstimmig vorgeschlagen und gewählt Ghita Pop, an zweiter und dritter Stelle Casiu Pop und Ion Aurel Mureseanu. Für den vierten Platz hatten sie alle mich vorgesehen, und ich wäre auch portiert worden, hätte der anwesende öffentliche Notar nicht gemerkt, dass ich für das passive Wahlrecht noch zu jung war. Ich zählte erst 22^1/$_2$ Jahre, während das Gesetz 25 Jahre vorschrieb. So wurde an meiner Stelle Frau Dr. Florica Argeseanus Gatte aufgestellt, während an fünfter Stelle als Anerkennung seiner Arbeit für die Partei Jon Naghi bezeichnet wurde.

Wer wird die Listen deponieren?

Ghita Pop hatte bereits alle Papiere für die Auflegung der Kandidatenlisten beim Gericht von Dej besorgt und war im Begriffe abzureisen, als uns Valer Pop, der direkt von Dej zurückkam, die Nachricht brachte, das Gerichtsgebäude sei von kommunistischen Sturmtrupps abgesperrt. So hatten die Kommunisten also schon Vorsorge getroffen, um die Opposition an der Deponierung ihrer Listen zu hindern. Sollten wir versuchen, in das Gerichtsgebäude einzudringen, so würden sie ein Handgemenge provozieren, das bald zu einer Strassenschlacht ausarten konnte.

Ghita Pop war der Ansicht, wir sollten versuchen, die Listen auf «friedlichem Wege» zu deponieren. Da wir befürchteten, die Kommunisten würden Ghita Pop auf dem «friedlichen und legalen Weg» zum Gerichtsgebäude angreifen und verhaften, anerbot ich mich, die Listen persönlich zu deponieren.

Ghita Pop war nicht damit einverstanden, weil die Listen seiner Ansicht nach von den Kandidaten persönlich aufgelegt werden mussten. Ich las das Wahlgesetz nochmals aufmerksam durch, fand aber keine derartige Bestimmung darin. Um allen Eventualitäten zuvorzukommen, liess ich mir von allen Kandidaten eine schriftliche Vollmacht erteilen, in ihrem Namen die Listen zu deponieren, und machte mich anheischig, die Aufgabe zu übernehmen und durchzuführen.

Ich schlug vor, etwa hundert Mann vor dem Gerichtsgebäude aufzustellen. Während sie versuchen sollten, die vor dem Eingang postierten Kommunisten abzulenken, würde ich hineingehen und die Listen auflegen.

Ghita Pop aber meinte: «Wir müssen unter allen Umständen Zwischenfälle vermeiden. Ich glaube nicht, dass es zweckmässig wäre, uns von einer Anhängerschar begleiten zu lassen, wenn die Kommunisten nur darauf warten, den Kampf zu eröffnen und mit dem Terror zu beginnen. Selbst wenn wir ihnen zuvorkommen, werden sie die Polizei zu Hilfe rufen und vielleicht sogar die Russen. Es ist bestimmt klüger, den friedlichen Weg zu gehen. Sollten sie uns hindern wollen, die Listen zu deponieren, so werden wir an den Justizminister gelangen, der die entsprechenden Massnahmen ergreifen wird.»

Ich war aber entschlossen, das Risiko auf mich zu nehmen und machte mich auf den Weg.

In der gleichen Nacht traf ich Casiu Pop in seinem geheimen Versteck, dann begab ich mich nach Petresti, wo ich im Hause einer befreundeten Familie Unterkunft fand. Am nächsten Morgen brachte ich etwa 30 Anhänger zusammen, gerade genug, um vom Gerichtshof von Gherla die Kandidatenlisten nach den gesetzlichen Bestimmungen validieren zu lassen. Es war noch keine halbe Stunde vergangen, als sich die Nachricht verbreitete, die Bauern von Petresti wollten in Gherla die Liste Manius validieren lassen, als sich die Strassen und Plätze der Stadt mit Menschen füllten, die uns begleiten wollten. Alle trugen ein Bündel auf der Schulter und den Stock in der Hand, als gingen sie für einige Tage auf die Reise. Ich tat es ihnen gleich, zog bäuerliche Kleidung an und machte mich auf den Weg nach Gherla. Wir marschierten in kleinen Gruppen, um nicht aufzufallen. Der acht Kilometer lange Weg führte über Mintiu, dessen Einwohner sich uns ebenfalls anschlossen. Schliesslich waren unsere Reihen so stark, dass ich mir doch Gedanken machte. Ich blieb etwas zurück und empfahl den Begleitern von Mintiu, nicht bis zum Gericht mitzugehen, da die Gruppe aus Petresti genüge. Die Leute schauten mich eine Weile an, ich war ihnen unbekannt. Ein alter Mann fragte mit erhobener Stimme:

«Woher kommst du?»

«Aus Petresti.»

«Ich glaube, du lügst, vielleicht bis du ein Spion. Ich habe dich auf dem Wege beobachtet und sogleich. gedacht, du seiest keiner von uns.»

Die Bauern gerieten in Aufregung, und während der Lärm zunahm, drangen sie bereits mit den Fäusten auf mich ein und riefen: «Was hat dieser Spion bei uns zu suchen?» Zum Glück erkannte mich ein Mann aus Petresti und konnte das Missverständnis aufklären, sonst wäre es mir schlecht ergangen.

Als wir endlich vor dem Gerichtsgebäude von Gherla standen, zeigte sich eine neue Schwierigkeit. Wie sollte ich die 30 Mann ausscheiden, die die Kandidaturen zu bezeugen hatten, ohne die übrigen vor den Kopf zu stossen! Schliesslich traf ich die Wahl aufs Geratewohl, indem ich Leute aus den offiziellen

100

alphabetischen Wahllisten bezeichnete und von ihnen die Erklärung zuhanden der Richter unterschreiben liess.

Auf Schleichwegen zum Wahllokal

Nachdem dies soweit in Ordnung war, dankte ich den Leuten von Mintiu und Petresti für ihre Hilfe. Dann gingen wir auseinander. Von Gherla bis Dej sind es ungefähr 12 km. Da täglich nur ein einziger Zug verkehrte, ging ich zu Fuss und liess mir Zeit. Man konnte mich in meinen verfärbten und geflickten Werktagskleidern für irgend einen Bauern halten. Ich sah genau so unvorteilhaft aus wie viele meiner Mitbürger, seit wir die Invasion aus dem Osten erlebt hatten. Um den Kopf hatte ich mir ein Tuch geschlungen, als hätte ich Zahnweh. Plötzlich fuhr ein Wagen in einer mächtigen Staubwolke daher. Ich hielt ihn an und stellte zu meinem Schrecken fest, dass er von der kommunistischen Sturmtruppe von Dej besetzt war. Ich stutzte, als ich unter ihnen den Radio-Elektriker Markis, einen früheren Kino-Operateur meines Vaters, erkannte, verlor aber meine Ruhe nicht und frug im Tonfall der Bauern:

«Wieviel verlangt ihr, um mich nach Dej mitzunehmen?»

«Fünftausend Lei.»

«Ich habe nur zweitausend.»

«Also los für dreitausend, wir haben keine Zeit zu warten.»

Markis hatte mich nicht erkannt. Ich sprang in den Wagen und setzte mich zu den sechs kommunistischen Terroristen. Was mochten die sechs im Schilde führen? An der Strassensperre von Dej wurde der Wagen von den bewaffneten kommunistischen Posten ohne Kontrolle durchgelassen. Dann verabschiedete ich mich, um zu Fuss nach dem Traian-Spital zu gehen und von hier unbemerkt nach dem Gericht zu kommen, wo ich zuerst um das Gebäude herumging. Als ich nichts Verdächtiges bemerkte, trat ich ein, noch immer mit dem Tuch um den Kopf. Ich näherte mich vorsichtig zwei Individuen, die die Halle beobachteten, und fragte sie:

«Wo kann ich eine Klage wegen Körperverletzung vorbringen?»

«Ich weiss es nicht.»

Ich liess sie stehen und bemerkte auf der rechten Seite der Halle einen kommunistischen Stosstrupp, dessen Mannschaft sich mit einem Spiel verweilte. Ich schlich unbemerkt in das Wahllokal, das mit einem Pfeil bezeichnet war. Hier sassen an einem langen Tisch drei Richter, unter denen ich Moldoveanu erkannte, der aus Mica stammte. An seiner Seite sass der Zivilstandsbeamte Bojan, den ich ebenfalls kannte, zusammen mit einem dritten, den ich noch nie gesehen hatte. Ich übergab die Listen Moldoveanu, der präsidierte und sie seinen Kollegen aushändigte, die sie ebenfalls aufmerksam prüften. Die unterzeichneten Kopien erhielt ich wieder ausgehändigt. Ich ersuchte den Präsidenten um eine schriftliche Bestätigung, dass ihm die Listen vollständig und in vorgeschriebener Form überreicht worden waren. Moldoveanu stellte die Bestätigung sofort aus, liess sie von seinen Kollegen unterzeichnen und überreichte sie mir.

Gewaltsame Verhinderung der Ausübung des Wahlrechts

In diesem Augenblick brach im Korridor ein Tumult los. Lazas, der Führer des kommunistischen Stosstrupps, hatte den Kopf zur Türe hereingestreckt, und als er meiner gewahr wurde und die Listen in der Hand des Präsidenten sah, schäumte er vor Wut. Im nächsten Augenblick flogen beide Türen auf und dreissig kommunistische Terroristen stürmten ins Zimmer. Im Nu zerknüllte ich die Bestätigung und schob sie in meinen Mund, während die Kommunisten sogleich zum Angriff übergingen. Es blieb kein Stuhl und kein Tisch an seinem Platz, die Schreibmaschinen fielen zu Boden und ihre Bestandteile flogen nach allen Richtungen. Ich ging in Deckung unter einen Tisch und schrie aus Leibeskräften um Hilfe, so gut ich es mit der Papierkugel im Munde vermochte. Dann brachte mich ein Schlag ins Genick um die Besinnung. Ein zweiter Schlag in die Rippen weckte mich wieder auf, er stammte vom Polizisten Julius, der mich anbrüllte:

«Du Schläuling, jetzt geht's ins Gefängnis.»

Und wieder gab er mir einen Fusstritt in die Rippen; ich wollte mich erheben, vermochte es aber nicht, mein Rücken war steif und meine Seiten schmerzten mich. Als ich mit der Hand den Rücken betastete, war sie voll Blut. Ich schloss meine Augen vor Schmerz und hörte Julius wie im Traum sagen:

«Das ist die Belohnung dafür, dass du das Wahlbüro mit Pistolen und Granaten angegriffen hast.»

Unterdessen hatten sich mehrere Leute um uns versammelt, unter denen ich Dr. Lucaci vom Traian-Spital erkannte, der mir die erste Hilfe brachte. Der Polizeioffizier brüllte ihn an:

«Solche Schweine brauchen keine Hilfe, bringt ihn direkt ins Gefängnis!»

Der Gerichtsmediziner von Dej, Dr. Galambos, ein bekannter Kommunist, war ebenfalls zugegen. Er hatte das Patent vor Beendigung seiner Studien erhalten. Er untersuchte mich und sagte zu Julius: «Man muss ihn ins Spital bringen, er hat mindestens eine Rippe gebrochen.»

Ohne Dr. Galambos' Intervention hätte man mich trotz meiner Verletzungen wie einen Hund ins Gefängnis eingeliefert.

Auf dem Wege zum Spital kam ich wieder zu mir. Mein erster Gedanke galt den Wahllisten. Ich musste versuchen, die Kopien der Kandidatenlisten Ghita Pop nach Bukarest in die Hände zu spielen.

Da sich mir ein junger Mann unserer Organisation näherte, bot sich dazu eine günstige Gelegenheit. Ich griff in die Tasche meines Rockes — sie war leer! Man hatte mir offensichtlich die Listen während des Handgemenges entrissen. Alle meine Vorkehrungen, meine ganze Arbeit war also umsonst gewesen. Glücklicherweise hatte ich die Bescheinigung in den Mund gesteckt, sie war wohl etwas zerknittert, doch nicht beschädigt. Ich steckte sie meinem Freunde zu und flüsterte:

«Dies ist für Ghita Pop, es ist sehr eilig und wichtig!»

Nun atmete ich wieder leichter, ich hatte mein Wort gehalten, die Bauern hatten ihre Kandidaten im Distrikt von Somes gesichert.

Im Spital wurde ich sogleich geröntgt. Dabei stellte man einen Rippenbruch fest, dazu zwei Verrenkungen und zahlreiche, zum Teil blutende Quetschwunden. Kaum hatte man mich nach der Untersuchung ins Bett gebracht, trat Polizeioffizier Lucaci, ein Verwandter des gleichnamigen Arztes, ins Zimmer, um mich zu verhören. Ich tat meinen Mund nicht auf, wusste ich doch, dass die Polizei mit den Kommunisten gemeinsame Sache gemacht hatte. Ich wollte mich nicht beim Dieb über den Schaden beklagen, den er selbst angerichtet hatte.

Heimliche Flucht

Vor die Zimmertüre wurden eine Wache und ein kommunistischer Kommissar gestellt, die sich gegenseitig ablösten. Anderntags kam mich meine Mutter besuchen. Ihr erstes Wort war:

«Sagte ich dir nicht, du solltest von Dej wegbleiben, sonst würden sie dich töten?» Neben ihr stand der Polizeioffizier Julius, der jedes Wort mithörte.

Ich überlegte, wie ich meine Eltern vor weiteren Verfolgungen schützen könnte. Ich wollte Julius glauben machen, meine Eltern seien nicht mehr mit mir einverstanden und sagte deshalb mit ärgerlicher Stimme:

«Wenn du so denkst, dann bis du nicht mehr meine Mutter, und wenn Vater Juliu Maniu verraten hat, will ich ihn nicht länger als Vater anerkennen.»

Ich rechnete damit, Mutter würde mir weiter zureden, von der Politik zu lassen; statt dessen brach sie in Tränen aus und begann in Gegenwart von Julius auf die Kommunisten zu schimpfen, worauf er sie aus dem Zimmer jagte.

Das war der Tag, an dem ich meine Mutter zum letzten Mal sah.

Ich blieb drei Tage und drei Nächte im Traian-Spital. In der dritten Nacht stand der Polizist Puscasan aus Negarlesti vor der Türe Wache. Ich erwachte gegen Mitternacht und hörte ein Geräusch im Zimmer. Zu meinem Erstaunen sah ich jemanden eintreten. Zuerst dachte ich, es sei die Nachtwache, bis er näher kam und ich Gavril Rusu erkannte. Ich fragte ihn erstaunt, wie er denn hereingekommen sei.

«Bist du kräftig genug, um gehen zu können?»

«Wohin gehen wir?»

«Nach Bukarest.»

«Wie sollen wir an der Wache vorbeikommen?»

«Sie schläft schon lange und wird vor morgen früh bestimmt nicht aufwachen.»

Tatsächlich schnarchte Puscasan wie ein Bär und sah fast so aus, als ob ihm einer eins über den Kopf gereicht hätte.

Mit Rusus Unterstützung gelang es mir, die Treppen hinunterzugehen. Am Ausgang erwarteten uns zwei Freunde, die uns zu der Blumenstrasse brachten. Dort bestiegen wir ein Pferdegefährt und fuhren aus der Stadt. Später setzten wir die Flucht im Wagen Hateganus fort.

In Bukarest wurde ich von Ghita Pop und Mureseanu ausserordentlich herzlich empfangen. Ich setzte ihnen auseinander, dass für mich kein Gesetz mehr existiere bis zum Tag, da die Gesetzlosigkeit, mit der das Regime waltete, beseitigt sei. Was ich bis auf den heutigen Tag erlebt hätte, wäre mir eine genügende Lektion.

Bevor ich wieder ganz hergestellt war, erhielt ich falsche Papiere, um nach Dej weiterzufliehen, denn in Bukarest durfte ich angesichts der bevorstehenden Wahlen nicht länger bleiben. Ich hatte Pech und wurde in Huedin, im Distrikt Cluj, verhaftet, und zwar im Laufe einer kommunistischen Razzia, an der Hunderte und Hunderte von Passanten abgefasst wurden. Von Huedin wurden wir nach Cluj gebracht und dort im Polizeigebäude interniert, und zwar unser 50 Personen in der Zelle Nr. 1. Wir waren so zusammengepfercht, dass wir uns nicht mehr bewegen konnten und immer die einen stehen mussten, während die anderen wie Sardinen zusammengepresst am Boden lagen. Die Tortur dauerte acht Tage, acht Tage lang konnten wir kein Auge schliessen. Noch sehe ich meine Leidensgenossen vor mir, Cobrazan, einen Beamten von Huedin, der sich dafür verantworten musste, dass in seinem Haus zwei alte Patronenhülsen gefunden worden waren, von deren Existenz er nichts gewusst hatte. Ferner den Bauern Viorel Negru, den sie ohne Begründung schrecklich zusammengeschlagen hatten, den Studenten Mircea Dragus, den sie, wie viele andere Schüler, auf dem Schulweg abgefasst hatten mit dem einzigen Zweck, die Leute einzuschüchtern.

Die Untersuchung wurde von einem gewissen Mardarescu geführt unter Assistenz eines Individuums, das aussah wie ein Schlächter und nichts als fluchen und zuschlagen konnte. Als ich an der Reihe war, sagte ich aus, ich sei nach Huedin gekommen, um Käse, Butter und Eier zu kaufen, und die Verhaftung sei erfolgt, weil ich mich in eine Auseinandersetzung zwischen Bauern und Kommunisten eingemischt habe. Der Streit habe sich nicht um Politik, sondern um einen Hund gedreht. Ich zeigte meine falschen Papiere, und da mich niemand persönlich kannte, wurde ich am 21. September entlassen.

Der grosse Betrug

In der Folge erfuhr ich, wie sich die Wahlen in Dej abgewickelt hatten. Die Bauern hielten die Stadt praktisch während zweier Tage besetzt. Sie waren alle aus den umliegenden Dörfern hergekommen, um für ihre politische Überzeugung und gegen die Verfolgung ihrer Kandidaten durch die Kommunisten zu demonstrieren. Es war eine richtige Belagerung, die niemand organisiert hatte. Die Bauern hatten sich aus eigener Initiative erhoben, um ihre Rechte zu verteidigen. Rusu legte eine grosse Tapferkeit zutage, indem er das Volk zum Kampf aufrief, zusammen mit einigen anderen. Aber der offene Widerstand war eigentlich von niemandem organisiert worden.

Als die Kommunisten gewahr wurden, dass die Revolte grösseren Umfang annahm, verhafteten sie Ghita Pop in Cluj und verlangten von ihm, unter polizeilicher Begleitung nach Dej zu gehen, um die Bauern zu beruhigen und aufzufordern, nach Hause zu gehen. Ghita Pop weigerte sich, dem Befehl nachzukommen. Nun rief General Victor Draganescu, der den Aufstand mit den Soldaten der 2. Gebirgsdivision niederschlagen sollte, Ghita Pop im Gefängnis telefonisch an und forderte ihn auf, zu intervenieren und die Bauern zu beruhigen. Doch Ghita Pop gab nicht nach. Darauf begab sich der kommunistische General zu Valer Pop. Unter der Vortäuschung, er käme direkt von Ghita Pop, legte er ihm nahe, die Forderungen der Bauern in einem Memorandum zusammenzufassen und versprach die Erfüllung aller Begehren, falls die Bauern ruhig abzögen. Valer Pop, der niemanden um Rat fragen konnte, schenkte den Worten des Generals Glauben und sprach den Bauern beruhigend zu. Doch diese wollten nichts mehr von kommunistischen Versprechen hören, sie verlangten Taten und vor allem die Befreiung anlässlich der Wahlen verhafteter und eingesperrter Mitbürger. Darauf wurden sogleich einige entlassen und den Bauern übergeben als Beweis dafür, dass die Kommunisten ihre Versprechungen zu halten gedächten. Die zweite Forderung der Bauern betraf die Gültigerklärung ihrer Stimmen. Die Kommunisten hatten die Stimmzettel gefälscht, die Wahllisten gestohlen und an ihrer Stelle andere eingelegt.

Valer Pop handelte im guten Glauben, er wollte Blutvergiessen vermeiden und gab der Menge die Versicherung ab, ihre Forderungen würden erfüllt. Darauf begaben sich viele von ihnen nach Hause, die übrigen wurden durch Draganescus Armee zerstreut.

Die Kommunisten ergriffen blutige Repressalien. In den Strassen von Dej blieben viele Tote zurück und in der folgenden Nacht holte die Polizei zahllose Bauern aus ihren Häusern. Sie brachten sie ins Gefängnis und folterten sie. Wer rechtzeitig gewarnt wurde, floh in die Wälder.

So kamen die Kommunisten im Distrikt von Somes zur Macht, und so geschah es auch in allen anderen Landesteilen.

Die trügerische Amnestie

Mit dem Einbruch der Winterkälte wurde der Aufenthalt in den Wäldern immer beschwerlicher. Die Gefängnisse waren überfüllt von Leuten, die des Wahlbetrugs angeklagt waren. Dann entschloss sich die Regierung, eine Amnestie zu erlassen, die sich aufs Maquis erstreckte. Die Amnestie wurde in allen Dörfern verkündet, in denen die Revolte ausgebrochen war, die Nachricht davon drang bis in die Verstecke in den Wäldern und viele kehrten zu ihren Familien zurück. Gavril Rusu jedoch wollte sich nicht ergeben. Es gelang ihm, nach Bukarest zu entkommen und der amerikanischen Militärkommission in der Otetari-Strasse die Wahrheit über die rumänischen Wahlen zu berichten. Hier traf er auch zwei Unteroffiziere der Miliz, die an der Revolte in Dej auf seiten der Bauern teilgenommen hatten. Es war ihnen gelungen, aus dem Gefängnis zu entweichen. Nach einer abenteuerlichen Flucht kamen sie nach Bukarest mit der Absicht, aus dem Lande zu fliehen, um der kommunistischen Rache zu entgehen. Rusu brachte sie mit Mureseanu in Verbindung, der dafür sorgen sollte, dass ihnen die Partei ein Versteck und einige Existenzmittel beschaffte. Die Partei musste damals allein in Bukarest für über hundert Flüchtlinge aufkommen, im ganzen Lande waren ihrer mehrere tausend.

Während des ersten Monats reichten die bescheidenen Mittel noch aus, die Leute durchzuhalten. Später hielt es bedeutend schwieriger. Die Inflation nahm zu, ohne dass neue Mittel beschafft werden konnten. Die Unterstützungsgelder reichten nicht mehr, um das nackte Leben zu fristen. Unter diesen Umständen bat mich Ghita Pop, für Rusu und die zwei Milizsoldaten ein besseres Versteck zu finden, wo es sich mit wenig Geld noch leben liesse. Von einem Freunde erfuhr ich, dass in der Nähe von Zarnesti ein Chalet zu vermieten wäre, wo die drei vor den kommunistischen Spähern sicher wären und bis zum Frühjahr durchhalten konnten. Bis zum Frühjahr? Doch was sollte alsdann geschehen? Das wusste niemand zu sagen, aber jeder hoffte seit den Wahlen, im Frühjahr würde eine Wendung zum Besseren eintreten.

Tatsächlich schien der Terror eher nachzulassen, die Verhaftungen wurden seltener und viele Gefangene wurden wieder freigelassen. Einige Parteiführer hatten sich von der Politik abgewandt und beschäftigten sich mit anderen Dingen, als ob sie unter einer ordentlichen Regierung ein normales Leben führten.

Doch wurden wir schon im Frühjahr 1947 aus unseren Träumen aufgeschreckt. Die Gewalttätigkeiten setzten von neuem ein, dazu gesellte sich der Hunger. Verzweiflung ergriff die Bevölkerung. Die Bauern legten mit ihrem Bündel auf dem Rükken Hunderte von Kilometern zurück, um etwas Mais zu finden. Und als ob der Hunger nicht genügt hätte, verbreitete sich der Typhus, den die russischen Soldaten eingeschleppt hatten. Die Kommunisten benützten die allgemeine Verwirrung, um zu einem neuen Angriff anzusetzen. Wiederum begannen die Verhaftungen. Wer im Herbst amnestiert worden war, wanderte ins Gefängnis zurück. Gewalttätigkeiten und Gesetzesverletzungen waren an der Tagesordnung. Ich hielt es nicht mehr länger aus, ich musste mit Ghita Pop sprechen.

«Worauf können wir noch hoffen, Herr Minister?»

«Wir können auf keine Besserung hoffen.»

«Warum unternehmen wir nichts? Warum stehen wir da und warten, die Hände in den Taschen, das Messer in der Scheide? Täten wir nicht besser, nach dem Westen zu fliehen, um dort für die Freiheit weiterzukämpfen?»

«Ich bin ein alter Mann. Was soll ich im Westen beginnen, wenn ich noch ein paar Jahre zu leben habe? Ich muss hier bleiben und das Schicksal meines Volkes teilen. Ich will nicht, dass mir meine Wähler vorwerfen können, ich hätte sie in den Kampf geführt und sie dann im Stiche gelassen, um im Westen Zuflucht zu suchen.»

«Wir wüssten wenigstens, wofür wir stürben. Wir wollen doch lieber kämpfend zugrunde gehen und so Protest erheben gegen Gesetzlosigkeit und Gewalt.»

«Wir dürfen uns nicht mit der Gewalt verbinden, weil uns die Kommunisten unterschiedslos dafür büssen lassen, die Schuldigen und die Unschuldigen.»

«Was bleibt uns dann noch?»

«Wir können nur warten. Vielleicht erbarmt sich Gott unser oder ändert die Geschichte ihren Lauf.»

Ich fliehe in die Berge

Nach dieser Aussprache mit Ghita Pop war mein Entschluss gefasst. Ich wollte mich den Kommunisten nicht ausliefern. Der illegale Kampf hatte begonnen. Ich setzte meine letzte Hoffnung auf meine Freunde von Zarnesti und bat sie, Waffen zu beschaffen und sich im Falle eines Angriffes nicht zu ergeben. Unser Schicksal war besiegelt: Sollten wir gefangen werden, so mussten wir sterben. Ich versprach, mich ihnen noch vor dem Sommer anzuschliessen. Alsdann wollte ich zur Aktion übergehen. Ich hoffte, bis im Herbst nach Ungarn und von dort nach Österreich in die amerikanische Zone zu entfliehen.

Bis dahin blieb ich bei Mureseanu und besuchte die Kurse der Akademie der Schönen Künste. Nebenbei hielt ich Ausschau nach Waffen und Munition.

Im Sommer wurden wieder viele Mitglieder der Bauernpartei verhaftet. Die wenigsten Führer wagten es noch, zu Hause zu schlafen und hielten sich bei Freunden versteckt. Wie lange das dauern sollte, konnte niemand sagen. Juliu Maniu, Mihail Popovici, Mihalache, Ghita Pop und andere machten sich keine Illusionen über die weitere Entwicklung. Sie hielten es nicht mehr der Mühe wert, sich länger zu verstecken. Sie erwarteten ergeben ihr Schicksal.

Nachdem ich mein Examen erfolgreich bestanden hatte, nahm ich Abschied von meinen Kollegen, die bedauerten, dass ich im nächsten Jahr nicht mehr zurückkommen wollte. Ende Juni brach ich nach Zarnesti auf, wo ich im Hotel von Niscov, einem Freund meines Vaters, abstieg. Ich traf ihn jedoch nicht mehr zu Hause, er war bereits verhaftet worden. Ich wurde von seinen Kindern begrüsst, die einen niedergeschlagenen und erbarmungswürdigen Eindruck machten. Ich wartete bis zum Nachteinbruch, um bei Mondschein nach Plaiul Foii aufzubrechen, wo ich nach Mitternacht eintraf. Rasch hatte ich Oscar Tonci, einen kurzgewachsenen und lebhaften Siebenbürgersachsen, ausfindig gemacht, dem das Chalet, das meine Freunde beherbergte, gehörte. Rusu und die beiden Miliz-Unteroffiziere Jon Mocanu und Alexandru Istrati schliefen zusammen im selben Raum. Mein Kommen löste grosse Freude aus. Sie erzählten mir, sie seien nur vorübergehend hier, ihr Versteck befinde sich einige Wegstunden weiter mitten in den Bergen. Zu dieser Zeit beherbergten die verschiedenen Verstecke in Piatra Craiului, Piatra Mare und Piatra Mica gegen vierzig vollbewaffnete Widerstandskämpfer, die in Gruppen von je sieben Mann durch Kuriere miteinander in Verbindung standen. Da wir weder über Raketen noch drahtlose oder andere Telephonie verfügten, musste meines Erachtens das System durch Lichtsignale und andere Übermittlungstechniken verbessert werden.

Wir sassen die ganze Nacht beisammen und redeten. Die Stimmung der beiden Unteroffiziere schien zu wünschen übrig-

zulassen. Sie sprachen zu meinem Entsetzen von Übergabe. Ich
versuchte sie aufzumuntern. Schliesslich waren wir uns alle
einig, dass sich besser leben liesse in den freien Bergen als in
den kommunistischen Gefängnissen oder in der Stadt, wo man
jederzeit entdeckt werden konnte. Bei Tagesgrauen verliessen
wir das Chalet und suchten unsere Verstecke in den Bergen auf.
Wir waren schon vier Stunden unterwegs, es wurde immer
beschwerlicher, vor allem für mich, weil mir die Übung fehlte.
Die Hütte in den Bergen war eigentlich nicht sehr gut getarnt,
doch hatte sie eine ausgezeichnete strategische Lage. Man konnte
alle Zugänge im Auge behalten, ohne selbst gesehen zu werden.
Nachts konnte sich selbst ein ausgezeichneter Kletterer, auch
wenn er den Pfad kannte, nicht heraufwagen. In der Hütte fanden acht bis neun Personen Platz, nötigenfalls konnte man dop-
pelt soviele unterbringen.

Ich war nicht aus Angst in die Berge geflohen, sondern mit
der Absicht, eine Aktion zu starten gegen die Kommunisten, die
die Bevölkerung terrorisierten. Ich hatte vor, die Gegend von
Dej als Operationsbasis zu wählen, weil ich Land und Bevölkerung besonders gut kannte. Die Sache wollte gut überlegt sein,
und so gönnte ich mir drei Tage, die ich mit Klettern, Edelweiss-
pflücken und Schiessübungen verbrachte. Endlich konnte ich
wieder frei atmen, ohne Angst, von den Kommunisten überwacht und von der Polizei verhaftet zu werden.

Lage-Besprechung

Am dritten Tag brach ich in Begleitung von Gavril Rusu nach
Plaiul Foii auf. Ich hatte mir vorgenommen, alle übrigen Verstecke und Widerstandsnester aufzusuchen, um mir von ihrer
Besatzung und deren Stimmung ein Bild zu machen. Als ich
mich von Rusu trennte, versprach ich ihm, nach zwei Wochen
mit genügend Geld zurückzukommen, um einige Vorräte anzu-
schaffen. Von Plaiul aus begleitete mich ein 16jähriger Führer,
ein tapferer und williger Junge. Er führte mich sechs Stunden
lang auf Zickzackwegen, bis wir zu einer primitiven Hütte kamen, die aber mehr Sicherheit bot als die unsrige. Dort traf ich
acht junge Männer, darunter einen ehemaligen Polizeioffizier,

von denen viele schon in den kommunistischen Gefängnissen gesessen hatten und entfliehen konnten. Im Gegensatz zu den beiden Miliz-Unteroffizieren war hier die Stimmung ausgezeichnet und niemand dachte an eine Übergabe.

Nachdem das Eis gebrochen war, setzte eine lebhafte Aussprache über unser Aktionsprogramm ein. Viele schlugen vor, Fabriken, Läden und staatliche Betriebe zu überfallen, um den Nachschub zu sichern und mit den erbeuteten Vorräten die Bevölkerung zu versorgen, gleichzeitig aber neue Stützpunkte für den nächsten Winter zu schaffen.

Als wir von der Zukunft zu sprechen begannen, klangen die Stimmen weniger zuversichtlich. Wie lange sollte die gegenwärtige Lage noch dauern? Wenn sich nun nichts änderte? Hier gingen die Meinungen auseinander. Die einen schlugen die Flucht nach dem Westen vor, andere meinten, sie lasse sich nicht durchführen und es bleibe uns nichts anderes übrig, als bis zum Schluss zu kämpfen und zu versuchen, die Bevölkerung für uns zu gewinnen. Vielleicht würde es uns gelingen, ein grösseres Gebiet in unsere Hand zu bringen, um alsdann Hilfe von den Alliierten anzurufen. Die Diskussionsteilnehmer ereiferten sich und die Meinungen prallten heftig aufeinander, doch alle waren sich einig, wir mussten Widerstand leisten, und sei es nur, um der freien Welt zu zeigen, dass die Rumänen sich nicht so leicht ergeben. Ich blieb bei meiner Meinung, das Volk müsste in uns in erster Linie den Arm der Justiz erblicken, der die Kommunisten zu gesetzlichem Vorgehen zwänge. Dabei sollten wir aus Gründen der Sicherheit und des Erfolges möglichst weit von unserer Basis entfernt operieren.

Ich dachte an eine neue Form von Heiducken, die zur Verteidigung der Gerechtigkeit zu Felde zogen und die neuen Herren, die die ganze Nation ausplünderten, im Augenblick, da sie es am wenigsten erwarteten, überfielen und züchtigten.

Ich gehe ins Maquis

Mein Entschluss war gefasst. Jede Unruhe war von mir gewichen. Die Kommunisten trachteten mir nach dem Leben, trennten mich von meiner Familie, meinen Freunden, meiner

Schule und meiner politischen Tätigkeit. Um meinem Volk zu dienen, blieb mir ein einziger Weg übrig: ich musste ins Maquis gehen.

Bevor ich nach Bukarest zurückkehrte, suchte ich einige in den Bergen zerstreute Gruppen auf.

Es schmerzte mich bitter, zu sehen, dass die Besten der rumänischen Nation Maquisarden geworden waren, wie in früheren Zeiten. Was hatte diese Jugend verbrochen, dass sie sich in abgelegene Hütten flüchten und primitive Verstecke in den Bergen aufsuchen musste? Welches Schicksal erwartete sie? Die Winterkälte würde ihnen zusetzen, die Verpflegung knapp werden und die Kleider durchgescheuert sein. Wo gibt es eine Gerechtigkeit in dieser Welt? Eine ganze Nation war ihrer Rechte beraubt worden und gezwungen für fremde Interessen Frondienste zu leisten. Junge Rumänen waren bereit, für die Freiheit zu kämpfen. Sie waren über die Tatenlosigkeit der Führer verzweifelt und warteten auf den Mann, der ihnen den Weg zeigen würde, den sie gehen sollten. Sie wollten nichts wissen von einem «friedlichen Weg», wie er von ihren politischen Führern, den Radiostationen der freien Welt und den alliierten diplomatischen Vertretungen empfohlen wurde.

Verstand denn niemand, dass eine zur Verzweiflung gebrachte friedliche Nation nach Freiheit und Rache dürstete?

Vor mir standen zwei Offiziere, die wie Banditen lebten. Sie trauerten weder ihren Freunden noch dem schwermütigen Lächeln ihrer Mädchen in der Stadt nach. Sie bedauerten nur, dem Feinde ihre Freiheit und ihre Waffen ausgeliefert zu haben. Vor einem Jahr hätten sie noch einen ganzen Eisenbahnzug mit Russen, Tanks, Munition und dem Kriegsmaterial, das einem unbekannten Feind entgegenrollte, in die Luft sprengen können. Heute mussten sie für jede Kugel dankbar sein, die ihnen ein befreundeter Soldat zusteckte. Ihre Zuversicht hatte sich allmählich erschöpft. Der militärischen Ausmusterung war die Zuteilung zur Reserve gefolgt und schliesslich die Einlieferung ins Gefängnis. Jede Hoffnung auf die Zukunft war dahingeschwunden. Sie waren dem völligen Verderben preisgegeben.

Das Maquis allein konnte ihrem Leben noch einen Sinn geben, sie würden wenigstens ein ehrenvolles Ende finden.

Da war zum Beispiel dieser Leutnant. Er hatte keine Zähne mehr im Munde, sie waren ihm wie Bohnen herausgefallen, als ihn die Kommunisten im Gefängnis mit Pistolenkolben traktierten. Was hatte er noch zu verlieren! Alle seine Gedanken waren darauf gerichtet, sich zu rächen für eine zertretene Menschenwürde, für die im Gefängnis erduldeten Leiden und die ausgeschlagenen Zähne.

Er und seine Kameraden riefen der freien Welt zu: «Wir sind bereit, für unser Land und für euch zu sterben. Gebt uns ein Zeichen, dass ihr uns versteht, dass unser Opfer nicht umsonst gebracht sein wird!»

Mein Aufenthalt bei den Widerstandsgruppen in den Bergen hatte mir gezeigt, dass ich nicht allein war, dass meine Pläne nicht abwegig und exaltiert waren. Obwohl ich noch nicht wusste, wohin ich meine Schritte lenken sollte, war mir klar, was zu tun blieb, wenn ich meine Mannesehre und meine Selbstachtung nicht verlieren wollte. Ich war stolz auf mein Land und glücklich, meinem Leben einen Sinn gegeben zu haben. Es würde zwar nur ein Tropfen sein, doch unzählige andere Opfer würden dazu kommen und aus den Tropfen ein Meer werden lassen, auf dem wir einer besseren Zukunft entgegenfahren durften.

Jeder von uns hatte seinen eigenen Weg zu gehen und seine Pflicht als Rumäne zu erfüllen. Der eine würde den legalen Weg wählen und auf die Geheimpolizei warten, die ihn eines Nachts aus dem Bett holen und ins Gefängnis bringen würde. Andere zogen es vor, die Waffen zu ergreifen und sich dem Maquis anzuschliessen, um für die Freiheit, für Rumäniens Befreiung, der wir uns alle verschrieben hatten, zu kämpfen.

Ich kannte keine Furcht mehr. Mein Schicksal war entschieden. Ich ging ins Ausland, um mich der rumänischen Widerstandsbewegung anzuschliessen.

*

12

«Habe ich falsch gehandelt?» Das war die Frage Beldeanus am Anfang seines Berichtes. Die Frage wurde von Beldeanu sicher an die Öffentlichkeit gestellt, und hier ist es dem Einzelnen überlassen, sie nach seinem Befinden zu beantworten und vorher als freier Bürger sorgfältig alle Überlegungen spielen zu lassen, um zu einem wohlbegründeten Urteil zu gelangen.

Es ist ja nicht möglich, dass der Geist, und der Geist der Freiheit im besonderen in den Seelen der Menschen abgewürgt werden könnte. Er ist eine Gegebenheit, die dem Menschen immanent ist, mit der zu rechnen ist, auch wenn sie zuweilen unbequem oder gefährlich sein kann. Der Drang nach Freiheit kann so mächtig werden, dass keine Gefahr gescheut wird, ihm nachzugeben, auch wenn das Unternehmen einer Flucht aus der Unfreiheit oder eines Kampfes um die Freiheit aussichtslos ist, ja das Leben kosten kann. Ist Freiheit ein Ideal, das also jeder Umsetzung in die Wirklichkeit davonläuft, um als Ideal weiterzuleuchten und zu locken?

Könnte Freiheit einfach eine romantische Idee sein? Wenn man bedenkt, dass eine geringe Minderheit schlecht oder gar nicht Bewaffneter einer Übermacht von schwerbewaffneten, durchorganisierten Truppen die Stirne bietet, so könnte man versucht sein, jene schwachen Kräfte als unrealistisch, als von einem Wahn besessen, ja ins Romantische verirrt zu betrachten. Todestrieb, Todessehnsucht gehören zum Begriff der Romantik. Es hat ja auch bei Beldeanu, wie wir aus seinen Darlegungen Wilkinson gegenüber ersehen haben, Augenblicke der Todessehnsucht gegeben. Aber sie stellten sich in Stunden äusserster Erschöpfung und Verzweiflung ein und wurden selbst in dieser Situation von Beldeanu gemeistert durch seine Zwiesprache mit Gott. Niemals aber hat Beldeanu aus romantischer Allüre seinen Kampf geführt, wenn er nüchternen Geistes am Werke war. Dass er dabei immer mit dem Tode zu rechnen hatte, das stand für ihn fest. Aber den Tod hat er nicht gesucht, das hätte gegen seine ganze ethische und religiöse Grundhaltung gesprochen. Diese Grundhaltung aber, dieses ‚feu sacré', das ihm innewohnte, ihn beherrschte, konnte Formen grosser Überlegenheit, grossen Weitblicks annehmen wie dies bei einem Wahnwitzigen nicht der Fall ist. Gewiss waren seine Pläne oft unbestimmt in den einzelnen Phasen der Durchführung, alles musste ja improvisiert werden, und nur weniges hat er wahrscheinlich im Kriegshandwerk gelernt für seine Tätigkeit als offener Gegner des kommunistischen Regimes oder im Maquis. Was ist da romantisch, was irrational, unrealistisch, auch wenn die Kräfteverteilung noch so ungleich ist? Hat nicht jede Bewegung, die später Grosses ausgelöst hat, im Herzen Einzelner begonnen?

Ein Kampf gegen Windmühlen? Eine Donquichotterie grossen Stils? Eine Narrheit also? Da gilt es zu bedenken, dass selbst oder gerade einem Don Quichotte, der als wahnwitziger Narr dargestellt wird, ein hoch ethischer Zug innewohnt, in dem Selbstlosigkeit, Einstehen für den Schwachen, den Hilfsbedürftigen enthalten ist, ferner grenzenlose Aufopferungsbereitschaft und ein Gehorsam gegen Gott, der seinesgleichen sucht; ein Streben aber auch, obwohl wahnwitziger Art, nach reiner Liebe. Es waren gerade die Romantiker, die als erste die Tiefe dieses einzigartigen Heldenepos ausschöpften und die es als ernste, ja tragische Dichtung betrachteten. Ihnen folgten die Russen, namentlich Turgenjew, der die Grösse dieser Gestalt und ihrer Tragik erkannte. Und auch Dostojewski hat sich zu der inneren Gewalt dieser Narrengestalt bekannt und hat sie sogar ‚in die allerletzte, religiöse Sphäre gerückt, in die er auch gehört', wie Walter Nigg in seinem Werk «Der christliche Narr» ausführt. Und er fährt darin fort:

«Für den östlichen Christen war Don Quichotte das letzte und grösste Wort, das der menschliche Geist ausgesprochen hat.»

Und an einer andern Stelle bezeichnet Dostojewski laut Walter Nigg die Gestalt des Don Quichotte «als den hochherzigsten aller Edlen, die je in der Welt gelebt haben».

116

Und Walter Nigg fährt dann fort, dass nach der Ansicht dieses russischen Propheten die Zeit sich erfüllt hat, in der der Ritter von der traurigen Gestalt nicht mehr lächerlich, sondern erschreckend wirkt!

Das ist — vielleicht — die nicht zu verstehende Wirkung, die ein Beldeanu und mit ihm unzählige andere auf die Welt macht. Mit genialer Voraussicht hat Dostojewski eine solche Gestalt seherisch erfasst und in die kommende Zeit hinaus projiziert. Also nicht Antiheld, wie man bei Don Quichotte leicht annehmen könnte, sondern Prototyp eines reinen Toren, der höchstes Heldentum, wenn auch vom Wahn besessen, verkörpert. So kann heute auch ein Oliviu Beldeanu angesehen werden.

*

13

«Habe ich falsch gehandelt?» Noch einmal soll die Frage Oliviu Beldeanus in den Raum gestellt werden. An wen richtet sich die Frage, und wer darf sie beantworten?

Der Bericht ist nicht vollständig. Das zeigt ein Vergleich mit dem umfassenden Werk von Laurence Wilkinson eindeutig. Schon ein Beispiel dieser Unvollständigkeit deutet darauf hin, wie hart und sachlich dieser Bericht abgefasst wurde, und wie jeder Aspekt, der nicht die Sache selbst betrifft, unerwähnt geblieben ist, so sehr diese ihn auch bedrängt haben mag. Im letzten Kapitel seiner Ausführungen schreibt Beldeanu:

«Die Kommunisten trachteten mir nach dem Leben, trennten mich von meiner Familie, meinen Freunden, meiner Schule und meiner politischen Tätigkeit.»

Hier fehlt ganz eindeutig eines der innersten Anliegen Beldeanus, seine Tätigkeit und Entfaltung als Künstler. Auch diese war ihm versagt, nie wäre es ihm möglich gewesen, sich nach seiner Ausbildung, die er ja an der Akademie der Künste in Bukarest noch abschliessen konnte, nun auch künstlerisch zu betätigen. Dass seine Kunst ihm aber ein ganz grosses Anliegen gewesen ist, davon zeugen einige Arbeiten, die von ihm noch erhalten sind. Es brauchte die lange Untersuchungshaft im Gefängnis von Thorberg, es brauchte einen menschlich abwägenden, verständnisvollen Anstaltsdirektor, es brauchte ein unausgesprochenes Vertrauensverhältnis zwischen den beiden, dass diese Werke entstanden sind und nun für den Toten, der sie schuf, weiterzeugen.

In meiner Bibliothek steht eine Statue aus Lindenholz von Beldeanu, eine Betende darstellend, etwa sechzig Zentimeter hoch, sehr schmal, sehr geschlossen. Von jeder Seite betrachtet, gewahrt man sanft geschwungene Umrisse. Die Stilisierung wird bis zu letzter Verhaltenheit durchgeführt. Keine Einzelheiten werden preisgegeben, das Antlitz ist ein feines, langgezogenes Oval ohne die einzelnen Gesichtsteile, die gefalteten Hände sind mehr angedeutet als ausgeführt, ein Überwurf scheint die Gestalt einzuhüllen. Die Statue atmet trotz dieser letzten Verhaltenheit Leben, aber dies Leben ist verhüllt, ist hineingenommen in die Betende, nichts geht von ihr nach aussen, es sei denn eine tiefe Stille und In-sich-Gekehrtheit. Die Haltung drückt Ergebung aus, Gehorsam, Einordnung. Nur die kaum angedeutete Bewegung in der Linienführung der Umrisse zeugt von Leben, alles andere weist nach innen. Das Werk ist eines der wenigen, die wir von Beldeanu kennen, es wurde wie mehrere andere in der Gefängniszelle von Thorberg unter den mitfühlenden Augen des gütigen Direktor Werren sen. hergestellt.

Ich hatte Gelegenheit, drei andere solcher Werke von Beldeanu bei Freunden zu sehen. Die Thematik ist jedesmal eine andere. Das eine der Werke ist schwer zu deuten. Ein vom Schicksal gebundener Mensch, der seine Fesseln sprengen will? Es ist eine menschliche Gestalt, abstrakt dargestellt, ein Torso und dennoch fertig durchgearbeitet und wie alle Werke Beldeanus, die ich kenne, sorgfältig und mit grossem Können ausgeführt. Keine leichte Improvisation, bei aller Abstraktheit werden die Proportionen gewahrt. Der Kopf mit dem jäh abgeschnittenen Gesicht stimmt mit den angedeuteten und doch vorhandenen Armen und Beinen überein. Die Figur, etwa vierzig Zentimeter hoch, ruht oder lastet in sich selbst, und das dunkle Lindenholz verstärkt noch den Ausdruck der Schwere, die aber von einer inneren Kraft getragen scheint.

In krassem Gegensatz dazu jene andere Figur, die man nicht ohne augenblickliche Erschütterung anzuschauen vermag. Es ist nicht die Gestalt eines Gekreuzigten, sie erinnert aber entfernt daran und zeigt an, dass hier ein Mensch ausgelitten hat, der für eine gute Sache gestorben ist. Aus einem breiten Sockel steigt ein jäh gekrümmter Holzstab empor in der Weise, dass sein oberes Ende ungefähr vierzig Zentimeter über den unteren, aus dem Sockel ausbrechenden Teil ragt, das Ganze entfernt an die Mondsichel erinnernd, nur nicht mit jenem uns so bekannten weichen Ebenmass, sondern hart und mit Wucht nach oben gerissen und weit ausholend in den Raum gestellt. Kein Kreuz, kein Galgen, aber im übertragenen Sinne könnte es beides sein.*) Denn an diesem herben Rundbogen befindet sich eine an gefesselten Händen aufgehängte Gestalt. Tot, den Kopf tief vornüber geneigt, das Haar in Strähnen darüber herunterhängend und das Antlitz verbergend. Alles eine schmale, langgezogene Erscheinung, alles nach unten drängend, das Haupt neigt sich nicht, wie dies bei unzähligen Darstellungen von Christi Kreuzigung der Fall ist, seitwärts, nein, auch es ist streng und beinahe unerbittlich nach der Erde gerichtet, die es bald aufnehmen wird. Und die langen strähnigen Haare unterstützen und unterstreichen dieses Endgültige jener ergreifenden Geste, das Ende einer todbringenden Ekstase. Denn ich konnte sie nicht ansehen ohne an jene Stelle im 2. Band des Archipel Gulag von Solschenizyn zu denken, wo er schreibt:

> «Es ist jene Ekstase, die der Seele als Lohn zuteil wird, wenn du jede Hoffnung auf mögliche Rettung von dir gewiesen und dich ganz deinem Opfergang geweiht hast.»
> (S. 633)

Hier, an diesem Zwischending zwischen Kreuz und Galgen ging ein solcher Opfergang zu Ende. Einer von wievielen? Auch hierüber gibt Solschenizyn die Antwort:

> «Wenn wir die Millionen zählen, die in den Lagern zugrunde gingen, vergessen wir, mit zwei, mit drei zu multiplizieren ...»   (Archipel Gulag Bd. 1, S. 409)

Dann aber das andere Werk, die flüchtende Frau mit dem Kind! Das Vorwärtsstürzen, das Grauen, das Entsetzen einer von Würgern, von Henkersknechten Verfolgten stellt dieses Werk in letzter Eindrücklichkeit dar. Nicht vertikal aufgebaut, sondern in schrägen Linien nach vorne drängend in ein unbekanntes Verderben. Auch diese Arbeit ist aus Lindenholz gefertigt. Hier hat vielleicht eine in ausladender Stattlichkeit einst

*) Das Werk ist auf dem Buchdeckel andeutungsweise wiedergegeben.

den Platz neben dem Bauernhof beherrschende Linde ein bescheidenes Mass Holz aus ihrem Stamm hervorgebracht, dass es die verzweifelte, die besinnungslose Flucht einer gehetzten Frau mit ihrem Kinde wiedergebe. Das Kind fest an sich gepresst, ein Umschlagtuch, nach rückwärts wehend um die davoneilende Gestalt, das eine, im Knie leicht gebeugte Bein, die Linie des Hauptes wiederholend, nach vorwärts strebend, abschliessend dann in langgezogener, nach unten verlaufender Schräglinie vom Kopf hin zu dem schon zum neuen Schritt nach vorne gekrümmten nacheilenden Fuss, so drückt der Bildhauer Oliviu Beldeanu die ganze Not der Zeit aus, aufgestörte Mütterlichkeit als letzte Gefährdung alles Menschlichen. Von welcher Seite man diese Skulptur auch ansieht, immer erschüttert sie. Von vorne gesehen möchte man entsetzt zurückweichen, von rückwärts ergreift einen hilfloses Erbarmen, von der Seite, die das Kind im bergenden Arm der Fliehenden zeigt, überfällt einen das ganze Elend der Zeit.

Und dann komme ich, noch erschüttert von dem eben Geschauten, nach Hause und gehe in mein Bücherzimmer, das meine Betende, dies herrliche Werk Beldeanus birgt und die ganze gesammelte Stille des Raumes beherrscht. Alles Ebenmass, Verhaltenheit, Abgeklärtheit, aber — wir haben es schon früher gehört — das leicht geneigte Haupt ohne Gesicht, nur von einem angedeuteten Tuch umrahmt, aller Ausdruck hineingenommen in die Gestalt, so als schöpfe sie von dort die Kraft, in jener letzten Gelassenheit einfach dazustehen, ihr Schicksal anzunehmen und nur die angedeuteten Hände zum Gebet faltend. Auch dies wie ein letztes Geheimnis vielleicht einer gefällten Linde, die hier etwas von ihrer Seele weitergegeben hat. In der Umgebung vom Thorberg gibt es eine stattliche Anzahl mächtiger Linden, und nicht umsonst heisst das anmutige grüne Tal auch das Lindental.

Zwischen Dej und Cluj gibt es eine grössere Ortschaft, in der der junge Beldeanu in der ersten Zeit seiner politischen Tätigkeit mehrmals zu tun hatte. Am Rande jenes Dorfes, unweit des Friedhofs, steht ein weit ausladender Brunnen mit einem fünfeckigen Wasserbecken. Ein paar Bänke im Rund, mehrere Ahornbäume, sonst nichts. Dort mag der junge Oliviu, mag Puiu gesessen haben, wenn er auf einen Bescheid oder einen Gefährten zu warten hatte. In der Mitte des Beckens erhebt sich ein gefälliger, in Stein gearbeiteter Brunnenstock. Darauf steht als Brunnenfigur eine betende Madonna, auch sie in Stein gehauen. Es muss ein sehr altes Kunstwerk sein. Sie steht, so sage ich — doch nein, sie schwebt irgendwie, sie schwingt sich über den Brunnen empor, die wallende Umhüllung zeigt keine Füsse und ist so zart und bewegt gestaltet, dass man ihr glaubt, wenn sie die liebliche Gestalt, die schwerelose, gegen den Himmel emporhält und als einziges sozusagen mit der Erde verbindet. Der Kopf ist geneigt, ein verklärtes Lächeln huscht über die feinen Züge, ja dies Lächeln führt in der sanften Drehung des Körpers hin zu den leicht zusammengefügten Händen, die beten. Die Hände beten, das glückselige Antlitz betet, ja die feinen Schleier, auch sie beten mit, denn in leichten Kaskaden und feinen Ausschwingungen fallen sie über die Gestalt herab. Ja, beinahe könnte man vermuten, dass es da nicht nur um ein Beten geht, sondern um ein ganz heimliches Tanzen in der Glückseligkeit, die da von oben herab, vom Himmel herab über sie ausgebreitet wird.

Es gibt unsichtbare und geheimnisvolle Verbindungen unter den Dingen, und der Mensch dazwischen nimmt sie ohne Wissen und Willen auf und versenkt sie in die Seele, oder um den nicht zu überbietenden Ausdruck Goethes dafür zu verwenden, in das Labyrinth der Seele. Eine solch geheime und unsichtbare Verbindung scheint mir auch zwischen jener alten, schon leicht verwitterten, aber unendlich lebendigen Brunnenfigur im Herzen Siebenbürgens hin zu der Betenden in meiner Bibliothek zu bestehen. Beldeanu hat den Weg abgeschritten zwischen jenen beiden Figuren und mit ihm das rumänische Volk. Er und dies Volk, sie alle wussten, dass einst, als jene tänzelnde Madonna auf den Brunnensockel gehoben wurde, jeder im Lande seinem Glauben leben durfte. Jeder fand sich im Glauben auch des anderen wieder innerhalb seiner Religionsgemeinschaft, jeder gläubige Christ erlebte Jahr um Jahr mit den Menschen seiner Nähe die Freude über die Geburt Christi und scharte sich im Geiste um die Krippe im Stall, jeder geleitete den verurteilten Christus auf seinem Passionsweg, jeder jubelte mit dem andern über die Auferstehung des Gekreuzigten an Ostern. Dieses gemeinsame Empfinden hat seinen Ausdruck gefunden in unzähligen Werken der Kunst, unsterbliche Werke zeugen von unsterblichem Geschehen, in Rumänien wie in allen Ländern der Christenheit. Die Künstler — jene zwischen den Dingen Stehenden — gaben dem Ausdruck, von dem ihre Zeit erfüllt war.

*

Es gilt nun, den Weg mit Oliviu Beldeanu abzuschreiten, den er nach seinem Verlassen des Maquis, bevor er in die Schweiz kam, gegangen ist. Dieser Weg wurde in seinem eigenen Bericht nicht mitgeteilt, wir können ihn einzig dem Werke Wilkinsons entnehmen. Das sei hier im wesentlichen zu tun.

Mit dem Abschied von seinem Freund Jakob endete Beldeanus Tätigkeit im Maquis. Er reiste zurück nach Bukarest. Wie vieles hatte sich in dieser Stadt verändert, zugetragen, seit jenem Sonntag des Jahres 1941, als der Eintritt Rumäniens in den Krieg proklamiert wurde, wovon er ja Zeuge gewesen war. Er erinnerte sich der Menschen, die in den Strassen, auf den Gehsteigen niederknieten in der Erwartung von etwas Neuem, Grossem, Besonderem. Dann die Trompetenstösse, Lärm, Durcheinander: Der Eintritt Rumäniens in den Weltkrieg war vollzogen.

Beldeanu erinnerte sich aber auch des ungewohnten Anblicks beim Heimkommen. Zwei verstörte Juden hielten sich angstvoll in seinem Bette versteckt, der Vater hatte sich ihrer, die vor dem Zugriff der Horden geflüchtet waren, angenommen. Was war seither wohl ihr Schicksal geworden? Ob sie überhaupt noch lebten?

Dann seine erste Tätigkeit in der Armee und damit auf immer verbunden das Geschehen um Ana, die vergötterte Helferin im Krankenhaus, wo seine Verletzungen gepflegt wurden, Ana, das junge Mädchen, das für jeden der Verwundeten der gute Engel gewesen, Ana, der auch der junge Oliviu in einer jäh aufbrechenden Glut verfallen war, und Ana, die schon nach wenigen Tagen von den eindringenden Russen geschändet und erschossen worden war. Das Geschehen, auf ein paar Tage zusammengedrängt, hatte sich ihm unauslöschlich eingeprägt, hatte vielleicht mitgeholfen, seinen Zorn, seine Erbitterung ins Ungemessene auflodern zu lassen und hatte dann weiterge-

glimmt und sich mit andern Eindrücken zusammen in die ver-
verwundete Seele des jungen Mannes gesenkt.

In Bukarest angekommen, erkundigte sich Beldeanu sogleich
nach den Führern der Liberalen Bauernpartei und was mit ihnen unterdessen geschehen war. Juliu Maniu war einer der Verfolgten. Vor Gericht sagten Gegner der neuen Ordnung unter
grösstem Druck gegen ihn aus. Es waren jene gezielt erpressten
Lügen, die ihnen das Gericht abnötigte. Auf diese Weise waren
viele Namen der Regimegegner bekannt geworden, erstaunli-
cherweise jedoch war Beldeanus Name ungenannt geblieben.
Was dieser aber in jener kurzen Zeit seines Aufenthalts in Bukarest alles vernommen hatte, bewog ihn, einem Priester gegenüber ein Gelübde abzulegen und ihm Begebenheiten und Tatsachen anzuvertrauen, die ihm selbst von andern anvertraut
worden waren. Es ging ihm darum, dass ein über alle Zweifel
erhabener Geistlicher Bescheid wusste um Dinge, die für den
Widerstand von grosser Bedeutung waren.

Alsdann arbeitete Beldeanu ein neues Programm aus für
den aktiven Widerstand, und zwar auf der soliden Basis einer
gesunden Organisation. Durch den Urheber eines Manifestes
der nationalen Widerstandsbewegung wurde er einem Manne
zugeführt, der ihm die Aufgabe übertrug, einen Spezialtrupp zu
organisieren für Sabotage und Terrorismus gegen die Regierung,
die unter dem russischen Druck jetzt aus Willfährigen, zum
grossen Teil aus Gangstern und ehemaligen kriminellen Sträf-
lingen bestand, wie sich Beldeanu ausdrückt. Doch bald schon
sah dieser ein, dass ein Erfolg seiner Bemühungen aussichtslos
war.

Unter den Gleichgesinnten herrschte Verzweiflung und
Elend. Viele waren ihrer Arbeit beraubt worden, von den Hoch-
schulen vertrieben, in Gefängnisse geworfen oder spurlos verschwunden. Und selbst jene, die sich bemühten, allen Vorschriften, die beinahe täglich neu erlassen wurden, zu genügen,
wussten nicht mehr, was erlaubt und was verboten war. Die
Lage war hoffnungslos geworden.

Da wurde Beldeanu eine neue Aufgabe übertragen. Er sollte nach Wien gehen und dort mit den Alliierten die Lage be-

sprechen und versuchen, ihre Unterstützung im Kampf der rumänischen Widerstandsbewegung zu erhalten. Mit Genugtuung übernahm er diese Mission, glaubte er doch, endlich etwas Wirksames unternehmen zu können. Die Zeit des verzweifelten Improvisierens, die Zeit aber auch der Verkennung der ganzen Dämonie, mit der das furchtbare Unheil über das Land hereingebrochen war, lag hinter ihm. Ein neuer Abschnitt in seinem Kampf für sein Land sollte beginnen, konkreter, sinnvoller. Welche Täuschung! Allein, wie hätte Beldeanu wissen können, dass dies den Beginn einer Odyssee, eines Leidensweges für ihn bedeuten sollte, eines Weges, der ihn durch jegliche Form der Unmenschlichkeit führen würde.

Im Dezember 1947 verliess er Bukarest und hoffte, im darauffolgenden Frühjahr zurückzukommen mit all der Hilfe und Unterstützung, die er sich von seinen Bemühungen versprach. Dann würde die Stunde nahen, wo man mit wirksamen Mitteln handeln konnte, und jeder, der dabei wäre, würde wissen für was er zu leben oder auch zu sterben bereit sei.

Mit solchen Hoffnungen machte er sich auf den Weg zur ungarischen Grenze. Er überschritt die Grenze und wurde sogleich verhaftet und von verschiedenen Instanzen verhört. Dann — es war erst drei Tage nach seiner Abreise von Bukarest — am 13. Dezember wurde er mit zwanzig anderen Gefangenen in ein anderes Gefängnis überführt, das schon überfüllt war und wo er mit vielen z. T. prominenten Gefangenen furchtbare Tage zu erleiden hatte. Es folgten Verhöre mit unmenschlichen Folterungen und Auspeitschungen, Aufenthalte in dunklen Einzelzellen, allein gelassen in diesen dunklen Verliesen mit schweren Verwundungen, Schmerzen, Verzweiflung.

Dann wurde er von Gefängnis zu Gefängnis geschleppt, stets neuen Verhören ausgesetzt, und geriet zuletzt in die Militär-Kontrollzentrale von Cluj, wo er mit allen möglichen Gefangenen, Rumänen, Ungarn und Juden verschiedener Herkunft zusammenkam. Dort lernte er auch das Zusammenleben mit Kriminellen, zum Teil Analphabeten, in seiner ganzen Grausamkeit kennen. Diese hatten die Aufgabe, die Häftlinge durch alle nur erdenklichen Torturen und Gemeinheiten zu Geständnissen «aufzuweichen». Darunter befanden sich, wie Wilkinson durch Beldeanu vernahm, Mörder, die die lebenslange Haft gerne zu prickelnden Abwechslungen benützten und dadurch sogar in den Genuss gewisser Vorteile und Annehmlichkeiten kamen, und waren es vorübergehend auch nur die spärlichen Mahlzeiten, die sie den wehrlosen Häftlingen vorenthielten, um selbst damit etwas besser ernährt zu werden.

Am schlimmsten wurden die Intellektuellen und die Priester behandelt. Sie hatten die niedrigsten Arbeiten zu verrichten, ihre Demütigungen waren nicht mehr zu überbieten. Auch wurden sie zu Verrichtungen beigezogen, die ihre physischen Kräfte weit überstiegen, so z. B. mitten im kalten Winter schwere Steinblöcke vom Flussufer zum Verladen wegzuschleppen, immer ungenügend gekleidet und mit ungeschützten Händen. Es kam auch vor, dass sie dabei zugefrorene Untiefen zu überqueren hatten, dass das Eis einbrach und sie bis zur Brust im eisigen Wasser standen. Eisig auch das frühmorgendliche «Training» im Gefängnishof, wo die Häftlinge, nur mit Fetzen bekleidet, übungshalber, wie es hiess, schwere Gewichte zu stemmen hatten, die zu heben ihnen kaum möglich war.

Schliesslich musste Beldeanu zu einem letzten Verhör antreten, wo ihm eine Geldstrafe von 1000 Lei auferlegt wurde und eine weitere Haft von drei Monaten. In jener Zeit gelang es ihm, unter den Gefangenen neue Mitkämpfer zu werben, die später in der rumänischen Widerstandsbewegung eine Rolle spielen sollten.

Dann, endlich in Freiheit gesetzt, neuer Aufbruch, wieder in Richtung Ungarn, und wiederum Gefangennahme, von Posten zu Posten zurückgeführt bis 100 km nach Rumänien hinein nach Oradea, wo er flüchten konnte. Schliesslich wiederum frei, verzichtete er endgültig auf die Durchführung seines Auftrags, nach Wien zu gehen und sah sich nach Arbeit um. Er fand sie in der Arbeitsstätte, die den Namen Gheorghiu Dej trug zu Ehren jenes Bahnarbeiters, der unter den Sowjets an die Macht gekommen war und jetzt in Rumänien ein hartes Regiment führte.

Es handelte sich um das Projekt einer Eisenbahnlinie zwischen Bumbesti und Livenzini, ein praktisches, aber auch ein politisch begründetes Projekt. Kommunistische Studenten aus allen Ländern sollten sich in ihren Ferien zur Verfügung stellen im Gedenken an Marx, Lenin und andere Helden des Kommunismus. Da aber die Beteiligung auf dieser Basis zu wünschen übrig liess, so nahm man Hilfe an wo sie sich bot, ohne auch nur nach Motiven zum Mitwirken oder nach einem politischen Hintergrund zu fragen. Keine Identitätspapiere wurden verlangt, was es sonst auf keinem Arbeitsplatz in ganz Rumänien gab. So kamen 14 000 Männer zusammen, zum Teil Strafentlassene, die sich dort rehabilitieren konnten, aber auch alle möglichen andern Elemente. Beldeanu meldete sich wiederum auf einen falschen Namen, wie er dies schon längst getan hatte zum Schutze seiner Angehörigen. Er bekam Axt und Schaufel und machte sich an die Arbeit.

Es war Schwerarbeit, die von vielen gefürchtet war. Beldeanu aber diente sie zu einer erfolgreichen Untergrundtätigkeit. Nahrungsvorräte wurden angelegt, ganze Freiwilligen-Brigaden wurden gebildet, eine neue Aktion sollte in den Bergen unternommen werden, diesmal besser ausgerüstet in jeder Hinsicht. Im weitern organisierte er auch Sabotagen, die während der Nacht durchgeführt wurden von zuverlässigen Männern, die tagsüber ihre Arbeit korrekt verrichteten. So wurden Mengen von Steinen in den nahen Fluss geleitet, Eisenbahnwagen wurden im Fluss umgestürzt, ganze Teile von Tunneln durch Dynamit zerstört. Beldeanu selbst hatte sich eine besondere Aufgabe gestellt, er wollte mit Gheorghiu Dej, dem Verräter des Landes, abrechnen. Es war angekündigt worden, dass dieser an einem bestimmten Tag im April 1948 ins Werk kommen wollte. Dazu hätte er eine Brücke passieren müssen, wo ihn das Schicksal ereilt hätte. Doch Gheorghiu Dej kam nicht, der heimlich geschmiedete Plan Beldeanus fiel ins Wasser. Gheorghiu Dej blieb Diktator.

Es muss an dieser Stelle etwas von der Vorsehung, von Schicksal, von Fügung gesagt werden. Blicken wir auf die jüngst vergangene Geschichte zurück, denken wir an alle Diktatoren, die durch ihre Unmenschlichkeit das Antlitz der Welt verändert haben, und vergegenwärtigen wir uns, wie oft auf viele von ihnen ein Attentat vorbereitet worden und dann misslungen ist, so muss doch ernsthaft die Frage geprüft werden, was da Vorsehung, was Zufall, was Fügung war. Wie von unsichtbaren schützenden Mächten umgeben führten diese Menschen ihr teuflisches Werk durch. Alle jene heldenmütigen Attentäter aber, die versucht hatten, das Leben dieser Verbrecher auszulöschen, sind zum grossen Teil selbst eines furchtbaren Todes gestorben. Carl J. Burckhardt spricht in seinen «Memorabilien» einmal von «Schicksalskunde.» Er braucht das Wort in einem sehr persönlichen Sinn. Doch scheint es mir, dass über dieses Wort, diesen Begriff wieder einmal nachgedacht werden sollte. Selbstredend ist der Begriff wissenschaftlich kaum zu fassen. Die Beispiele müssen ja ihrer Natur nach willkürlich gewählt werden, viele Vergleiche müssten unterbleiben oder widersprächen dem, was sich beinahe als Regel herauskristallisiert hat in unserer Zeit, der Umstand nämlich, dass es den ganz grossen Ungeheuern in der obersten Führung der Staaten gelungen ist und immer wieder gelingt, sich durchzusetzen und gegen jeden Angriff auf ihr Leben gefeit zu sein, nicht nur durch das engmaschige System ihrer Bewachung, sondern durch etwas, was darüber hinausgeht, jenes Unwägbare, das in dem Wort Schicksalskunde angedeutet wird. Keine Krankheit rafft diese Ungeheuer vorzeitig weg, kein Unfall trifft sie tödlich oder doch so, dass ihr Wirken zu Ende wäre.

So ist es denn unausweichlich, dass Millionen von Menschen an dem einen Mächtigen zerbrechen, dass sie hadern, ja dass ihr Glaube an eine höhere Gerechtigkeit ins Wanken gerät. Das Problem ist nicht zu lösen, die Frage muss ihrer Natur nach offen bleiben, aber dass sie besteht, dass sie die Menschheit beschäftigt, quält, verfolgt, scheint doch eine Tatsache zu sein, die zum Nachdenken zwingt. Ihr zu begegnen, wer wüsste um eine Lösung! So wird Schicksalskunde dazu verurteilt bleiben, immer im Leeren zu verlaufen. Die Völker werden weiter zu leiden haben unter ihren stärkeren Beherrschern, die offenbar beides in sich vereinigen, das sich vielleicht sogar dadurch potenziert: Die Gabe der Beherrschung und Ausbeutung der Massen und die physischen — oder schicksalhaften — Voraussetzungen, die ihnen dies erlauben und gewährleisten. An ihnen muss das Heldentum nicht der Schwächeren, aber der feiner Organisierten abprallen, muss Edelmut der nackten Brutalität unterliegen. Deshalb ist Heldentum fast unausweichlich mit Tragik verbunden, der Ausdruck vom tragischen Helden ist heute wieder aktuell; die Reihe der Heldengestalten in den alten Kulturen wird durch den Helden von heute aufs würdigste fortgesetzt.

Wenn dort auch Geschichte und Mythos ineinander übergehen, so scheinen doch die gleichen ewigen Grundgesetze dort wie hier und heute zu walten. Und dass schon dort eine Gottheit zum Schutze angefleht wurde, auch das entspricht noch der heutigen Situation, indem sich aber heute das Anflehen eines Gottes nicht denken lässt ohne das Mysterium der eigenen Seele, nennen wir es nun Aufopferung, Gewissen, Dienstbereitschaft an ein Höheres als man selbst ist, also ein über sich selbst Hinauswachsen, oder ganz einfach Teilhabe, Teilnehmen an jenem Göttlichen, das in uns wirkt, be-wirkt, das wir auch ausserhalb unser selbst ahnen und dem wir uns verpflichten. Dadurch würde sich, obgleich die Frage jener Schicksalskunde an sich offen bliebe, ein Kreis schliessen.

Es bliebe dann nur noch die Frage nach dem Sinn der Freiheit, die jeweilen so eng verbunden ist mit menschlichem Heldentum. Freiheit und innerer Zwang zu einer scheinbar unvernünftigen Tat könnten als Widerspruch gedeutet werden. Vielleicht liegt hier sogar die Wurzel zu jener Tragik, von der die Rede war, dass der Mensch beides besitzt, den zuweilen heiligen Zwang, der seiner Freiheit zur Entscheidung anheim gegeben wird und der ihn dennoch immer wieder in seine Schranken weist. Im Wagnis, im Dienste einer hohen Idee das eigene, einmal uns gegebene irdische Leben einzusetzen, scheint es zu jener letztlich unerklärbaren Vereinigung beider zu kommen, die ins Geheimnis weist, das nicht zu lösen ist.

So war also auch Gheorghiu Dej nicht, wie vorgesehen, zu jener Inspektion der Arbeitsstätte gekommen. Es hätte seinen

Tod bedeuten können und damit eine Erlösung für das ganze Land, zum mindesten eine neue Situation, die möglicherweise einen etwas weniger harten Kurs ergeben hätte.

Das Baugelände der Eisenbahn wurde viel besucht von in- und ausländischen kommunistischen Gesellschaften. Man versprach sich offenbar Wunder von diesem gigantischen Werk der Zusammenarbeit. Viele wollten selbst auch Hand anlegen um dabei gewesen zu sein, erwiesen sich meistens aber als zu schwach, ihre grossen Ideen von einem alles umfassenden Kommunismus auch in die Tat umzusetzen und zwar nicht auf Kosten anderer, sondern mit dem Einsatz des eigenen Körpers zu schwerer Fronarbeit. Viele von ihnen waren Franzosen. Es traf sich einmal, dass Beldeanu mit zwei solcher Franzosen zusammen im Fluss badete. Sie kamen ins Gespräch miteinander, Beldeanu erzählte ihnen beiläufig, was sich in Rumänien abspielte. Sie aber konnten nicht schnell genug an Land und Beldeanu denunzieren. Vorladung vor den Direktor des Werkes, Übergabe an die Sicherheitspolizei waren die Folge. Beldeanu fährt dann in seinem Bericht an Laurence Wilkinson fort und zeigt, wie wendig und raffiniert er zu reagieren gelernt hatte in der relativ kurzen Zeit seiner politischen Tätigkeit.

«Ich sagte der Sicherheitspolizei, dass ich vom Spionagedienst der rumänischen Armee beauftragt war, diese ausländischen Arbeitsvolontäre zu beobachten und herauszufinden, ob sie nicht zu der Spionage der Alliierten gehörten. Sie glaubten nur ungern an meine Rechtfertigung und überwiesen die Angelegenheit nach Bukarest. Während dieser Zeit blieb ich provisorisch in Freiheit, wurde aber von beauftragten Beamten stets beobachtet. Sie glaubten schliesslich, dass ich der Militärspionage unterstellt war. Eines Tages ging ich mit einem von ihnen nach Valea Sadului, wo sich eine Fabrik befand, die hochexplosives Quecksilber herstellte. Zwei Tage später barst die ganze Anlage unter einer gewaltigen Explosion.»

Die Auskunft aus Bukarest wurde fällig, doch Beldeanu zog es vor, ihr auszuweichen, er verliess das Werk und fand Unterkunft bei Widerstandsleuten in der Umgebung. Im Süden des Galcescu-Sees in den Parangbergen baute er mit Widerstandskämpfern ein Winterlager. Der Ort war nicht besonders günstig, einige glaubten aber an seine Sicherheit. Das Unternehmen sollte jedoch nur von kurzer Dauer sein. Kaum war alles eingerichtet, desertierte einer der Männer, und ein Zweiter, der sich als Polizeispitzel entpuppte, musste erschossen werden. Es musste also mit Verrat oder Entdeckung des Lagers gerechnet werden, und so sahen sich die Männer genötigt, es wieder zu verlassen. Es wurde immer kälter, und grosse Befürchtungen, einen zweiten furchtbaren Winter im Maquis zu erleben, bemächtigten sich Beldeanus. Gewiss, es war ihm und seinen Helfern manches gelungen bei diesem Eisenbahnwerk «Gheorghiu Dej», erfolgreiche Sabotage, Aufklärung oder Verwirrung vieler jener fremden «Cocktail-Kommunisten», denen es beizubringen galt, dass sie die ärmsten Teufel in der gepriesenen Sowjetunion wären, würden sie je dorthin pilgern und mitarbeiten wollen.

Als völlig eigenes Unternehmen versandte Beldeanu auch Drohbriefe an hochgestellte Persönlichkeiten, so an den Polizeichef von Dej. Darin bekannte er, der sonst immer unter anderen Namen lebte, dass er noch in Freiheit sei, obwohl jener ihn durch Einkerkerung seiner Eltern hatte zwingen wollen, sich zu stellen. Er drohte ihm, ihn, bevor er selbst sterben würde, umzubringen.

Noch bevor das Winterlager aufgegeben wurde, beauftragte er einige Männer, in der Umgebung Waffen einzuziehen vermittels Unterlagen, die sie im Werk entwendet hatten. So besassen sie mit der Zeit eine gute Anzahl von Waffen und Sprengstoffen und alles was dazu gehörte. Ziel war, die Mehrzahl der im Werk angestellten Arbeiter für sich zu gewinnen und mit diesen gegen die Werkleitung und so gegen den Staat vorzugehen. Die einzige offene Frage war die ausreichende Versorgung mit Nahrung. Ihre Hoffnung war, dass, einmal das Werk in ihren Händen, die Alliierten sie aus der Luft mit Nahrung versorgen würden. Andernfalls wären sie rettungslos verloren. Eine weitere Gefahr waren die jungen Wirrköpfe unter ihnen, die noch nicht die nötige Erfahrung hatten und damit auch nicht die Routine des vorsichtigen, ja stets misstrauischen Vorgehens und die sie deshalb arglos und unabsichtlich an Spione hätten verraten können.

So zogen sie es vor, das Lager aufzugeben und damit die ganze Aktion gegen das Werk, und möglichst unbemerkt und in kleinen Gruppen die Gegend zu verlassen. Nächstes Ziel war das Hügelland von Banat. Dort kamen sie rechtzeitig an, um noch bei der Zuckerrübenernte mitzuhelfen. Ohne eigene Papiere gelang es Beldeanu, von einigen kommunistischen Parteiführern schriftliche Empfehlungen zu erhalten. Seine Ausbildung in der Malerei hatte ihm ermöglicht, deren Büros auszuschmükken mit Wandbildern von Waffen und Sinnsprüchen. Ausserdem verfertigte er aber auch Zeichnungen von der jugoslawischen Grenze mit genauen Angaben über die Stellungen und die Stärke der Grenzposten. Es war die Zeit, da Tito aus dem Kominform ausgeschlossen wurde und der Weg nach Jugoslawien offen schien.

Die Verdienste, die Beldeanu sich erwarb als Agent für die jugoslawischen gegen die rumänischen Kommunisten, brachten ihm schliesslich die Erlaubnis ein, sich nach Triest zu begeben, das zu jener Zeit internationale Zone unter der alliierten Militärregierung war. Dort fand er sich bald mit einer Gruppe von Gleichgesinnten zusammen. Er hatte ein Gefühl dafür bekommen, wem er trauen konnte. Allerlei menschliches Strandgut hatte sich dort angesammelt, Heimatlose, Kriminelle, Gesinnungslose. Da hiess es aufpassen. Manche von ihnen gaben sich als Intellektuelle aus, glaubten damit zu nichts verpflichtet zu sein, was die Alliierten nicht gutheissen konnten, und unterliessen jede politische Tätigkeit.

«Ich konnte mir nicht denken,» so sagte Beldeanu, «was diese Menschen unter Politik verstanden. War Liebe zu seiner Heimat Politik? Oder der Kampf um Freiheit? Mir war es völlig gleichgültig, ob die Alliierten meine «Politik» gutheissen oder nicht. Ich hatte meine Pflicht, und ich war daran, ihr nachzukommen so wie es mir mein Gewissen befahl. Nach all meinen wenig erfreulichen Erfahrungen, die ich in Rumänien und Jugoslawien gemacht hatte, allein gelassen in dunklen Verliesen oder gefoltert, den Kopf nach unten aufgehängt und geschlagen

134

bis die Knochen brachen, war ich in den Westen gekommen um meinem Gelübde zu folgen; ich wollte geben was ich zu geben vermochte.»

Er stellte sich wie viele andere in den Büros der Alliierten vor, jedoch ohne Erfolg. Sahen diese Männer ihnen zu schlecht aus? Gefielen ihnen ihre eingeschlagenen Zähne nicht? Waren sie zu mager, weil sie ja mit 100 Gramm Brot pro Tag und ein wenig warmem Wasser nicht hatten Fett ansetzen können?

An Weihnachten 1951 gelang es Beldeanu, die jugoslawische Amtsstelle in Triest zu überzeugen, dass er gute Gründe hatte, zurück nach Belgrad zu gehen. Seine Absicht war, die vielen Rumänen, die in Jugoslawien in elenden Gefängnissen verkamen, zu befreien. In Belgrad musste er jedoch feststellen, dass auch die jugoslawischen Behörden Kommunisten waren und dass der wahre Ausgangspunkt aller Massnahmen und Handlungen zwischen Moskau und Belgrad nur der war, wer von ihnen die Befehle erteilte und wer sie auszuführen hatte.

Es war alles aussichtslos. Im Osten die stete Gefahr, wieder gefangen und von Gefängnis zu Gefängnis geschleppt zu werden, keine Gelegenheit, auch nur seinen Mitbetroffenen die kleinste Hilfe zu bringen, im Westen Misstrauen gegen alle östlichen Überläufer, die doch das Schlimmste erfahren und durch ihren Einsatz bewiesen hatten, dass sie den politisch organisierten Kommunismus mit all ihren Kräften bekämpft hatten. All das zählte nicht. Sie hatten selbst einen Helden wie Hauptmann Marc Sabin, der erbittert für ein freies Rumänien gekämpft hatte, fallen gelassen, indem sie ihn wieder nach Rumänien zurückschickten und damit in den sicheren Tod. Man hatte diesen tapferen Mann als einen Spion für eine fremde Macht angesehen, unkritisch, gewissenlos war es geschehen. Das, so erkannte Beldeanu, würde auch sein Los sein. So beschloss er, seinen eigenen Weg zu gehen ohne jegliche Hilfe irgend eines westlichen Staates, und dieser Weg führte ihn schliesslich in die Schweiz und nach Bern, wo seine verwegene und doch so wohlüberlegte Tat eine geschichtliche Stunde lang die Weltpresse, die Weltöffentlichkeit aufhorchen liess und der Name Oliviu Beldeanu von Mund zu Mund ging.

Beldeanu beendet seinen Bericht an Laurence Wilkinson nicht ohne Angabe einer Anzahl von Namen von Leidensgenossen, die im Ausland lebten und seine Ausführungen hätten bestätigen können. Seine Namen sind nachzulesen in Wilkinsons Werk, sie hier nochmals anzuführen, scheint mir nach den über fünfundzwanzig Jahren, die seit jener Zeit vergangen sind, nicht mehr zwingend. Zu erwähnen wäre höchstens als ein Beispiel für viele der Fall eines Ingenieurs, der auf der Liste des rumänischen Geheimdienstes figurierte und dessen Schweigen sich der Geheimdienst erkaufte mit der dauernden Bedrohung der Familie des Geflüchteten, die noch in Rumänien lebte. Über ähnliche Fälle wusste Beldeanu Bescheid und er beabsichtigte, diesen nachzugehen. Auch das gehörte in sein Vorhaben im Ausland.

Und ebenso wollte er die Freilassung bedeutender Männer erzwingen, die in Rumänien gefangen gehalten wurden. Das alles sollte erreicht werden in der Verwirklichung eines Planes, der allmählich in ihm heranreifte. Es war der Anschlag auf die rumänische Gesandtschaft in Bern, von der er wusste, dass dort wichtige Fäden des rumänischen Geheimdienstes zusammenliefen.

Er wusste, es war vielleicht absurd, was er da anstrebte, aber all das fast unwahrscheinliche Geschehen und Leiden, das hinter ihm lag, muss es gewesen sein, dass ihm das Absurde zum Normalen, Richtigen wurde. Eine Vergangenheit lag hinter ihm, die mit den üblichen Massstäben nicht zu messen war. Seine kurzen Mannesjahre hatten in seiner Seele ein Erleben zusammengedrängt, das viele nicht in einem langen Leben zu bewältigen haben. Das muss eine solche Seele verändern, muss sie auf immer prägen, formen, vielleicht auch verformen bis ins Unwahrscheinliche. Die Namen jener Menschen, die aus ihrer grauenvollen Lage er zu befreien hoffte, gehören hier noch einmal aufgezeichnet und zu einer Ehrenliste zusammengefasst zu werden. Es sind für uns nur Namen, hinter denen keine Begriffe stehen; nach Beldeanus Ausführungen aber ist ein jeder von ihnen zutiefst würdig, der Vergessenheit entrissen zu werden, verbirgt sich doch hinter jedem dieser Namen ein tapfer und standhaft durchlittenes Leben, das unbeschreibliche Marter auf sich genommen hatte um das Land, die Heimat zu retten. Namen, die die ganze Vergeblichkeit des Kampfes gegen eine steinharte Übermacht ausdrücken, Namen aber auch, die einst eine Wirklichkeit waren, die ein Beispiel aufrichteten und vielleicht in der Seele des einen oder andern, vielleicht auch einer ganzen Gemeinschaft heimlich weiterleben, Kraft aussenden, Glaube und Zuversicht. Hier diese Ehrenliste:

General Aurel Aldea, den Beldeanu als den Chef der nationalen Widerstandsbewegung betrachtete.

Dr. Ilea Lazar, dessen Stimme am Radio des Freien Europa und in Amerika gehört wurde als des Verkünders einer neuen Aera, wenn einst das sowjetische Joch abgeschüttelt sein würde. Er galt als einer der besten Redner, seine Worte konnten Steine bewegen, hiess es von ihm.

Constantin Bratianu. Ein Führer der Rumänischen Liberalen Partei, ein besonnener aber unablässiger Kämpfer für seine Partei, den das Schicksal denn auch ereilen musste.

Bischof Ion Suciu, ein bedeutender Kämpfer für die geistigen Werte im Menschen, auch er ein Opfer der kommunistischen Führung des Landes.

Anton Ionel Mureseanu. Er war, wie Beldeanus Bericht zu entnehmen ist, sein Onkel, an dem er sehr hing. Durch seine gefährliche Tätigkeit als mutiger Herausgeber einer liberalen Zeitung gefangen genommen, entsetzlich misshandelt und schliesslich verurteilt.

Auf einer solchen Ehrenliste hätte sich ein weiterer Name eines tapferen Rumänen gut ausgenommen, derjenige des frühen Freiheitskämpfers Stefan Ludwig Roth (1796—1849), ein Name, der seit Generationen in den Herzen vieler Rumänen weiterlebt. Volksführer der Siebenbürger Sachsen, einige Jahre Mitarbeiter Pestalozzis, evangelischer Pfarrer, Vorkämpfer gegen den ungarischen Nationalismus, wurde er von einem ungarischen Aufständischengericht in Klausenburg zum Tode verurteilt und erschossen. Von diesem Mann stammt der Ausspruch:

«Vom grössten Volk lebt nur seine Humanität als ... Erbe
fort — die Nationalität, das heisst die Individualität eines
Volkes fällt zu Boden ... und obgleich die Humanität nur
als Nationalität erscheinen kann, so hat doch jede Nationalität zur Aufgabe, in die Humanität zurückzukehren.» *)

Das sind Worte, die heute ausgesprochen sein könnten.

In einem geradezu lapidar zusammengerafften Satz findet
sich ein ganz ähnlicher Gedanke in den Schriften Friedrich
Engels, des Freundes von Karl Marx und Mitbegründers des
Kommunismus. Er lautet:

«Ein Volk, das andere Völker unterdrückt, kann sich nicht
selbst emanzipieren.»

Es gibt in Moskau ein Marx-Engels-Lenin-Stalin-Institut zur
Erforschung des Marxismus. Da könnte sich leicht die Frage einstellen, wie dieses Forschungsinstitut jene — so ist *zu hoffen* —
prophetische Erkenntnis heute interpretiert.

Den Freiheitswillen der vom Sowjetkommunismus geknechteten Völker zu zerschlagen, «die Rückkehr von der Nationalität
in die Humanität», wie sie nach Stefan Ludwig Roth eine Nation ehrt, ist nicht gelungen. So stehen sich denn heute noch die
beiden gegensätzlichen Begriffe Humanität und Barbarei unver-
einbar gegenüber.

*

*) Hans Bergel: Rumänien, Porträt einer Nation.

15

Fünf Männer waren an dem Überfall in Bern beteiligt. Sie mussten sorgfältig ausgesucht werden. Das wusste Beldeanu. So muss auch kurz jeder einzelne von ihnen dargestellt werden, gehören doch auch sie zu dem Bild des heutigen Helden, von dem früher die Rede war. Auch sie hatten ja ihr Blutgeld bezahlt im Kampf gegen den sowjetischen Kommunismus in Rumänien, jeder auf seine Art. Das war das Band, das sie zusammenhielt, nichts anderes konnte stärker sein als dieses. Die Lebensgeschichte jedes einzelnen ist in Wilkinsons Buch aufgezeichnet mit Ausnahme derjenigen von Ochiu; ,documents humains' sind sie und legen Zeugnis darüber ab, was in unserem Jahrhundert das Schicksal von Millionen geworden ist. Schicksale aus vergangener Zeit? Nein, die verflossenen fünfundzwanzig Jahre haben wenig oder nichts geändert in der Verfolgung und der unmenschlichen Behandlung der Freiheitskämpfer in diesen östlichen Staaten. Es sind ebenso sehr Schicksale von heute.

*

16

Stan Codrescu

Er war im Jahre 1932 geboren und ein blutjunger Bursche, als er erstmals mit Beldeanu zusammentraf. Die Eltern waren Bauern, er war der mittlere von fünf Brüdern. Als er sieben Jahre alt war, erkrankte der Vater und wurde gelähmt. Stan als der älteste Sohn, der noch zu Hause war, musste den bäuerlichen Betrieb übernehmen. Ein Jahr später drangen die Russen ins Land ein, beraubten die Familie aller Ersparnisse und liessen sie mittellos zurück. Der Zustand des Vaters verschlechterte sich, als 1941 Rumänien in den Krieg eintrat und sein Vater das Militäraufgebot erhielt. In einem Karren musste der Invalide zur Rekrutierungsstelle gefahren werden um nachzuweisen, dass er dienstuntauglich war. Stan und der Grossvater begleiteten ihn. Nachdem er von mehreren Ärzten untersucht worden war, gab ihm ein Offizier, der die Ursache seines Zustandes vielleicht erkannt hatte, den Rat, Schlammbäder zu nehmen und nannte auch den Ort, wo dies geschehen konnte. Der Rat wurde befolgt, und wie durch ein Wunder wurde der Vater geheilt.

So kam es, dass Stan, endlich befreit von dem schweren Dienst auf dem Bauernhof, eine Schule besuchen konnte. Nach der Elementarschule wurde er mit elf Jahren nach Bukarest geschickt in eine Berufsschule für angehende Mechaniker. Ein Jahr später, 1944, musste er infolge Bombardierung Bukarests, wo sich diese Schule befand, wieder heimkehren. Der Einfall der Russen in seine Provinz in Bessarabien bedeutete wiederum neue Verluste für die Familie, jetzt wurden auch die wertvollen Pferde mitgenommen, und alles, was jene Banditen nicht mitnehmen konnten, wurde zerstört.

Zurückgekehrt nach Bukarest, nahm er teil an antikommunistischen Versammlungen. Während einer Wahlkampagne wurde er wie viele andere von den Kommunisten so zugerichtet, dass er sich erst nach zwei Wochen wieder aufrichten konnte. Zeichen dieser Misshandlungen sind ihm für immer haften geblieben. Hier sagt Codrescu wörtlich:

«Merkwürdig, aber diese Erfahrung gab mir mehr Mut, nicht weniger, und ich versuchte mit aller Gewalt, mich den Feinden in den Weg zu stellen um ihnen den Streich zurückzugeben.»

Zu Hause war unterdessen alles Vieh konfisziert worden, die Familie war verarmt. Stan musste sich nach einem Verdienst umsehen. Er wurde Chauffeur, dann, nach der Verstaatlichung aller Garagebetriebe Chauffeur bei den ebenfalls verstaatlichten Philippswerken in Bukarest. Sein Chef war ein Russe. Unter Zwang musste Codrescu Dienste ausführen, die ihn mit den ärgsten Greueln des Regimes konfrontierten. Deportationen im grossen Stil, Misshandlungen, rohe Gewalt, Niedertracht überall. Der Terror war alltäglich geworden.

Für Stan war die Lage verzweifelt. Er dachte daran, nach Jugoslawien zu gehen, besass aber die nötigen Papiere nicht. So erwarb er sich eine gefälschte Legitimation. Mit dieser Ausweiskarte erhielt er zunächst Arbeit in der ‚Roter Stern-Motoren Fabrik‘, die durch den Staat von der Firma Wolff expropriiert worden war. Es wurden dort Motoren hergestellt für eine Arbeitsstelle am Donau-Schwarzmeer-Kanal. Todeskanal wurde das Werk genannt, es konnten dort nur Gefangene, meistens politische Gefangene beschäftigt werden, weil die Arbeitsbedingungen und das Klima so unerträglich waren, dass kein gewöhnlicher Arbeiter sich freiwillig zur Verfügung gestellt hätte.

Zwei Monate später Aufgebot für den Militärdienst. Schon nach weiteren zwei Monaten Dienst wollte man ihn im Alter von 18 Jahren zum Offizier ausbilden. Er weigerte sich, was ihm übel vermerkt wurde. Dann entsandte man ihn, eingekleidet in eine neue Uniform, auf einen Wachtposten an die rumänisch-jugoslawische Grenze. Der Posten war von zwanzig auf achtzig Wächter verstärkt worden. Täglich zwölf Stunden Dienst, mit einem praktischen Training unter der Bezeichnung

‚Soldatenstunde' wurden es fünfzehn Stunden. Und da infolge des Aufgebotes von zusätzlichen Grenzwächtern die Baracken vergrössert werden mussten, wurden die Wächter auch gezwungen, in ihren kurzen Freistunden bei dieser Arbeit mitzuhelfen. Dazu schlechtes Essen, Beschwerde, Verweis vom politischen Kommissar-Assistenten. So entschloss Stan sich zur Flucht nach Jugoslawien und ging mit Feldstecher und Maschinengewehr an die nahe gelegene Grenze.

Das Aufsichtssystem an der Grenze erinnert stark an die Grenzverhältnisse von Ostdeutschland gegen Westdeutschland, was das Unmenschliche daran betrifft. In einer Beziehung scheinen sie noch teuflischer. Die Wächter erhielten für jeden erwischten Flüchtling einen vierzehntägigen Urlaub. Das war für sie die überhaupt einzige Gelegenheit, während ihrem drei bis vier Jahre dauernden Grenzdienst einmal frei zu sein. Sie durften auch keinen Kontakt mit den Bewohnern der umliegenden Dörfer haben. Der Umgang mit den andern Grenzwächtern war der einzige menschliche Kontakt überhaupt für diese Männer. So lag ihre ausschliessliche Hoffnung in dieser tödlichen Monotonie des unausgesetzten Erspähens und Absuchens des Horizontes nach einem Opfer.

Wie durch ein Wunder gelang Codrescu dennoch die Flucht, es war im November 1950, und es scheint, als hätten die beinahe lebenslangen Erfahrungen an Schrecken, Leid, Verzweiflung und Unmenschlichkeit in dem Achtzehnjährigen einen Sinn entwickelt und gestählt, der ihn über seine Jugend hinauswachsen und ihn dann in Notsituationen instinktiv folgerichtig handeln liess.

Mit erhobenen Händen näherte er sich den nächsten jugoslawischen Baracken. Er wurde aufgenommen und in ein Lager nach Prasac überführt, in dem sich viele andere Rumänen befanden, unter ihnen auch Theodor Ciochina, der verkrüppelte Chauffeur, der später bei der Aktion in Bern Chauffeurdienste leisten sollte.

Nach mehreren Tagen traf dort auch Beldeanu ein, den Codrescu schon kannte. Dies war das erste Treffen von drei der fünf Männer, die sich zu dem Überfall in Bern zusammentaten.

Codrescu sagt, dass Beldeanu damals kaum wiederzuerkennen war. Er sah elend und schwach aus, und seine Kleider hingen in Lumpen an ihm herunter. Er durfte mit niemandem sprechen. So konnte Codrescu nichts über ihn in Erfahrung bringen.

In einer Werkstätte in der Nähe Belgrads fand Codrescu dann Arbeit, versuchte aber sogleich, nach dem Westen weiterzukommen. Er ging dazu von Gesandtschaft zu Gesandtschaft, um die nötigen Papiere zu erhalten, jedoch ohne Erfolg. So machte er mit einigen Kameraden zusammen einen Fluchtplan. Allein, es zieht sich durch alle diese Lebensdarstellungen der Opfer der Diktaturmächte ein roter Faden, ein blutroter Faden von Erbärmlichkeit, von Dämonie: der Verrat. Es ist nicht auszumachen, welches jeweilen die Motive sind, die einen Menschen zum Verräter werden lassen. Sehr oft versprechen sie ihm Vorteile, gewiss, aber auch die Gegenseite weiss, einmal Nutzen aus diesem Verrat gezogen, dass sie es mit Unzuverlässigen zu tun hat, die sie bald wieder fallen lässt oder gar unschädlich macht. Nur diejenigen, die als qualifiziert erkannt werden, werden in die Spionage einbezogen. Dass sich aber auch in einer kleinen Gruppe Gleichgesinnter, wie sie Codrescu um sich gesammelt hatte, ein Verräter befand, das gehört zu den untrüglichen Zeichen des Niederganges jeglicher ethischen Werte und führt in die Verkommenheit. Wir haben sie seither in all ihren Formen kennen gelernt und sind gezwungen, mit ihr zu leben.

Während drei seiner Kameraden verhaftet wurden, konnte Codrescu sich retten. Im Juni 1951 unternahm er allein die Flucht in den Westen, ohne Papiere bestieg er einen überfüllten Pariser Zug. In Ljubljana verliess er unbehelligt den Zug, versorgte sich mit Essen und zog sich zunächst in die Wälder der Umgebung zurück. Während sechs Nächten legte er hungernd die Strecke bis Triest zurück, tagsüber sich immer verborgen haltend. Da er, wie unzählige andere, keine Arbeit finden konnte, wurde er in ein Jesuitenlager gebracht, das ihm unter den Auspizien des englisch-amerikanischen Militärgouvernements Schutz und Essen gab. Hier traf er abermals mit Beldeanu zusammen, der seinen eigenen Weg aus Jugoslawien heraus gefunden hatte. Nach genauen Prüfungen und Untersuchungen wurde ihm vorgeschlagen, in die Armee der Vereinigten Staaten einzutreten. Das hätte dazu geführt, dass er die amerikanische Staatsbürgerschaft erhalten hätte. Er unterrichtete Beldeanu von seinem Vorhaben.

Da geschah wieder eine jener undurchschaubaren Begebenheiten, deren die Geschichte der fünf Männer des Überfalls in Bern voll ist. Auf einmal verschwand Beldeanu zusammen mit Chirila, einem weiteren Mitkämpfer in Bern, der sich ebenfalls dort befand und andern nahen Freunden. Codrescu wusste nicht, wohin sie gegangen waren, er wusste nur, dass er sie eines Tages wiedersehen würde. Es war die Zeit, da viele Flüchtlinge sich nach Australien oder Brasilien absetzten und dort ein neues Leben begannen. Dann wurden Listen publiziert von all denen, die in die amerikanische Armee aufgenommen worden waren, auch Codrescus Name war dabei.

Eines Tages erhielt er einen Brief von Beldeanu, dass er nach Deutschland kommen und sich ihm anschliessen solle. Das Hauptzentrum für die Aufnahme in die amerikanische Armee befand sich in Deutschland, und so verliess er denn am 7. Dezember Triest mit einer Gruppe von Flüchtlingen, die zur Ausbildung nach Mannheim gebracht werden sollten. Als Dolmetscher wurde der Gruppe ein Jugoslawe mitgegeben, ein Raufbold, ein Schuft vielleicht, dem nichts Gutes zuzutrauen war. Eines Nachts betrank sich dieser und begann, kommunistische Lieder zu singen, worauf es zwischen ihm und Codrescu zu einer Schlägerei kam. Die Angelegenheit wurde weitergeleitet, und kurz darauf wurde Codrescu von den amerikanischen Behörden wieder entlassen. Mit neun andern, die ebenfalls abgewiesen wurden, musste er dann in der Obhut von zwei amerikanischen Soldaten wieder nach Triest zurück. Unterwegs verschwand aber einer nach dem andern dieser Ausgewiesenen, und auch Codrescu gelang es, zu entkommen.

In München traf er mit Rumänen zusammen, die ihm mitteilten, dass Beldeanu in Konstanz sei, so dass er sich auf den Weg dorthin begab. In Konstanz wollte er sich mit neuen Ausweispapieren versehen und begab sich dazu ins Valka-Lager, das zentrale Lager für Flüchtlinge ohne Ausweispapiere. Dort traf er mit dem Rumänen Ochiu zusammen, einem der späteren Mitkämpfer in Bern. Er blieb in diesem Lager bis 1954, dann verliess er es, weil niemand sich um seinen Fall bekümmerte, und ging nach Konstanz zurück. Dort nahm er Kontakt auf mit Chirila, dem er mitteilte, dass er Deutschland verlassen wollte.

Beim Überschreiten der Grenze in die Schweiz wurde er gefasst und in ein Arbeitslager gesteckt, wo er ohne Lohn und auf unbestimmte Zeit zu arbeiten hatte. Wenn er sich beschwere, hiess es, werde er nach Rumänien zurückgeschickt. Das bewog ihn, das Land zu verlassen und sich nach Frankreich zu begeben. In Colmar stellte er sich der Polizei, er bekam zu essen und zu trinken und wurde für vierzehn Tage eingesperrt und zu Landesverweisung verurteilt. Im Gefängnis war man sehr nett zu ihm, und bei seinem Austritt schien sich niemand mehr daran zu erinnern, dass er des Landes verwiesen werden sollte.

So kam er mit einer rumänischen Familie zusammen und in Kontakt mit Beldeanu und Chirila. Ende Dezember 1954 fragte ihn Beldeanu, ob er bereit wäre, mitzuwirken an der ,rumänischen Aktion', wie er den geplanten Überfall in Bern nannte. Mit Freuden nahm Codrescu das Anerbieten an, hinter dem er sich jedoch nichts Konkretes vorstellen konnte. Die Tatsache aber, dass Beldeanu ihn brauchte, dass etwas für sein Land geschehen und er sich daran beteiligen sollte, erfüllte ihn mit Genugtuung. Unter den grössten Schwierigkeiten, in denen ihm nicht nur seine Tätigkeit als ehemaliger Grenzwächter zugute kam sondern wohl auch die nun schon jahrelangen Erfahrungen eines politischen Flüchtlings, gelangte er auf geradezu unwahrscheinliche Art und äusserst übermüdet nach Konstanz, wo er wiederum Chirila traf. Auf dessen Frage, ob er wisse, was Beldeanu im Schilde führe, antwortete er nur: «Nein, bei Puiu braucht man nicht zu fragen!»

Als er dann von Chirila hörte, dass ein Schlag gegen die rumänische Gesandtschaft in Bern geführt werden sollte, war er hocherfreut. Endlich sollte die Stunde kommen, da er etwas tun konnte gegen die Regierung seines Landes. Am nächsten Tag fand sich auch Beldeanu ein. Er besprach die nötigen Vorkehrungen mit ihnen ohne Zurückhaltung, das Vertrauen des einen in den andern war unerschütterlich. Da Codrescu als einziger keine gültigen Ausweise hatte, gab ihm Beldeanu seine Grenzkarte, die er bei seiner Arbeit erhalten hatte. Er selbst besass einen gültigen Pass, ebenso Ochiu. So überschritten sie sozusagen legal die Schweizergrenze einzeln und kamen in Kreuzlingen an einem vorher besprochenen Treffpunkt wieder zusammen. Von dort aus fuhren sie im Wagen von Ciochina nach Bern.

Das war der Verlauf der kurzen Lebensspanne des damals zweiundzwanzigjährigen Freiheitskämpfers Stan Codrescu bis zu seinem Einsatz beim Überfall in Bern. Später, in der Untersuchungshaft auf dem Thorberg, verfasste er diesen hier stark gekürzten Bericht, den er mit den Worten abschloss:

«Nach vielen Versprechungen von Beauftragten der Schweizer Behörden, besonders nach der strikten Zusicherung, nicht nach Rumänien ausgeliefert zu werden, ergaben wir uns. Nach mehreren gemeinsamen Gebeten am Mittwochabend wurden wir unter Bewachung der Polizei ins Gefängnis nach Thorberg überführt, wo ich meinen Richterspruch gefasst und mit ruhigem Gewissen erwarte.

S. Codrescu, Gefängnis Thorberg, Schweiz, 1955.»

*

17

Theodor Ciochina

Es wäre schwer zu beurteilen, welches Schicksal der fünf rumänischen Patrioten das grausamste war bis zu ihrem Zusammentreffen zu der Aktion in Bern. Unermessliche Leiden aber sind Theodor Ciochina beschieden gewesen, Leiden, die die ganze Bereitschaft zum Durchhalten erforderten und die jenen Keim von Hoffnung und Urvertrauen ganz offenbar nie ersticken liessen, der unsichtbar von Generation zu Generation weitergetragen wird.

Theodor Ciochina war der Mann in der Gruppe um Beldeanu, der beide Beine verloren hatte und der zu den Gerichtsverhandlungen auf den Armen zweier Polizisten in den Gerichtssaal gebracht wurde.

Mit fünfzehneinhalb Jahren, ein Junge noch, trat er unter rumänischer Kontrolle in die Armee der Achsenmächte ein, die in den ersten Kriegsjahren des Zweiten Weltkriegs gegen Russland marschierte. Russland war immer der grosse Feind Rumäniens gewesen, und die Aussicht, gegen diese Nation zu kämpfen, erfüllte Ciochina mit Lust.

Allein, schon in den Kämpfen in Jugoslawien verlor er das eine Bein. Das andere sollte ihm später ebenfalls abgenommen werden. Seine Geschichte ist die eines zunächst beinahe tollkühnen, mutigen und später unendlich leidgeprüften Mannes. Ich gebe diesen Lebensbericht wieder, wie er in englischer Fassung im Werke Wilkinsons dargestellt wird. Denn ich glaube, man darf sich sehr wohl einmal die Zeit nehmen, einem beinlosen Menschen zuzuhören. Ein solches Leben, wie das Leben all der ungezählten Kriegsinvaliden, erhält eine ganz neue Dimension, es unterliegt anderen Gesetzen, die Grenzen seiner Möglichkeiten sind fliessend und hängen weitgehend von seinen Willensleistungen ab. Ciochina erzählt:

«Mein Vater war Polizeibeamter in einer Stadt in Bessarabien. Früh schon sagte er mir, wie dies jeder bessarabische Vater damals tat, was russische Herrschaft bedeuten würde. Es sollte nicht lange dauern, bis ich sie am eigenen Leib erfuhr.

«Nach der Elementarschule besuchte ich drei Jahre eine technische Lehranstalt. Als Bessarabien 1940 von den Russen besetzt wurde, suchte ich Mittel und Wege, gegen sie zu kämpfen. Die Gelegenheit bot sich in dem Augenblick, als die Deutschen sich gegen Russland wandten. So trat ich mit fünfzehneinhalb Jahren in den Hilfsdienst der Achsenmächte ein, nicht ohne mein Alter unrichtig anzugeben, um aufgenommen zu werden. Man steckte mich in eine Uniform und gab mir ein Gewehr. Niemand fragte mich, wo ich zu kämpfen wünschte. Aber ich war jetzt Soldat und tat, was mir befohlen wurde. Im Frühling 1944 wurde ich von Tito-Partisanen in Jugoslawien verwundet durch Kopf- und Bauchschuss. Zur Erholung wurde ich nach Rumänien gebracht, von wo aus ich im Sommer wieder in mein Regiment zurückkehrte. Gegen Ende des Sommers besassen die Russen schon die Kontrolle über Rumänien und Bulgarien und mischten sich in den Kampf ein.

«Mein Regiment lag in Bosnien, und bald schon waren wir vom Feind eingekeilt. Ich wurde beauftragt, ein Dorf zu befreien. Wir kamen unter Feuerbeschuss, und ich wurde getroffen. Kameraden packten mich zusammen und luden mich in einen Wagen. Später musste ich einen Tank zurückfahren zu einem Basislager in Brcko. Mein rechter Fuss wurde durch einen Schrapnellschuss zerschmettert. Da aber an der Front ein grosses Durcheinander herrschte, wurde ich von einer Ambulanz zur andern gebracht, ohne dass der Fuss irgendwo behandelt wurde. Schliesslich gelangte ich nach Wien, wo mir mein rechtes Bein amputiert werden musste, da der Fuss inzwischen gangränös geworden war, was nach fünfundzwanzig Tagen ohne jegliche Behandlung nicht zu verwundern war. Christus allein weiss, welche Qualen ich in diesen fünfundzwanzig Tagen erlitten habe. Und als diese Qualen zu Ende waren, hatte ich mein rechtes Bein verloren.

«Nach meinem Austritt aus dem Spital wurde ich von der amerikanischen Sanität betreut. Dann wurde ich in ein Regiment eingegliedert, das als Einheit mit russischen Antikommunisten und Ukrainern gebildet worden war, die die Deutschen rekrutiert hatten, oft nachdem sie im Kampf gegen die russische Armee gefangen genommen worden waren. Dieser Einheit angehört zu haben, sollte mir während Jahren Schwierigkeiten bereiten, die ich hier wiedergeben möchte, die dann aber zu vergessen mein grösstes Verlangen ist.

«Alle Gefangenen glaubten, nach unserer Freilassung unter amerikanischer Führung weiterzukämpfen, und wir waren froh, uns in einer Gemeinschaft demokratischer und christlicher Menschen zu befinden anstatt nach Russland geschickt zu werden. Allein, eine furchtbare Enttäuschung stand uns bevor.

«Als wir startbereit waren, wurden wir in Lastwagen verladen. Zwischen je zwei oder drei solcher Lastwagen befand sich ein leichter Tank. So fuhren wir einem Fluss entlang. Auf der andern Seite des Flusses lagen die Russen. Einige unserer jungen Leute sprangen angesichts der nahen Gefahr ab und rannten davon, um kurz darauf erschossen zu werden. Das mag ungefähr im Sommer 1945 gewesen sein, denn kurz darauf wurden wir in russische Güterzüge verfrachtet, in denen eine unvorstellbare Hitze herrschte. Dazu hatten wir eine Brücke über den Strom zu überqueren, der schon bald rot gefärbt war vom Blute derer, die versucht hatten, durch Sprung in den Fluss den Russen zu entkommen, von deren Maschinengewehren sie aber sogleich niedergemäht wurden. Vielleicht leben noch ehemalige amerikanische G.I.'s, die einst Zeugen jener Schreckensszenen gewesen sind und die sich in ihrem zivilen Leben noch daran erinnern.

«Auf der andern Seite des Flusses befand sich eine alte Mühle, in der jeweilen die neu ankommenden Schübe unserer Einheit während mehreren Tagen festgehalten wurden, bevor sie in Gefangenenlager kamen oder einem andern Schicksal entgegengeführt wurden. Wohl war es eine grosse Mühle, in der wir uns befanden, aber wenn fünftausend Menschen hineingepfercht wurden, so war es schwer, auch nur einen Platz zum

Stehen zu finden, was für mich mit meinem verlorenen Bein noch furchtbarer war als für die andern. Von dort wurden wir dann in Gruppen von zwei- oder dreihundert Mann fortgebracht. Bevor unsere Gruppe zum Weitermarsch startete — keiner konnte ahnen, wie lange und entsetzlich dieser sein würde — mussten wir vor den Russen antreten und wurden auf alles, was wir besassen, untersucht, worauf uns alles was Wert hatte abgenommen wurde. Zuerst kamen die Armbanduhren dran bei denen, die noch eine besassen, dann die Füllfedern, dann Schuhe, Jacken, Hemden und vieles andere.

«Dann hatten wir zu einer Bahnstation zu marschieren, die meisten von uns gerade noch in Socken, und dort wurden wir in Viehwagen verladen. Wir fuhren in der Morgendämmerung ab und bis in den Nachmittag hinein. Irgendwo hielt der Zug an, doch da unser Wagen verschlossen war, konnten wir nicht sehen wo wir uns befanden. Wohl war ein schmales Fenster vorhanden, aber es war vielfach gesichert und fast ganz durch eine Eisenplatte zugedeckt, so dass man wohl nach oben, nicht aber in die Gegend hinaussehen konnte. Auch waren wir gewarnt worden, dass jeder, der hinauszuschauen versuchte, erschossen würde. In meinem Wagen befanden sich 120 Männer, wenigstens als wir wegfuhren. Diejenigen, die zusammenbrachen, wurden gehalten durch den Druck der andern, die Leib an Leib zusammengepfercht aufrecht standen. Ein schmales Loch im Fussboden diente als Toilette, vorausgesetzt dass es einem gelang, die Stelle zu erreichen.

«Beim ersten Halt des Transportes erhielt jeder von uns drei Unzen (ca. 85 g) trockenes Brot, einen gesalzenen Fisch und etwas Wasser, das ausgiebig mit Chemikalien behandelt war. Ein russischer N.C.O. sagte uns in einer kurzen Ansprache, dass, wenn einer von uns versuche, auszubrechen, nicht nach Verantwortlichen gefragt würde, sondern alle zusammen erschossen würden. So hatten wir alle ein Interesse, dass niemand zu flüchten versuchte. Nach dieser Erklärung wurde der Wagen wieder verschlossen und wir fuhren weiter.

«Später gab es wieder einen Tageshalt irgendwo im Herzen des Landes, wo ein oder zwei Männer von jedem Wagen herausgelassen wurden um die Brot-, Fisch- und Wasserration zu holen, nicht ohne von Gewehren bedroht zu werden, die auf sie gerichtet waren. Ich weiss sehr wenig von dieser Reise, sah ich doch nur die Innenseite unseres Viehwagens. Ich weiss nur, dass wir durch Jugoslawien fuhren nach dem wenigen, was wir an gesprochenen Worten hören konnten wenn der Zug anhielt. Es kam auch irgendwo zu einer Schiesserei, und es sprach sich dann herum, dass jugoslawische Kommunisten Männer aus den Wagen herausholten und erschossen, weil diese in Jugoslawien gekämpft hatten.

«Dann vernahm man, dass in einem Wortwechsel einer der russischen Offiziere, die für den Zug verantwortlich waren, den Jugoslawen verbot, weitere dieser Männer zu erschiessen. Wir hofften, dass der Russe das letzte Wort haben würde, denn die Schüsse kamen jetzt näher und näher zu unserem Wagen und wir fürchteten, dass wir bald an der Reihe waren. Doch zu unserer Erleichterung setzte sich der Zug bald wieder in Bewegung.

«Unsere Reise endete in Rumänien. Dort wurde ich in ein Lager in Foscani im Moldaugebiet gesteckt zusammen mit ungarischen, deutschen und russischen Soldaten, die meine Mitgefangenen gewesen waren. Nach kurzer Zeit begann der Lagerkommandant, ein russischer Jagjar, Freiwillige anzuwerben für den Kampf gegen Japan. Die Lebensbedingungen in unserem Lager waren so unerträglich, dass jeder von uns ohne Ausnahme sich meldete. Von diesem Tag an gab man uns grössere Speiserationen und andere Erleichterungen. Allein, das sollte nur zwei Wochen dauern. Dann wurde uns mitgeteilt, dass wir nicht gebraucht würden. Der Major erwähnte nichts von der Atombombe, die inzwischen niedergegangen war, sondern sagte nur, dass die «glorreiche Rote Armee» die Japaner besiegt habe und dass die Sowjets überdies nicht nötig hätten, mit «Verrätern» in ihren Reihen zu kämpfen. Das war des Ende des guten Lebens für uns.

«In Foscani war die Eisenbahnlinie ausgebaut worden für die russischen Maschinen und Wagen, und abermals wurden wir in Viehwagen verfrachtet und weitergeschoben: Bestimmung unbekannt! Jeder von uns war versorgt worden mit einer Standardration für vier Tage. Wir konnten nicht wissen, dass sie für eine ganze Woche auszureichen hatte. Durch die Ritzen unseres Wagens vernahmen wir, dass wir Odessa passiert hatten und unser Ziel Moskau sein würde. Das bedeutete eine gewisse Ablenkung für uns von den unerträglichen Mühseligkeiten unserer Reise. Nach ein oder zwei Tagen hielt der Zug an, so dass nur noch ein Teil in die Wagen zurückzukehren hatte. Was mit jenen andern geschehen ist, kann ich nur vermuten.

«Im Ganzen waren wir etwa einen Monat unterwegs. Zuweilen wurde der Zug während einigen Tagen stationiert, ohne dass wir je herausfanden warum. Die Hitze und der Gestank waren unerträglich geworden, von den 120 Mann in meinem Wagen starben fünfzehn. Wenn sich der Leichengeruch bemerkbar machte, klopften wir an die Türen, und zuweilen wurde dann geöffnet. Zwei Gefangene hatten nun die Leichen hinauszutragen und sie in den hintersten Wagen zu verladen. Sie wurden mitgenommen wahrscheinlich, damit die verantwortlichen Zugsbegleiter beweisen konnten, dass kein Mitgefangener entflohen war, wenigstens nicht lebendig.

«Eines Nachts kamen wir in Wladiwostok an, wo wir den Zug zu verlassen hatten. Wir Überlebenden — und ich vermute, dass jeder einzelne Wagen ungefähr die selbe Anzahl Tote gehabt hatte — wurden in ein Lager geführt. Am Morgen stellten wir fest, dass sich auch Frauen in dem Lager befanden, jedoch streng abgesondert durch Stacheldrahtzäune. Meistens arbeiteten sie als Köchinnen. Es waren fünfzehn- und sechzehnjährige Mädchen unter ihnen.

«Ich war nur kurze Zeit in jenem Lager. Dann wurde ich mit 6000 andern Gefangenen in ein umgearbeitetes Lastschiff mit dem Namen Durman verfrachtet. Dort wurden uns die unteren Decke zugewiesen. Bald darauf lief das Schiff aus dem Hafen und blieb drei Tage vor Anker. Dann waren wir vierzehn Tage auf See, keiner von uns wusste, welchen Kurs wir verfolgten. Neue Unerträglichkeiten stellten sich ein: keine richtigen Toiletten, das Wasser wurde rar, so dass unsere tägliche Ration herabgesetzt wurde, und schliesslich mussten wir uns mit Salzwasser behelfen. Abermals begann das Sterben unter den Gefangenen.

«Wir versuchten, unsere Wachen auf die Toten aufmerksam zu machen, allein, im Anfang wurde nichts unternommen, sie zu entfernen. So blieben sie eine Woche im selben Raum mit uns. Schliesslich wurde die Luft trotz der herrschenden Kälte so unerträglich, dass wir eine Art von Aufruhr inszenierten. Das bewirkte, dass der russische Kapitän die Räume jeden Tag öffnen liess, damit die Toten hinausgebracht werden konnten.

«Ich war tief unten im Schiff einquartiert. Über uns war eine andere Decklladung von Gefangenen, und darüber eine weitere. Wenn wir Tote unter uns hatten, die wir los sein wollten, pflegten wir fortan an eine kleine Luke zu klopfen. Oft erst nach langem Warten erschien eine Wache, die Luke zu öffnen. Dann wurden die Toten durch die Luke auf das nächst höhere Deck befördert und von dort weiter bis zum Überwasserdeck, wo sie ins Meer geworfen wurden.

«Trotzdem wir eng zusammengedrängt waren, setzte uns die Kälte immer mehr zu. Besonders nachts waren wir steifgefroren, und dadurch, aber auch durch Unterernährung und alle die andern Entbehrungen starben viele der Gefangenen. Ich selbst habe noch geschwollene Ohren als ein Andenken an eine Erfrierungsfolge, die ich auf diesem Transport erlitt. Und aus dem selben Grund fing dann auch mein linker Fuss heftig an zu schwellen. Den Beweis dafür kann ich heute nicht mehr erbringen, ich habe keine Füsse mehr als Beweis ...

«Der Dampfer hielt an der russischen Insel Kalemski Ostrov im Norden von Japan. Auf dieser Insel sollte ich fast fünf Jahre bleiben, von 1945 bis Januar 1950.

«Ich wurde zum Transitlager No. 1 in Magada verladen und dann zur Arbeit in die Goldmine der Insel geschickt. Freilich, ich war nicht der beste Arbeiter, den sie hatten, wegen meines in der Mitte des Oberschenkels amputierten Beines. Aber es ging doch so gut, dass ich unbehelligt blieb.

«In jenen Jahren lernte ich etwas von der russischen Mentalität kennen und wie sie arbeitete. Die Russen sehen es als

Verdienst an, wenn ein Gefangener zugibt, dass er gefehlt hat und deshalb um Gnade bittet, sogar dann noch, wenn er schon längst von ihrer Gnade abhängig ist. Im Jahre 1949 brachte ich eine bescheidene Petition vor den für die Insel zuständigen Staatsanwalt, Oberstleutnant Josef Kovalevsky. In dieser Eingabe erklärte ich, dass ich jung und töricht gewesen war, als ich mich von der deutschen Wehrmacht rekrutieren liess. Ich sagte, ich hätte keine Ahnung gehabt, dass ich dadurch gegen die jugoslawischen Kommunisten zu kämpfen hatte, die, wie ich jetzt wisse, unverdorbene Menschen des Proletariats waren, wie ich selbst einmal einer gewesen sei. Ich hätte nun lange Zeit gehabt, nachzudenken über mein Vergehen und sei mir auch der ganzen Schwere meiner Verfehlung bewusst. Wäre es jetzt, da Rumänien befreit worden sei durch die Rote Armee, die von allen Menschen bewundert wurde, nicht möglich, dass ich nach Hause zurückkehren könnte um ein neues Leben anzufangen?

«Es verging eine lange Zeit bis ich eine Antwort erhielt. Fast hatte ich meine Petition schon vergessen. Die Antwort lautete: Ja! Es war ein beschränktes Ja, aber doch ein besseres als ich je gehofft hatte. Meine Verurteilung infolge Teilnahme am Kampf gegen die Streitkräfte Titos hatte auf fünfundzwanzig Jahre Zwangsarbeit gelautet. Dies wurde nun abgeändert in Deportation nach Achinsk in Neu-Sibirien.

«Im Januar 1950 wurde ich mit andern zusammen auf einen Passagierdampfer nach Wladiwostok gebracht. Von dort aus ging es nach Achinsk, wo ich als Mitglied der Wache auf einer Kollektivfarm eingesetzt wurde. Ich blieb dort zwei Wochen lang, dann riss ich aus und machte mich auf den Weg zurück nach Rumänien. Eine Zeitlang ging ich zu Fuss, d. h. mit einem Fuss und den Krücken. Russische Bauern gaben mir zu essen. Andere, die mich vorübergehend aufnahmen, stutzten und begannen zu fluchen als sie mein Schicksal erfuhren. «Wir vertrauten auf euch, uns von diesen Teufeln zu befreien,» sagten sie, «und dann ergabt ihr euch!»

«Nachdem ich mich auf einer Bahnstation versteckt hatte, bestieg ich einen Zug der Transsibirischen Eisenbahn, wo ich einen Platz fand in einem Abteil, das voll von Soldaten war.

Dann versuchte ich, einzuschlafen. Nach einer Weile kam der Schaffner und wollte meine Fahrkarte sehen. Ich suchte in meinen sämtlichen Taschen und sagte: «Ich muss sie doch irgendwo haben!» Nach längerem Suchen wurde der Schaffner ungeduldig und sagte, er werde später noch einmal kommen. Ich blieb lange in dem Abteil sitzen um keinen Verdacht zu erwekken bei den Mitreisenden. Dann erst erhob ich mich und ging in den Korridor hinaus. Dort wartete ich eine Weile, bis der Korridor leer war. Dann versteckte ich meine Krücken, wälzte mich in einen kleinen Schrank über der Toilette und schloss die Türe von innen. In diesem Schrank blieb ich während drei Tagen. Es waren entsetzlich lange Tage, und ich glaubte oft, es nicht mehr aushalten zu können und darin zu sterben. Von Zeit zu Zeit bei Tageslicht musste ich die Türe ein wenig öffnen, immer riskierend, entdeckt zu werden. In der Nacht hielt ich die Türe fest verschlossen, doch manchmal erwachte ich und entdeckte mit Schrecken, dass sie weit offen stand, so dass mich jeder, der durch den Korridor ging, hätte sehen können.

«Bevor die Reise zu Ende war, fühlte ich mich wie gelähmt durch Muskelkrämpfe und war mehrmals nahe daran zu hoffen, entdeckt zu werden. Dann hielt der Zug an, und ich hörte, wie jemand hinausging. Wir hatten Moskau erreicht. Nach einer Weile wurde der Zug auf ein Nebengeleise manövriert, und dann war alles still. Ich wartete ein wenig, dann arbeitete ich mich mühsam aus dem Schrank heraus und holte mir meine Krücken. Darauf gelangte ich über das Trittbrett des Zuges auf den Boden und suchte meinen Weg über die Bahngeleise, stets besorgt, von niemandem gesehen zu werden. Denn was hätte man denken sollen von einem Einbeinigen, der am frühen Morgen die Bahngeleise überschritt! Wenn jemand mich damals dennoch gesehen hat, so wird er jedoch weder gerufen noch versucht haben, mich anzuhalten. So konnte ich den Bahnhof unbehelligt verlassen.

«Es war kaum taghell, doch die Strassenbahnen fuhren schon. Ich stieg ein, als Invalider hatte ich nicht zu zahlen. Umso besser, denn ich besass überhaupt kein Geld und wusste kaum noch, wie ein Geldstück aussah. Während fünf Jahren hatte ich keines besessen, hatte keine Banknote, nicht einmal die kleinste Münze in der Hand gehabt.

«Was nachher geschah, darüber möchte ich nicht sprechen. Das Ergebnis war, dass ich innerhalb einer Stunde ein wenig Geld und eine Armbanduhr besass, was beinahe einem Pass gleichkam. Allein, ich durfte mich nun nicht länger in Moskau aufhalten, denn ich riskierte sonst, angehalten und eingesperrt zu werden.

«Mit meinem Geld kaufte ich mir Brot und bestieg den nächsten Zug nach Odessa. Im Zug befanden sich Soldaten und Offiziere, die dienstlich nach Rumänien, Ostdeutschland und Österreich fuhren. Sie hatten Wodka bei sich, und es dauerte nicht lange, bis mein Abteil von Lärm, Singen und Gröhlen erfüllt war. Als der Schaffner kam, vermochte er nicht, nach meinem Billett zu fragen, denn die angeheiterten Soldaten hiessen ihn weitergehen, was er sich nicht zweimal sagen liess.

«Ich sass neben einem Leutnant. Als er beim Zugskellner eine weitere Flasche Wodka verlangte, zog er ein dickes Bündel Rubelnoten hervor. Kurz nachher stellte ich mich schlafend. Und dabei gelang es mir, seine Tasche zu leeren. Ich weiss, es war nicht recht, aber ich fühle mich nicht schuldig bei dem Gedanken daran. So kam ich in Rumänien an mit einer Summe von Rubeln, die mir für eine Zeitlang weiterhelfen sollte.

«In Rumänien traf ich mit Leuten zusammen, die ich kannte, aber ich will mich nicht näher darüber aufhalten. Zunächst besass ich ja keine Ausweispapiere, die irgend etwas wert waren. Ich berief mich auf die Tatsache, dass ich aus Moskau kam, und das war seine zwei Stösse Noten wert, denn nur sehr wenige Menschen wagten es, zu fragen, wer ich sei und warum ich hierher gekommen war. Jeder, der von Moskau kam, war ,jemand'.

«Kurze Zeit später schon erwarb ich mir — man frage mich nicht wie — die nötigen Dokumente, die ich jedermann, der über mich Bescheid wissen wollte, vorweisen konnte, und erhielt dadurch einen Posten als Kassier in einem Volksrestaurant. Dann wurde ich als Leiter eines Kooperativ-Ladens nach Pitesti transferiert. Inzwischen konnte ich auskundschaften, was in meinem Lande vor sich ging. Das bewog mich, Fluchtpläne zu schmieden. Fliehen war für mich vielleicht nicht der richtige Ausdruck angesichts meiner Krücken! Doch hatte ich mich längst an diese gewöhnt und fühlte mich höchstens damit nur ein wenig benachteiligt gegenüber normalen Menschen.

«Der Tag meines Weggangs kam heran. Ich wartete bis gegen Ladenschluss und sagte allen, die noch da waren, dass sie sich selbst bedienen könnten mit allem, was sie nötig hätten. Als sie schwer beladen weggingen, gab ich ihnen noch Gutscheine, die sie an einem andern Tag einlösen konnten. Dann humpelte ich selbst hinaus und begab mich auf meinen Weg in den Westen. Mit meinen Krücken versehen hatte ich unterwegs nicht mehr Unannehmlichkeiten als die meisten zweibeinigen Menschen, obwohl niemand sagen könnte, dass die Reise leicht war.

«In Vrsac, dem ersten Lager, das ich in Jugoslawien erreichte, begegnete ich ‚Puiu' Beldeanu. In ihm erkannte ich einen Mann mit einer Führernatur, wie ich denn auf meiner Reise nach Deutschland noch mehr solcher Männer treffen sollte, die den Mut und das Feuer zur Tat besassen.

«Ich liess mich in München nieder. Eines Tages, als ich auf einem Motorvelo fuhr, wurde ich von einem amerikanischen Soldaten in einem Jeep angefahren. Als ich im Spital erwachte, spürte ich entsetzliche Schmerzen in meinem linken Bein. Doch als ich nachsehen wollte, gewahrte ich, dass das Bein nicht mehr da war. Die Stelle, wo ich die Schmerzen verspürte, war mit weissen Tüchern versehen, unter denen sich nichts befand. Da der Unfall nicht durch mein Verschulden erfolgt war, erhielt ich eine Entschädigung. Mit einem Teil davon kaufte ich mir einen Volkswagen. Es gibt in Deutschland so viele Kriegsverletzte mit nur einem oder gar keinem Bein mehr, dass die VW-Fabrikanten einen Wagen konstruierten, der von solchen Invaliden ohne grosse Schwierigkeiten gefahren werden kann.

«Das war der Wagen, mit dem ich nach Konstanz kam. Ich war in Verbindung mit Beldeanu, Chirila, Codrescu und Ochiu, denen ich bei mehreren Aufenthalten auf meiner Reise von Rumänien nach Deutschland begegnet war. Und als ich von

Beldeanu eine Aufforderung zur Beteiligung an einer Aktion erhielt, liess ich alles andere liegen und folgte ihr. Von Konstanz führte ich sie alle nach Bern. In der Nähe der rumänischen Gesandtschaft hielten wir an, sprachen einige Gebete und küssten einander zum Abschied. Dann fuhr ich nach Deutschland zurück.

«Später wurde ich von der deutschen Polizei auf Verlangen der schweizerischen Behörden verhaftet. Sie entliessen mich aber wieder gegen Kaution, um ein Verfahren gegen mich aufzunehmen nachdem die Gerichtsverhandlungen in der Schweiz beendet sein würden. Man legte mir zur Last, dass ich einer Verschwörergruppe angehörte, die die rumänische Gesandtschaft in Bern angreifen wollte. Schwebende Untersuchung ist etwas worüber nicht diskutiert werden sollte. Wenn aber jemand glaubte, dass ich ein Motiv hätte, gegen Kommunisten zu kämpfen unter Nichtkommunisten, und das sind die einzigen, um die ich mich bemühe — dann hat jedermann ein Recht auf seine eigene Meinung.»

«Als ich diese letzten Worte niedergeschrieben hatte, «fährt Laurence Wilkinson fort, «fragte mich Theodor Ciochina:

«Genügt es ihnen?»

«Ich sagte «Ja», und er fügte bei:

«Gut so!»

«Dann nahm er seine Krücken auf, reichte mir die Hand, kletterte in seinen Volkswagen und fuhr in die Dämmerung des frühen Morgens hinaus.»

*

18

Erübrigt es sich, diesem Bericht Ciochinas noch etwas bei-
zufügen? Soll man ihn als Dokument nach Kenntnisnahme
einfach zu den Akten legen? Muss hier nicht einen Augenblick lang wenigstens innegehalten werden, um mit diesem
erschütternden Bericht, der einer ins Grauenhafte gewandelten
Odyssee gleichkommt, fertigzuwerden? Allein, dürfen wir je
damit fertig werden? Wenn wir von Odysseus wissen, welche
kraftvolle, erprobte Kämpfernatur er war, als er die Jahre seiner Irrfahrten zu bestehen hatte, so können wir hier nicht sagen, ob wir es mit einem Helden ähnlichen Ausmasses zu tun
haben. Wie Odysseus ist auch Ciochina nicht ausgezogen, das
Abenteuer, die Gefahr, den Kampf zu suchen. Und doch, wie
anders waren die Voraussetzungen für einen Odysseus, seine
Prüfungen zu bestehen als für den schwachen, schwerinvaliden Ciochina! Wieviel nötiger noch als Odysseus hätte er eine
Pallas Athene gehabt! Der junge Rumäne war ein Umherge-
schobener, ein rechtloser, ein geschundener Umhergetrie-
bener, war Spielball der Willkür grosser, blind-dämonischer
Mächte geworden. Er hatte dieses Schicksal auf sich zu nehmen, es war unausweichlich bis auf die letzten Entschlüsse, die
er in bedingter Freiheit traf, in den Westen zu fliehen und von
dort aus wenn immer möglich als ein kleiner, schwacher David
gegen jenen Goliath auszuholen, der ihn seiner Jugend, seiner
Heimat, seines ganzen anständigen Lebens auf so teuflisch viel-
fältige Art beraubt hatte, der verhindert hatte, dass er Mensch
sein durfte nach dem Masse, nach dem sein Leben ursprünglich
angelegt gewesen, einfacher Handwerker vielleicht in seiner
Heimat, dann Familienvater, Bürger, dem nichts vorzuwerfen
war. Ein schlichtes Leben in dem ihm zugemessenen Raum und
Rahmen. Von dieser Perspektive aus gesehen verdient die kaum
zu überbietende Leidensfähigkeit dieses Mannes höchsten Respekt.

Ein Menschenleben, herausgerissen aus der vorbestimmten
Bahn, wie das schwache Blatt eines Baumes, das der Sturm-

wind in einen Strom peitscht. Wohl schwimmt das Blatt noch eine Zeitlang oben auf, aber die Wellen tragen es hin wo sie wollen, vielleicht bleibt es an einem Brückenpfeiler oder an einem Felsblock hängen, oder es gerät in einen Strudel, wird herumgewirbelt und geschoben, bis abermals ein Sturmwind kommt, das Wasser aufpeitscht und das kleine Blatt weiterträgt. Es wird das Meer kaum erreichen, das ist auch nicht seine Bestimmung, aber es ist auch nicht seine Bestimmung, in eine Strömung zu geraten, einen Wirbel, und mit Gewalt in die Tiefe gerissen zu werden, um nie wieder aufzutauchen, war es doch einst ein gewöhnliches Blatt unter tausenden, die zu demselben Baum gehörten.

So mögen zu Anfang das ungewöhnliche Schicksal eines losgelösten Blattes und dasjenige eines ebenso losgelösten Menschen vergleichbar sein. Beide müssen der Strömung, in die sie geraten, folgen. Dann aber macht sich in dem schon preisgegebenen Menschen jene geheimnisvolle Kraft bemerkbar, die ihn heisst, durchzuhalten bis zuletzt. Wir haben das Leben Ciochinas bis in all seine unzähligen Feuerproben in Gedanken nachvollzogen. Wie oft ist es an seinen äussersten Rändern angelangt! Wie oft hätte eine schwache Seele aufgegeben, nicht mehr gekämpft, nicht mehr sich zusammengerissen um dies erbärmliche, unwürdige, unmenschliche Leben zu erhalten!

Wenn dieser Mann am Ende seines Berichtes seinen Zuhörer, Laurence Wilkinson, fragt, ob das genüge und jener die Frage bejaht, dann ist in diesen paar Worten nicht nur schmerzliche Ironie, sondern darüber hinaus der ganze Jammer, das ganze Elend dieses Lebens enthalten. Vielleicht hätte Wilkinson noch die Frage zu stellen gehabt:

«Woher aber die Kraft, die Sie, Ciochina, immer wieder über Wasser gehalten hat?»

Allein, hätte Ciochina zu antworten vermocht? Was hätte er, der einstige junge Mechaniker aus der tiefsten Provinz Rumäniens, für eine Erklärung gehabt? Hoffnung? Ist Hoffnung noch möglich angesichts dieser Ausgeburten von Grausamkeit, Erbärmlichkeit, Gewalt staatlich befugter, in Normen eingeteilter, zur Grausamkeit gezüchteter Menschenungeheuer, denen von Staates wegen der Wert der Eigenständigkeit und damit der Verantwortung abgenommen wurde? Schuldgefühle? Wurde nicht alle Schuld nach oben abgeschoben, und dort wiederum nach weiter oben? Keiner will sie tragen, jeder wälzt sie ab nach oben, wo die Befehle ausgegeben werden und auch die Erlaubnis, das Böse und Grausame zu tun. Wo denn war das Zentrum, wo der Kern dieses Menschen Ciochina? Er sagt nichts darüber, sagt auch nichts über sein Verlangen, seine Heimat, seine Angehörigen wiederzusehen, zu wissen, ob die Mutter, der Vater, der Grossvater noch leben, die Geschwister, die Kameraden, vielleicht auch, ob das Mädchen noch frei sei, dem seine erste heimliche Zuneigung galt. Er sagt einzig am Anfang seines Berichtes, dass es sein grösstes Verlangen sei, nach Ablegung dieses Tatsachenberichtes seinen ganzen Leidensweg zu vergessen.

Es ist als ob ein Eisenpanzer die Dinge, die in seine frühen Lebensjahre fielen, auf immer eingeschlossen hätte, um den Mann nicht schwach zu machen, und dass nur noch das Eine in ihm sich verhärtete, der Wille, durchzuhalten bis zuletzt. Wo aber sah er dieses «Zuletzt»? Könnte es das sein, dass er während kostbaren Jahren seines Lebens das Tiefste, das Herrlichste schmerzlich ersehnt hatte, weil er es nie besessen, die Freiheit? Ist Freiheit ein so stehender Begriff, dass er an sich gilt und nicht erst in Beziehung zu seinem Gegenteil, der Unfreiheit? So kann Freiheit nur dort zum Wertbegriff werden, wo sie bedroht oder nicht mehr vorhanden ist. Und so wird der Begriff der Freiheit vor dem, der sie nicht besitzt, immer als Fata morgana erscheinen, die zu verfolgen kein Sandsturm, keine sengende Hitze, kein Eismeer den Verlangenden aufhalten könnte.

Das war vielleicht Sinn und Auftrag im Leben des Theodor Ciochina.

‚Theodor' bedeutete bei den alten Griechen ‚Gottesgeschenk'. Der Satz ist hier nicht belehrend gemeint, o nein, er wurde ganz einfach nach Betrachtung dieses Lebens in den Raum gestellt.

*

19

Es gibt Menschen, die glauben, dass die Philosophie
die edelste Wissenschaft ist, andere die Kunst.
Ich glaube an das, was mich lehrt, alles — aber
wirklich alles — zu opfern für Christus, mein
Heimatland und das rumänische Volk. Keine Macht
der Welt kann diese meine Überzeugung ändern.

Ion Chirila

Ion Chirila

Die Geschichte über Ionel oder Ion, oder auch Jonny, wie
sie ihn oft nannten, bringt mehr als bei den andern drei Kameraden eine ausgesprochen religiöse Note in die Zielsetzungen
und Vorgänge um den Überfall auf die rumänische Gesandtschaft in Bern. Ein blonder, junger Mann mit offenem Gesichts-
ausdruck, gleicht er eher einem Verkünder des Evangeliums als
einem verwegenen Freiheitskämpfer. Er ist immer bereit zu einem Zitat aus den Psalmen. Bei ihm fallen religiöser Glaube
und patriotische Gefühle zusammen. Vor Tatsachen gestellt ein
Mann, der einen tödlichen Befehl erteilen kann oder, bei einem
andern Verlauf seines Lebens ein Mann, der ein Leben hindurch
nicht seine Stimme im Zorn erheben würde.

In seiner Zelle in Petersburg zitiert er denn auch die Verse
9 und 10 des 74. Psalms:

«Unsere heiligen Zeichen sehen wir nicht; kein Prophet ist
mehr vorhanden, und unter uns ist niemand, der wüsste,
wie lange es währen soll. Ach Gott, wie lange soll der
Widersacher schmähen und der Feind deinen Namen so
gar verlästern?»

Aufschrei einer gemarterten Seele, man möchte ihr den
Schluss dieses Psalmes zurufen können:

«Ich will alle Gewalt der Gottlosen zerbrechen, dass der Gerechten Gewalt erhöhet werde.»

Bevor Chirila sich anschickt, aus seinem Leben zu schreiben, bis zu den Begebenheiten, als er mit dem Gewehr in der Hand und einem Gebet auf den Lippen die rumänische Gesandtschaft in Bern zu dem Handstreich betrat, drängt es ihn, folgende Gedanken niederzuschreiben:

«Es gibt Menschen, die glauben, dass die Philosophie die edelste Wissenschaft ist, andere die Kunst. Ich glaube an das, was mich lehrt, alles — aber wirklich alles — zu opfern für Christus, mein Heimatland und das rumänische Volk. Keine Macht der Welt kann diese meine Überzeugung ändern.»

Dann folgen kurze Angaben über seine Jugend und über die Unterwerfung seines Landes, von der er Zeuge war. Der Verfasser Laurence Wilkinson, auf dessen Bericht in «No Fruit more bitter» ich mich auch hier stützen muss, gibt keine Einzelheiten bekannt, die uns ein Bild vom Werdegang Chirilas geben. Erst vor den Gerichtsverhandlungen werden wir vernehmen, dass er der Sohn eines orthodoxen Priesters war. Vorläufig aber werden wir überraschend kurz und unvermittelt mit der Tatsache bekannt gemacht: Auch hier Flucht aus Rumänien ins Unbekannte, dann in jugoslawischen Lagern, die wir aus dem Bericht von Beldeanu kennen gelernt haben, und von dort auf nicht beschriebenen Wegen in die Freiheit. Im Gegensatz zu den andern Berichten erfahren wir aber wichtige Einzelheiten über das, was dem Überfall auf die rumänische Gesandtschaft unmittelbar voranging.

Im Anfang August oder September 1954 traf Chirila Beldeanu in Tübingen. Dieser fragte ihn, ob er sich an einer Aktion für ein freies Rumänien beteiligen wolle. Es scheint mir von Wichtigkeit, hier, ebenfalls nach Laurence Wilkinson, Chirilas Bericht darüber in seiner eigenen Darstellung wiederzugeben.

«Beldeanu sagte mir nur, dass es sich um einen Handstreich gegen die Kommunisten handle. Das genügte mir, ich

166

stellte keine weiteren Fragen. Dann forderte er mich auf, mich nach Waffen umzusehen. Ich sagte, dass mir das leicht fiele, kannte ich doch jemanden, bei dem ich nicht nur Pistolen sondern wenn nötig einen ganzen Tank kaufen konnte. Dann sprachen wir von der finanziellen Seite des Problems. Wir kamen überein, so viel Geld als möglich dafür aufzubringen. Es wurde auch nicht besprochen, wie wir acht oder zehn Mann anwerben könnten für eine solche Aktion, wussten wir doch, dass genügend Männer bereit waren, sich wie wir für die gute Sache zu opfern. Wir befürchteten nur, dass wir die Mittel zu einer so umfangreichen Aktion nicht zusammenbringen konnten, was schliesslich eine grosse Erschwerung bedeutete.

«Vom Augenblick an, da ich Beldeanus Aufforderung erhielt, dachte ich an nichts anderes mehr. Briefe wurden zwischen uns gewechselt, entweder als Einschreibesendungen oder durch vertrauenswürdige Personen von Beldeanu, der in Tübingen wohnte und mich aufforderte, nach dem schweizerischen Grenzort Kreuzlingen zu fahren und dort auf dem Bahnhof mit Fräulein X., einer Schweizerin, zusammenzutreffen, die sich auf der Durchreise nach Tübingen zu Beldeanu befand. Es war vorgesehen, dass ihr Waffen übergeben wurden, die sie nach Tübingen bringen sollte. Im Restaurant Alemania trafen wir mit dem Waffenverkäufer zusammen, der begleitet war von einem Freund, der auch der unsere war.

«Fräulein X. und der Freund blieben dort, und ich ging mit den Waffen in den Waschraum, um sie dort zu prüfen. Es handelte sich um einen nickel-plattierten Browning und einen alten 10.4 Colt. Ich bezahlte ihm 40 Deutsche Mark für den Browning. Für den Colt hinterliess ich ihm als Pfand mein Fahrrad. Die Pistole wickelte ich in Tücher und übergab sie in einer Aktenmappe Fräulein X. ohne ihr zu sagen, was die Mappe enthielt.

«Am folgenden Abend kam Fräulein X. zurück mit einem Brief von Beldeanu, in dem er schrieb, dass die Browning sehr gut sei, dass aber der Colt die 90 Mark, die er kosten sollte, nicht wert war. So gab ich den Colt wieder zurück und ersuchte um weitere Angebote.

«Als Beldeanu im Dezember nach Konstanz kam, hatte er mit seinen Ersparnissen ein .08 Parabellum, ein englisches «Sten»-Gewehr und eine spanische Pistole 6.35 gekauft. Die Parabellum und die spanische Pistole mochten weitere 200 Mark wert sein.

«Als Weihnachtsgeschenk brachte mir Puiu eine elektrische Taschenlampe und ein Messer, das er selbst hergestellt hatte. Beides liegt jetzt bei der Polizei als Beweismaterial. Dann sagte Beldeanu nebenbei etwas von Fotoaufnahmen einer kommunistischen Gesandtschaft und von Auskünften über die Umgebung dieser Gesandtschaft. Noch immer wusste ich nicht um was es sich handelte und wo die Aktion stattfinden sollte.

«Es wurde vereinbart, dass Beldeanu nach Mülhausen reisen würde um mit Codrescu zu sprechen, währenddem ich in München mit Ciochina zusammentreffen sollte. Ich hatte Weisung, Ciochina zu sagen, dass wir ihn und seinen Wagen brauchten für Puius «Hochzeit». Überdies hatte ich noch andere Dinge in München auszukundschaften, und es wurde beschlossen, dass wir am 8. Januar wieder in Tübingen zusammentreffen wollten.

«Beldeanu zeigte mir eine ganze Anzahl von Fotos der Gesandtschaft und einen Plan über die Architektur des Gebäudes, wie sie aus diesen Fotos anzunehmen war. Er meinte, dass wenn wir die Leute dieses Hauses überraschend überfallen konnten, wir auf keinen Widerstand stossen würden. Als besten Zeitpunkt erwähnte er damals den 6. März, einen kommunistischen Festtag. Als alles ungefähr besprochen war, versuchten wir uns in praktischer Handhabung der Luftgewehre, und Beldeanu war überrascht von meiner Geschicklichkeit.

«Am Morgen des 9. Januar fuhren wir nach Konstanz und überschritten die Schweizergrenze. Während der ganzen Zeit sprach Puiu mit Ciochina, der den Wagen führte, von der «Hochzeit», und nichts über die wirkliche Aktion. Am 10. Januar ging ich wieder meiner normalen Arbeit nach, währenddem Beldeanu und Ciochina nach Tübingen fuhren. In einem Brief schrieb mir Beldeanu, dass das Datum des Überfalls auf den 15. Februar angesetzt wurde, weil der 6. März als kommunistischer Feiertag nicht günstig schien, da dann möglicherweise ein Empfang auf der Gesandtschaft stattfinden würde. Anfangs Februar schrieb mir Puiu, dass ich den 10.4 Colt kaufen und gleichzeitig eine Anzahlung machen solle auf eine andere automatische Pistole. Im Hotel Hohenzoller in Konstanz traf ich mit meinem Kontaktmann zusammen, bezahlte 80 Mark für den Colt und machte überdies eine Anzahlung auf die deutsche automatische Pistole.

«Es war Karnevalszeit, als wir am Sonntag des 13. Februar in Konstanz wieder zusammentrafen. Puiu erteilte uns Anweisungen über unsere Aufgabe, soweit sie schon vorauszubestimmen war. Wir machten uns vertraut mit unsern Waffen in der Weise, dass jeder auch des andern Waffe im Notfall bedienen konnte, obwohl wir nicht annahmen, dass wir gezwungen würden, von den Waffen überhaupt Gebrauch machen zu müssen. Am Sonntagabend brachte Puiu seinen und meinen Besitz in Gewahrsam zu seiner Freundin in der Schweiz. Es war so wenig, dass alles in einem kleinen Suitecase Platz hatte. Meine mir wichtigen Besitztümer waren etwa hundert Briefe von meinen Freunden. Später fand die Polizei diese Briefe bei einer Hausdurchsuchung bei jener Freundin. Ich hatte noch weitere ca. hundert Briefe und einige Bücher in Gewahrsam bei einem Freund in Rom. Diesem hatte ich geschrieben, dass wenn wir uns wiederbegegnen sollten, ich versuchen würde, diese Briefe mit ihm zusammen einst nach Rumänien zu bringen. Dort könnte er sie auch meiner Familie übergeben als von einem, der jeden Tag an sie dachte und der sich geopfert hatte auch aus Liebe zu ihnen, für seinen Gott und für sein Vaterland.

«Damals dachte ich, dass dies die letzte Handlung in meinem Leben sein würde, eine Tat, durch die ich das Glück und die Ehre erhalten hatte, meine und meines Volkes Sünden durch mein eigenes Blut zu sühnen. Gott wollte es anders.

«Die Nacht vom Sonntag auf den Montag schlug ich tot in einem Restaurant zusammen mit einigen Freunden. Am Montagmorgen kam Puiu an aus der Schweiz, und wir gingen zu dem Waffenhändler um die 200 Mark für die deutsche «Automatic» zu bezahlen, für die ich mein Fahrrad hinterlegt hatte.

Dann machten wir uns bekannt mit unsern Waffen, und es wurde beschlossen, dass Beldeanu sich mit der deutschen «Automatic» und der 6.35 Pistole bewaffnen und durch Ochiu begleitet würde, der den Colt zu bedienen hatte. Sie sollten ihnen helfen, sich Zugang zu der Kanzlei der rumänischen Gesandtschaft zu verschaffen. Unterdessen würde ich mich mit dem .08 Parabellum zusammen mit Codrescu, der die zweite «Automatic» und die 6.35 belgische Browning bediente, auf Wache in der nächsten Umgebung der Gesandtschaft bereithalten. Als dies und manches andere besprochen war, gingen wir hinaus in unsern Wagen und versteckten die Waffen in demselben in einer Weise, dass wohl wenig Grenzpolizisten sie hätten entdecken können.

«Am Montag überschritten wir um 13 Uhr die Grenze nach der Schweiz, Beldeanu und Ciochina im Wagen, Codrescu, Ochiu und ich zu Fuss. Treffpunkt sollte das Badenkino in Kreuzlingen sein. In Kreuzlingen füllten wir Benzin nach und machten uns auf zu jener «Hochzeit», von der Puiu immer gesprochen hatte. In der Tat, zusammengepfercht in dem kleinen Volkswagen sangen wir fröhlich, als ob wir tatsächlich zu einer Hochzeitsfeier fahren würden. Ich selbst litt unter heftigen Kopfschmerzen, eine Folge der letzten Nächte, die ich schlaflos zugebracht hatte und wohl auch aus Spannung vor dem, was uns bevorstand.

«In Zürich besorgte Puiu noch einen Handdrillbohrer und etwas zu essen, ebenso eine Flasche Cognac, die wir auf der Fahrt nach Bern tranken. Nach der Abfahrt von Zürich nahmen wir unsere Waffen hervor und machten sie gebrauchsbereit.

«Bei der Ankunft in Bern fanden wir eine Anzahl «Touristen» auf dem Grundstück vor. Wir warteten bis sie sich entfernt hatten, dann stieg Beldeanu aus und machte eine Rekognoszierungsrunde. Als er zurückkam, sagte er, dass alles still sei, und dass das Hauptportal sogar unverschlossen sei, gerade als ob sie auf uns warteten.

«Ungefähr um 10 Uhr 30 stieg Beldeanu wiederum aus und machte mit Ochiu eine zweite Runde auf dem Gelände. Abermals war alles ruhig, so dass sie sich sogar dem Hauptportal

170

nähern konnten ohne gesehen zu werden. Dann fuhren wir wieder auf einer Hauptstrasse zur Stadt hinaus, parkierten in einem Wald und verteilten die Waffen und das andere Material wie vorgesehen. Ich nahm das Parabellum zu mir, ein Messer und die Lampe, ein Seil und eine Schaufel. Dann fuhren wir zurück zur Gesandtschaft. Bevor wir ausstiegen um unser Vorhaben auszuführen, beteten wir das Vaterunser und baten Gott für Kraft gegen seinen Feind.

«Darauf verliessen unser vier den Wagen, zunächst Beldeanu und Ochiu und in kurzem Abstand dann Codrescu und ich. Bevor wir das Grundstück der Gesandtschaft betraten, luden wir unsere Waffen und entsicherten sie. Dann gingen wir in der gleichen Formation wie vorher in Richtung gegen den Anbau. Dort bezogen Codrescu und ich Stellung auf beiden Seiten des kleinen Holzhauses, während Beldeanu und Ochiu einbrachen. Nach zwanzig Minuten kamen sie wieder heraus. Sie sagten uns, dass der Anbau in unserer Hand sei und dass sie die Frau des Chauffeurs Setu eingesperrt hätten. Diese hatte ihnen gesagt, Setu sei im Kino und könne jeden Augenblick zurückkommen. Nun schickte Beldeanu sich an, den Safe zu öffnen, während wir andern von Zeit zu Zeit ein Auge auf die Frau hielten.

»Etwa eine Stunde nachdem wir den Anbau betreten hatten, — es war ungefähr 1 Uhr nachts — fuhr ein Buick vor und hielt vor dem Hauptgebäude an. Zwei Männer stiegen aus. Der eine war sehr gross und trug die steife Mütze eines Chauffeurs. Das musste Setu gewesen sein. Der zweite war sogar noch grösser. Er trug einen grossen Schlapphut und lehnte sich beim Gehen ein wenig nach rückwärts. Deshalb konnte es nicht Miron gewesen sein, jene verabscheuungswürdige Kreatur eines Vaters, die wir später zu sehen bekamen. Es konnte auch nicht Stoffel, der Chargé d'Affaires sein, weil beide eher klein gewachsen waren. Wir schlossen daraus, dass es der Hauptspion war, der Jew «D».»

Hier fügt Laurence Wilkinson bei: Man dachte dabei offensichtlich an einen russischen Spion, Dulgeru genannt, einen Hauptspion, den Beldeanu mit Recht verdächtigen konnte, die Gesandtschaft zu besuchen. Beldeanu und auch die andern nahmen an, dass er es war, der einige Schüsse abgab auf sie, als sie die Gesandtschaft betraten und als andere Diplomaten durch Türen und Fenster das Weite suchten. Was nicht festgestellt werden konnte, ist, ob er als Gefangenen einen Exilrumänen mit sich führte, einen jener Männer, deren Freilassung Beldeanus Hauptanliegen war in dem ganzen Überfall.

Chirila fährt dann fort:

«Die Männer nahmen einen Sack aus dem Buick und betraten damit das Hauptgebäude. Puiu Beldeanu und Soare Codrescu sahen nach, ob sich niemand mehr im Wagen befand.

«Nach etwa einer halben Stunde trat ein Mann aus dem Gebäude, und da er eine Mütze trug, vermuteten wir, es sei Setu. Er stieg ein und führte den Wagen fort. Wir gingen zu seiner Frau und fragten sie, wohin er fahre, und sie antwortete, er hätte den Wagen vielleicht in die zweite Garage gebracht, die sich in der Stadt befand. In diesem Fall würde er in etwa fünf Minuten zurück sein.

«Unterdessen hielt sich Puiu in dem Gebäudeanbau auf, währenddem wir drei die Rückkehr Setus abwarteten. Nach etwa 25 Minuten kehrte der Mann zurück, jedoch nicht zu Fuss sondern wieder im Buick. Ich ging sogleich in den Anbau und teilte dies Puiu mit. Er war im 1. Stock und sprach mit Frau Setu, und wir gingen wieder die Treppe hinunter. Bevor wir draussen waren, hörten wir Schüsse, etwa drei oder vier. Wir rannten hinaus und vernahmen einen zweiten Feuerwechsel von etwa 6—8 Schüssen.

«Da wir Weisung hatten, bei Alarm sogleich das Hauptgebäude zu überfallen, beachteten wir nicht, was Codrescu ausrief, wenn er überhaupt etwas sagte. Ich selbst hörte nur Puiu rufen, dass wir keine Zeit zu verlieren hätten und uns über das Gebäude hermachen sollten, was wir denn auch befolgten.

«Puiu ging zuerst hin und schlug ein Fenster ein, wobei er sich die Hände verwundete und sofort stark zu bluten begann. Im Inneren des Gebäudes, durch das uns Beldeanu nun führte, hörten wir wiederum mehrere Revolverschüsse. Wir fassten vier oder fünf Frauen, befreiten sie aber dann durch den Keller, da wir keine Frauen brauchen konnten. Es waren Männer, nach denen wir suchten.

«In einem Zimmer im 1. Stock fand ich einen Mann, der sich anzog. Ich befahl ihm, einzuhalten. Gerade in diesem Augenblick wurde ich hinausgerufen. Als ich wieder zurückkehrte, war der Mann verschwunden. So entging uns der wichtigste Mann, den wir gesucht hatten, der Geschäftsträger Stoffel.

«In einem andern Zimmer fand ich einen Telegraphenapparat, der kurz zuvor in Tätigkeit gewesen sein musste, da er sich noch warm anfühlte.

«10—15 Minuten nachdem wir in das Gebäude eingedrungen waren, erschien die schweizerische Polizei. Puiu rief ihnen aus dem Fenster zu, weshalb wir hier waren und was wir im Sinn hätten. Um dieselbe Zeit etwa gewahrte Codrescu von einem Balkon aus Setu, den Chauffeur, der sich am Wagen anlehnte. Er sagte es Puiu, und beide gingen hinaus, um nachzusehen, was vorgefallen war. Allein, bis sie dort waren, war Setu verschwunden. Sie suchten ihn eine kurze Zeit, währenddem ich mit Ochiu als Wache im Haus blieb.

«10 oder 15 Minuten später kam Puiu zurück und ersuchte die Polizei um ärztliche Hilfe, da jemand verletzt sei. Sie antworteten, dass sie unter ihrem Polizeipersonal einen Erste-Hilfe-Einsatz hätten und warnten Puiu, diese Männer anzugreifen. Noch einmal suchte man Setu, ich ging zusammen mit Puiu, aber wir konnten ihn nicht finden. Um 4 Uhr morgens ging Puiu zum dritten Mal auf die Suche nach Setu, diesmal mit einem Polizisten. Aber wieder fand man ihn nicht. Wir dachten, er sei vielleicht nur leicht verletzt worden und hätte fliehen können.

«Ich sollte hier noch beifügen, dass Ochiu, als wir um 3 Uhr morgens auf der Suche nach Setu waren, verschwunden war. Wir suchten aber nicht nach ihm.

«Inzwischen hatte Codrescu im Kühlschrank der Gesandtschaft ein Dutzend Koteletts gefunden, mit denen wir uns bis zum Morgen stärkten. Dazu tranken wir etwas Cinzano, den wir ebenfalls gefunden hatten.

«Um 7 Uhr morgens gingen der Polizeichef, der Arzt, Puiu und ich hinaus um zum vierten Mal nach Setu zu suchen.

Wahrscheinlich weil die Polizisten uns beaufsichtigten, erkannten sie im Halbdunkel ihren Chef nicht, zogen ihre Pistolen und befahlen ihm anzuhalten. Er erklärte ihnen wer er sei, und in diesem Augenblick wurde Setu, der in einem Gebüsch versteckt gelegen hatte, entdeckt. Man brachte ihn unverzüglich in eine Klinik, wo er starb.

«Dann fragte uns die Polizei, ob wir das Nebengebäude freigeben wollten. Puiu und ich gingen hin, holten einen Stoss Akten, die wir auf die Seite gebracht hatten und übergaben sie der Polizei. Dann vereinbarten wir mit dem Polizeichef eine Grenzziehung zwischen uns und den Polizei- und Militärtruppen. Es war eine Art Waffenstillstand, ein «Cordon sanitaire» innerhalb des Gesandtschaftsareals, in dem auch das Gesandtschaftsgebäude eingeschlossen war. Wir übergaben dem Polizeichef sodann eine Liste von politischen Gefangenen in Rumänien, unter ihnen Namen wie

General Alden
Bischof Ion Suciu
«Dinu» (Constantin) Bratianu, früher Präsident der Liberalen Partei Rumäniens
Ilea Lazar
Ionel Mureseanu, Puius Onkel.

«In einem Zimmer, das wir bis dahin noch nicht betreten hatten, fanden wir den Diplomaten Miron, seine Frau und seine zwei Kinder. Ich habe in meinem ganzen Leben keinen erbärmlicheren Feigling gesehen als diesen Miron. Der Mann besass nicht einmal den Instinkt eines Tieres, das seine Jungen vor Gefahr schützt, sondern tat das Gegenteil davon, indem er seine beiden Kinder vor sich hinschob und direkt dem Lauf unserer Pistolen aussetzte. Wir hatten nicht daran gedacht, ihn mit der Waffe zu bedrohen, und wir waren so bestürzt über sein Verhalten, dass wir unsere Waffen zurückzogen und ihm bedeuteten, dass er sich davonmachen solle. So aufgebracht und entsetzt waren wir über diesen Mann.»

(Chirila benützte hier das rumänische Wort «scarba», um jene Art von Erschauern zu erklären, das sie befiel und das jähes Entsetzen ausdrückt, das ein Mensch empfindet, wenn er z. B. plötzlich die Hand auf eine Schlange legt.)

«Ich könnte viele Seiten füllen von dem, was noch während unseres Aufenthaltes in der Gesandtschaft geschah, aber ich will mich auf die Hauptfakten konzentrieren. Den ganzen Tag des 15. Februar erwarteten wir jede Minute einen Angriff von den uns belagernden Polizei- und Militärtruppen. Sie konnten ja nicht wissen, dass die drei Männer im Hause, die sie in ihren Gewahrsam zu bringen hatten, überhaupt nicht die Absicht hatten, auch nur einen Schuss abzugeben, jedenfalls nicht auf sie.

«Es hätte mir nichts ausgemacht zu sterben, aber furchtbar wäre es für mich gewesen, von freien Menschen getötet zu werden, die vielleicht einmal selbst sich zu opfern hätten für die gleichen Ideale, die wir hatten.

«Am Abend kam Oberst Kessi, um mit uns im Auftrag der Schweizer Regierung zu verhandeln. Nach einer langen Unterredung mit unserem Chef Puiu fragten sie mich um meine Meinung. Puiu und ich baten gemeinsam, dass man uns Zeit geben möge bis zum nächsten Tag, um unsere Kapitulation zu überdenken. Man war einverstanden und vereinbarte eine neue Unterredung auf 11 Uhr vormittags des nächsten Tages. Herr Oberst Kessi versprach uns, dass wir während dieser Zeit nicht angegriffen würden. Wir verliessen uns auf sein Wort und schliefen ruhig bis zum nächsten Tag, dem 16. Februar.

«Codrescu und ich waren noch in tiefem Schlaf, als Puiu zu uns kam und uns mitteilte, dass er entschlossen sei zur Übergabe, dass er aber vorhabe, innerhalb des Gesandtschaftsgebäudes zu sterben. Als wir das hörten, beschworen wir ihn, sich dies nochmals zu überlegen und sagten ihm, dass wir uns entweder alle ergeben oder zusammen dort sterben wollten. Er wies unsere Vorhaltungen entschieden zurück, und wir konnten nicht weiter Opposition machen, da wir ihn als unsern Anführer angenommen hatten als denjenigen, dessen Befehlen wir zu gehorchen hatten, komme was wolle.

«Als Kommissär Kessi um 11 Uhr den Entschluss Beldeanus vernahm, erschrak er heftig und wollte diesem Entschluss kaum Glauben schenken. Wiederum ersuchte er uns, die ganze

175

Lage nochmals zu überdenken und gab uns dazu weitere vier Stunden.

«Um 15 Uhr nachmittags kehrte er wieder und erklärte uns die schwierige Situation, in die die Schweizer Regierung durch unsern Anschlag geraten war. Er hob auch hervor, dass, selbst wenn wir unser Leben opferten, diese Geste die rumänische kommunistische Regierung niemals veranlassen würde, auch nur eine der Personen, deren Freigabe wir gefordert hatten, aus der Gefangenschaft zu entlassen. Er glaubte auch, dass es uns gelungen sei, mit unserem Anschlag einen überaus dramatischen Protest unternommen zu haben. Darauf ersuchte ihn Puiu, uns einen Priester kommen zu lassen. Auch diesem Wunsch wurde Folge geleistet, und Puiu hatte eine lange Unterredung in deutscher Sprache mit dem Priester, den man uns zuführte.

«Dann etwa um 4 Uhr nachmittags nagelten wir an der Aussenwand des Gebäudes anstelle des Schildes der Rumänischen Volksrepublik ein Schild mit der Aufschrift: «Das grössere Rumänien» an.

«Nebenbei gesagt hatte die Polizei die Wasserzufuhr zu der Gesandtschaft unterbrechen lassen. Wahrscheinlich wussten sie nicht, dass wir in den Kellern des Gebäudes ganze Gestelle mit Champagner und andern Weinen gefunden hatten, die uns sicher geholfen hätten, eine Belagerung ziemlich lange auszuhalten. Überdies hatten wir gleich bei der Besetzung des Gebäudes Badewannen und Wasserbehälter mit Wasser gefüllt, da wir mit einer Wassersperre rechnen mussten. Ferner hatten wir genug Esswaren vorgefunden, was uns nicht verwundert hatte, denn Menschen, die die Bauern ausrauben, sehen zu, dass sie selbst nicht zu kurz kommen.

«In der Gesandtschaft fanden wir aber auch noch andere höchst interessante Dinge, von denen ich jedoch in diesem Bericht nicht sprechen möchte. Alles was ich hier dazu sagen möchte, ist, dass die Bukarester Regierung allen Grund hatte, ein Protestgeschrei loszulassen über das, was wir getan hatten. Ich glaube aber, dass es uns gelungen ist, eines der hauptsächlichsten Spionagezentren von Europa zerstört zu haben und

176

dass damit viele andere Spionagezentren ebenfalls schwer getroffen wurden.

«Wir wissen auch, dass wenn wir später aus dem Gefängnis entlassen werden, unzählige kommunistische Agenten uns verfolgen werden in der Absicht, uns umzubringen. Wir fürchten uns aber nicht davor. Wir werden glücklich sein, ihnen zu zeigen wer wir sind. Und sollte es doch dazu kommen, dass sie uns töteten, so würden sie es nicht tun ohne anzuerkennen — wenn auch ungern — dass unser Tod nicht ganz unheldenhaft gewesen sei.

«Mehrere Monate sind nun vergangen, seit wir in diesem Gefängnis aufgenommen wurden. Aber wir sind nicht verzagt. Wir wissen, dass unser Appell, den wir mit unserem Blut zu besiegeln bereit waren, in der ganzen Welt gehört wurde, und sicher auch von einem jeden in Rumänien. Alle Rumänen, angefangen bei denjenigen in den Vereinigten Staaten, in Australien, New Zealand und anderswo, bis zu jenen, die noch erbittert kämpfen gegen die rote Übermacht in den Karpatenbergen unseres Heimatlandes, alle haben unsere verzweifelte Stimme gehört.

«Das gilt auch für einen Teil der freien Welt. Was aber diejenigen Menschen anbelangt, die nicht bereit sind, uns zu verstehen, so sind wir sicher, dass sie uns einmal verstehen werden wenn die Welt, die jetzt noch frei ist, einen furchtbaren Preis bezahlen wird zur Verteidigung ihrer Freiheit. Dann aber, so befürchte ich, wird es zu spät sein. Es gibt noch Menschen und Völker, die jenen, die gegen sie vorgehen werden, heute noch ihre Unterstützung leihen; es scheint, dass die tausende von Opfern, die hinter dem Eisernen Vorhang leiden und dahinsiechen, noch nicht genügt haben, ihnen die Augen zu öffnen. Es gab Zeitungen, Gesellschaften und einzelne Menschen, die gleichsam Tränen vergossen bei der Exekution des Ehepaares Rosenberg in Amerika und über die gerechte Bestrafung anderer Spione, die bereit waren, den Bestand der freien Welt zu gefährden. Aber für die Tausende und Abertausende, die hinter dem Eisernen Vorhang getötet wurden, oft schon infolge einer Geste, eines Wortes oder auch nur eines Gedankens, der nicht im Einklang war mit den kommunistischen Beherrschern — für diese haben sie kaum Tränen vergossen.

«Es gibt verantwortliche Männer, solche mit grossen Namen, die scheinbar nichts gelernt haben angesichts dessen, was während dieser letzten zehn Jahre gelitten worden ist hinter dem Eisernen Vorhang. Diese Menschen, so scheint mir, wollen nichts wissen von jenen andern, die im Glauben an Gott, an die Freiheit und die Menschenrechte gestorben sind und ihr Leben eingesetzt haben für diese Ideale. Ich sehe kaum einen Unterschied zwischen jenen Verständnislosen und den römischen Kaisern wie Nero, Tiberius und Caligula, deren Vergnügen es war, dem tödlichen Kampf zwischen Gladiatoren und wilden Tieren beizuwohnen.

«Ich weiss, ich sollte mich nicht zum Richter aufwerfen. Gott und die Geschichte werden es tun. Auch wir haben uns einst vor Gott zu verantworten, und vielleicht, wenn auch in sehr beschränktem Masse, werden wir uns dem Urteil der Geschichte zu stellen haben. Ich frage mich, ob es noch Menschen gibt, die das Leben unvoreingenommen betrachten können und uns verstehen. Können Menschen überhaupt die Leiden und Heimsuchungen des rumänischen Volkes von einfachen Männern und Frauen, die heute ihr Dasein im Halbdunkel zwischen Leben und Tod fristen, verstehen?

«Was uns, die Beldeanu-Gruppe, anbelangt, so berührt uns unsere Verurteilung in diesem Prozess nicht, denn wie sie auch ausfällt, werden wir keine Ruhe finden bis unsere Mitbürger in der Heimat frei sind. Ausserhalb oder innerhalb von Zuchthausmauern ist unser Leiden um unser Land dasselbe. Heute treffen sich die kommunistischen Machthaber mit den Männern der freien Welt in einer Atmosphäre ausgesprochener Herzlichkeit; aber wir werden eines Tages, vielleicht schon bald, erleben, ob es genügt, ohne den Einsatz jeder einzelnen freien Nation, ohne Geschütz, Kolben und Gewehrlauf auszukommen wie man es in der freien Welt glaubte, in den Verhandlungen von Jalta, der Moskauer Konferenz und Teheran annehmen zu dürfen.

.178

«Ich hoffe, dass Gott in seiner Weisheit und Güte es nicht erlauben wird, dass dieser Fehler sich wiederholt. Meine drei Kameraden und ich selbst, die wir uns noch unter Waffen fühlen, erwarten die Verhandlungen zwischen Ost und West mit mehr Ungeduld als unsern eigenen Prozess. Wir wissen auch, dass wir, obgleich wir Feinde haben, auch viele Freunde besitzen, die unsere Handlungen billigen und verstehen. Das empfanden wir schon als wir uns noch mitten in unserer Aktion in der Gesandtschaft befanden, da uns eine Menge von Telefonanrufen erreichte, bei denen Menschen, die wir nicht kannten, uns grüssten, uns ihre Sympathie bezeugten und uns Mut zusprachen.

«Was wir aber nicht verstehen, ist, warum viele Menschen uns als Helden betrachten. Einer unserer Sympathisanten schrieb mir z. B., dass die Presse der freien Welt uns als die meisterhaften Verteidiger des rumänischen Volkes und als Vertreter anderer versklavter Völker betrachtet. Da frage ich mich, wie wir zu einer Höhe emporgetragen wurden, wie sie nur denen zukommt, die ihr Leben der Freiheit schon geopfert haben. Uns war dieses letzte Opfer erspart geblieben, obwohl wir es gesucht haben. Uns mit den Tapfersten auf eine Ebene zu stellen, scheint mir eine Ungerechtigkeit ihnen gegenüber.

«Menschen, die diese Aufzeichnungen einst lesen werden, mögen mich als Heuchler, als sentimental, als fanatisch, als Abenteurer oder noch Schlimmeres beurteilen. Allein, ich bin wie ich bin, und ich kann nicht anders sein. Gott kennt mich besser als alle diese Menschen. Er kennt meine Gefühle ihm und meinem Volk gegenüber. Er wird gewusst haben, warum er mir nicht die Gunst erwies, für ihn und für mein Vaterland mein Leben hinzugeben.

«Ich danke dir, mein Gott, dass du mir das Glück verliehen hast, deinen Namen zu kennen. Oft hat es Satan versucht, meinen Leib und meine Seele zu töten, du aber beschütztest mich jedesmal. Wenn es dein Wille ist, so bitte ich dich, mir auch fortan deinen Schutz zu gewähren. Ich hätte Ehren und Wohlergehen haben können, wenn ich mich als Verräter jenen ergeben hätte, die mein geliebtes Land versklavten. Doch in deiner Heiligen Schrift steht im Psalm 146 geschrieben:

Verlasset euch nicht auf Fürsten! Sie sind Menschen, die können ja nicht helfen. Denn des Menschen Geist muss davon, und er muss wieder zu Erde werden; alsdann sind verloren alle seine Anschläge. Wohl dem, dessen Hilfe der Gott Jakobs ist, dessen Hoffnung auf dem Herrn, seinem Gott stehet ... Der Herr behütet die Fremdlinge, er erhält Waisen und Witwen und vereitelt die Wege der Gottlosen.

«Diese Ausführungen wurden mit meinem Herzen und meinem Gewissen geschrieben. Ich will mich dafür verantworten überall und zu jeder Stunde. Lang lebe Rumänien! Lang lebe die rumänische Nation!

Ionel Chirila, im Alter von 33 Jahren und 8 Monaten im Gefängnis Thorberg, Schweiz, 1955.»

*

20

Über vier an dem Überfall beteiligte Männer besitzen wir einen von ihnen gegebenen Lebensabriss. Einzig über das Leben von Dumitriu Ochiu sind wir nur wenig orientiert. Es findet sich im Werke von Wilkinson keine Selbstdarstellung von ihm. Einzig bei den Gerichtsverhandlungen vernehmen wir etwas aus seinem Leben. Ich halte mich auch darin an das Werk von Wilkinson und übersetze überdies im nachfolgenden die kurzen Angaben, die Ochiu vor Gericht gemacht hat:

Ochiu sagte, dass er 27 Jahre alt sei, unverheiratet, Sohn eines Bauern. Im Frühling 1947 — also mit achtzehn Jahren — trat er einer rumänischen Widerstandsbewegung bei, die von einem Obersten mit dem «nom de guerre» ‚Nicolau' angeführt wurde. Dort wurde Ochiu beim Nachrichtendienst zwischen den Mitgliedern verwendet. 1950 versuchte er, einigen Studenten, die einer andern Widerstandsgruppe angehörten und aus dem Gefängnis von Husi ausgebrochen waren, Unterschlupf zu bieten. Er wurde dabei erwischt und in Haft gesetzt.

Ein Hauptmann Bucur, Schneider von Beruf, war der kommunistische Sicherheitschef von Husi. Dieser versuchte, Ochiu für den Geheimdienst zu gewinnen mit der Aufgabe, seine Kameraden auszuhorchen. Im Verweigerungsfall wurde ihm gedroht, dass seine Eltern ins Gefängnis oder Konzentrationslager kommen würden. So nahm er an und wurde bestimmt, die Verzweigungen einer nichtkommunistischen Geheimgesellschaft, die sich «White Cross» nannte, auszukundschaften, ebenso drei andere Zweigorganisationen.

Eines der Mitglieder des «White Cross» war Ion Chirila. Diesem sagte er, dass er den Auftrag habe, ihn und seine Kameraden auszuspionieren. Darauf beschlossen die beiden, sich Oberst «Nicolau» anzuschliessen und im Maquis in den Bergen mitzuwirken. Oberst Nicolau lehnte aber ab mit der Begründung, dass sie beide zu jung dazu seien. So suchten sie sich einen andern Ausweg, und es gelang ihnen, mit Hilfe von Bauern die jugoslawische Grenze zu überschreiten.

Mehr war in der Gerichtsverhandlung über Ochiu nicht zu vernehmen. Ein Exilrumäne, der die ganze Gruppe persönlich kannte, und bei dem auch offenbar die Fäden zusammenliefen, gibt laut Wilkinson an, dass alle, somit auch Ochiu, ebenso jener Unbekannte selbst zusammengeschweisst waren durch den furchtbaren Leidensweg, den sie auf ihrer Flucht in den Westen abzuschreiten gehabt hatten. Alle haben die Wachthunde, die Minenfelder, die Stacheldrahtverhaue, mit denen die Grenzen durchsetzt waren, kennengelernt. Und alle von ihnen haben sich irgendwo auf dieser nicht angenehmen oder gar glorreichen Flucht in den Westen getroffen. Alle von ihnen wussten was es hiess, in einem kommunistischen Kerker zu liegen. Jugoslawische Gefängnisse schienen in nichts besser zu sein als russische, hatte man dort doch die wirksamen Methoden zu Zwang und Folterung an der Hauptquelle selbst gelernt, in Moskau.

Hier folgt eine Schilderung jenes «Unbekannten» der Verhältnisse in den jugoslawischen Gefängnissen, so wie er sie Wilkinson gegeben hat.

«Beim Eintritt in eines dieser Gefängnisse», so heisst es dort, «wird zunächst die Methode der ‚kalten Schulter' angewandt. Man wird einfach in eine Zelle geworfen und dort sich selbst überlassen. Niemand weiss, wer Sie sind oder warum Sie dort sind, auch nicht für wie lange Sie dort zu bleiben haben. Niemand interessiert sich für Sie.

«Merkwürdigerweise empfinden Sie dies als eine furchtbare Beleidigung und Entwürdigung. Nachdem Sie alle Schrecknisse der Grenzüberschreitung hinter sich haben, fühlen Sie sich geradezu in gehobener Stimmung und stark genug, jedes Verhör durchzustehen und nichts zu verraten, selbst wenn das Verhör mit Schlägen und Misshandlungen verbunden wäre. Dass aber überhaupt niemand sich um Sie bekümmert, niemand Sie befragt, das ist zunächst beinahe unerträglich. Nach vielen Tagen, die Sie so verbringen, drängt es Sie unwiderstehlich, mit jemandem sprechen zu können, zu sagen, was Sie sagen können und dürfen. Das ist dann gewöhnlich der Augenblick, wo die Wächter, die Ihre Existenz scheinbar vergessen hatten, zu Ihnen kommen und Sie zum Verhör holen. Sie schleppen Sie am Kragen durch den Gefängnishof, immer mit der Pistole zwischen Ihren Schulterblättern, ins Büro des Kommandanten. Zu Ihrer grossen Verwunderung werden Sie dort mit ausgesuchter Höflichkeit behandelt. Man gibt Ihnen einen Stuhl, etwas zu trinken, zu rauchen. Man fragt Sie, wie Sie behandelt werden, und wenn Sie sagen, dass 100 g Brot im Tag nicht ausreichen, einen Mann zu ernähren, dann wird Ihnen der Kommandant sagen:

«Aber mein Lieber, ich w u s s t e das gar nicht! Das muss sogleich geändert werden.»

«Dann stellt er noch einige Fragen, bis schliesslich die Frage kommt, zu der Sie nur antworten können:

«Es tut mir leid, aber ich kann darauf wirklich nicht antworten.»

«Und nun der Kommandant freundlich:

«Natürlich! Ich verstehe! Sie müssen bald wieder zu mir kommen und mir berichten, ob Sie jetzt besser behandelt werden.»

«Dann werden Sie wieder zu Ihrer Zelle geführt, am Genick gepackt und hineingeworfen. Erst dann erkennen Sie, dass die Wache bei dem Verhör des Kommandanten, der Sie so freundlich behandelte, nicht zugegen gewesen war. Diese Tatsache prägt sich Ihnen ein wenn die Essenszeit herannaht. Diesmal wird man Sie nämlich vollständig vergessen. Der grosse Augenblick, da Ihnen Ihre 100 g Brot gebracht werden sollten, bleibt aus. Sie warten, es muss doch ein Fehler unterlaufen sein. Und Sie warten und warten weiter. Dann sind Sie plötzlich vielleicht verrückt genug, an die Zellentüre zu hämmern. Die Wache wird kommen, Sie werden ihr sagen, es sei Ihnen nicht nur mehr Brot, sondern auch Butter, Käse und Suppe versprochen worden. Man wird Ihnen zuhören mit einer Miene äusserster Sympathie, um Ihnen sogleich darauf eine kräftige Ohrfeige zu geben. Die Zellentüre wird wieder zugeschlagen und verschlossen, und Sie sind von neuem allein gelassen.

«Dies spielt sich dann mehrere Tage ab, einmal bekommen Sie Ihre 100 g Brot, einmal nicht. Inzwischen haben Sie gelernt, sich ja nicht zu beklagen. Allein, die Leere im Magen und die innere Spannung, wenn die Zeit herankommt, da die 100 Gramm zu erwarten sind, dieser Zustand kann sich zur Unerträglichkeit steigern. Es gab Männer, die in dieser Zeit höchster Anspannung das Alphabet vor sich hersagten, immer und immer wieder, oder unzählige Vaterunser, um die Beherrschung nicht zu verlieren. Ich persönlich pflegte in solchen Stunden Teile aus der VII. Symphonie von Beethoven vor mich hin zu pfeifen. Das war die Musik, die ich auf dem Grammophon hörte in dem Augenblick, als mein Vater unmittelbar daneben sich das Leben nahm. Es war kurze Zeit bevor ich aus Rumänien floh.

«Schliesslich kommt dann die langerwartete Vorladung. Der Kommandant wünscht Sie nochmals zu sehen. Die gleiche Behandlung wie das erste Mal, diesmal jedoch mit einer herrlichen Gulasch-Mahlzeit, schön heiss serviert, auf der Ecke des Schreibtisches, wo Sie nun zu essen beginnen. Dazwischen einige Fragen, bei denen es jedesmal schwerer wird, die ausweichende Antwort zu geben. Sie werden, versehen mit einem Paket Zigaretten, in Ihre Zelle zurückgebracht. Nicht lange darnach aber fängt der Pfeffer im Gulasch an seine Wirkung zu tun. Unstillbarer Durst, bis Sie es nicht mehr aushalten. Aber die Wache erscheint frühestens eine halbe Stunde später, und wenn sie kommt, wird Ihnen zu trinken verweigert. Jetzt sind Sie in voller Verzweiflung und riskieren weitere Schläge ins Gesicht, wenn Sie an die Zellentüre hämmern, um mit dem Kommandanten sprechen zu können. Und dann, merkwürdigerweise, kommt die Wache, schliesst auf und führt Sie ins Büro des Kommandanten.

«Dort wiederum Ihr Freund, der Kommandant, kaum zu sehen zunächst, denn was als Einziges auf seinem Schreibtisch steht, zieht Ihre ganze Aufmerksamkeit auf sich, eine Karaffe mit Wasser und ein Glas daneben, ein Glas aus reinstem Kristall, das sich im Lichte spiegelt. Sie sagen ihm, dass Sie Ihre Wasserration nicht erhalten haben und er antwortet:

«Aber mein Lieber, Sie sollen Ihren Durst stillen! Zuvor aber würden Sie mir bitte noch ein paar Fragen beantworten, ja?» ...

*

21

Das war das Leben in den jugoslawischen Kerkern, das auch die Männer, die nach Bern kamen und unzählige andere, die den Westen erreichten, gekostet hatten, Beldeanu länger als alle andern, er der «Riese», wie er oft von seinen Freunden genannt wurde im Gegensatz zu dem beinahe zärtlich gemeinten «Puiu», was 'kleines Hühnchen' heisst. Mehr als einmal wurde Puiu per Fallschirm nach Rumänien zurückgeschleust mit Hilfe des jugoslawischen Spionage-Departementes. Sie beabsichtigten, ihn dort einzusetzen, doch Beldeanu benützte die Gelegenheit, seinen eigenen Plänen nachzugehen. Zuweilen weigerte er sich auch, und alle Drohungen prallten von ihm ab und brachten ihn nicht dazu, ihn umzustimmen. Diese Angaben sind vollumfänglich bestätigt durch andere Personen. Oliviu Beldeanu äusserte sich selbst folgendermassen dazu:

«Man führte mich vor den Lagerkommandanten, Fortunic, der mich fragte, ob ich bereit wäre nach Rumänien zurückzugehen und dort für den jugoslawischen Geheimdienst zu arbeiten. Zuerst weigerte ich mich, später aber sagte ich zu, weil ich mir eine Chance versprach, einige meiner eigenen Männer aus Rumänien hinaus und in den Westen bringen zu können. Ich war mir bewusst, dass wir mit den Jugoslawen nicht Freunde werden konnten weil sie ebenfalls Kommunisten waren, aber ich glaubte dennoch eine Zeitlang, mit ihrer Hilfe gegen das Bukarester Regime kämpfen zu können.

«Das erste Mal als ich nach Bukarest zurückfuhr, machte ich keine Bedingungen und wollte nur herausfinden, zu was für Aufgaben sie mich vorgesehen hatten. Sie beauftragten mich, Informationen zu sammeln und Propagandamaterial mitzunehmen und dort zu verteilen. Unter Schutz überschritt ich die Grenze bei Fanete südwestlich von Raba. Was ich dann im Lande vernahm, erschütterte mich. Viele von unsern Flüchtlingen waren, wie es schien, von Jugoslawien nach Rumänien zurückgeschickt worden. Sieben weitere der Gruppe, in der ich im rumänischen Widerstand gearbeitet hatte, waren unauffindbar, es war auch nicht die leiseste Spur von ihnen zu erfahren.

«Von dieser ersten Tour nach Rumänien brachte ich Material nach Jugoslawien, das mir recht brauchbar schien. Aber ich gab keine Quellen an, ebenso wenig wie ich Lügen erfand, um ja nicht diejenigen, die mir geholfen hatten, einer Gefahr auszusetzen. Das Propagandamaterial hatte ich nicht ausgeteilt, es schien mir absurd, den einen Kommunismus mit einem andern bekämpfen zu wollen. Wenn sich in Rumänien freie und wirklich überzeugte Kommunisten gefunden hätten, so hätte die Tito-Literatur vielleicht eine gewisse Chance bedeutet. Aber es gab keine solchen Kommunisten sondern nur sowjetisch gesteuerte Funktionäre und Opportunisten, die nur Kommunisten waren aus Angst, die aber nie auch nur ihren Mund geöffnet hätten für eine gute Sache. Ihre Sympathie für Tito wäre dadurch höchstens noch verstärkt worden wenn rumänische Kommunisten ihn angegriffen hätten als «Reaktionär, als Imperialist, als Anti-Kommunist.» Das Volk sympathisierte mit jedem, der das Regime angriff . . .

«Das nächste Mal, als ich nach Rumänien geschickt wurde, stellte ich meine Bedingungen. Zunächst sollte Jugoslawien diejenigen meiner Männer, die in ihren Gefängnissen lagen, in Freiheit setzen. Es sollte mir gestattet sein, Kontakt mit ihnen aufzunehmen um mit ihnen Offensivaktionen in Rumänien vorzubereiten.

«Man machte mir abermals Versprechungen und brauchte mich zu weiteren Diensten. Aber anstatt auf meine Bedingungen wirklich einzugehen, gaben sie mir jetzt unwichtige Aufgaben, Informationen zu erhalten, gewaltsam Menschen zusammenzutreiben, Propaganda zu übernehmen und sogar zu schmuggeln. Ich benützte diese Zeit aber im Geheimen zu Sabotage-Akten, zu Unruhestiftung und Terror. Was ich aber nicht gewillt war zu tun, das war Menschen zu zwingen für mich zu arbeiten. Um aus solchen Situationen herauszukommen, brauchte es oft die unglaublichsten Ausflüchte.

«Ich fuhr fort, meine Informationsquellen zu verheimlichen, vernahm aber in der Zwischenzeit die ganze Wahrheit über die

186

Unmenschlichkeit und die zahlreichen Morde, für die Jugoslawien selbst verantwortlich war. Das bewog mich, dieses Land endgültig zu verlassen bei der nächsten Gelegenheit, die sich mir bot.

«Während meines letzten Aufenthalts in Jugoslawien warnte ich meine Gefährten, die noch dort waren, aus Jugoslawien zu entfliehen. Dann, als ich meine eigene Flucht aus diesem Land vorbereitete, fiel ich zu meinem Unglück in die Hände eines Geheimagenten. Ich traf mit Petre Bugaru zusammen, und, obwohl dieser mir einen zwiespältigen Eindruck machte, tat er mir leid und ich schickte mich an, ihn mit auf meine Flucht zu nehmen. So ging ich in die Falle. Mitte August 1949 kam ich in ein Lager in der Nähe der österreichischen Grenze und war dort ein Jahr und drei Monate in Haft. Dreizehn dieser fünfzehn Monate war ich in Einzelhaft im Kikinda-Gefängnis, in der Dunkelzelle No. 9.

«Im Mai 1950 wurde ich an Händen und Füssen gefesselt. Vier Monate später wurde ich in das Gefängnis von Zrenjanin überführt, wo ich mit folgenden Rumänen zusammentraf: und hier folgt wiederum eine Art von Ehrenliste von Freiheitskämpfern, die eine Hölle von Schmerz und Schmach durchgemacht hatten. Ihre Namen sind die folgenden:

Emilian Nelega,

Mircea Foscolini,

Ion Marin,

Constantin Balasu (der jetzt in Kanada ist),

Ion Chirila (meinen späteren Mitkämpfer in Bern).

«Einer nach dem andern dieser Männer verschwanden aus dem Gefängnis, nur ich wurde zurückgehalten. Die Jugoslawen wollten mich noch einmal dazu bringen, für sie zu arbeiten, aber ich weigerte mich wiederum. Sie drohten mir, mich zu erschiessen, doch damit konnten sie mich nicht einschüchtern. Sie gingen sogar so weit, dass sie mich während Wochen jeden Tag in den Gefängnishof brachten mit bewaffneten Wachen, so als ob sie mich hinrichten wollten. Ich fluchte und versuchte, sie zu überreden, mich doch so rasch als möglich aus dieser Welt zu schaffen.

«Dann kam eine neue Phase meiner Haft. Man wollte mich dazu bringen, in den Westen zu gehen und dort für sie zu arbeiten. Ich wusste nicht, für was man mich dort brauchen wollte, aber ich nahm das Angebot an. Es amüsierte mich, dass sie sich einbildeten, dass ich ihnen dort Gefolgschaft leisten würde, nachdem ich den mannigfaltigsten Folterungen ihrer Kerker, die im Mittelalter nicht schlimmer hatten sein können, entkommen war.

«Ich war in einer Verfassung, dass der Gedanke an den Tod mich nicht erschütterte. Längst war ich des Lebens müde, und ich wollte eigentlich nur noch herausfinden, ob es noch Schlimmeres gab als was ich hinter mir hatte, was ich jedoch nur bezweifeln konnte.

«So wurde ich nach dem Gefangenenlager Vrsac gebracht und nach etwa einem Monat vom Kommandanten Ivan Samac aus Alibunar im serbischen Banat beauftragt, einige Männer im Lager auszuspionieren und ihm über sie Bericht zu erstatten. Ich weigerte mich kategorisch, versprach ihm aber, ihm jeden rumänischen Kommunisten an den Ohren herbeizubringen und ihm alles über ihn zu sagen. Abermals drohte er mir, und ich sagte ihm, warum er sich überhaupt die Mühe genommen habe, mich aus meiner Gefängniszelle zu holen um solche Aufträge von mir zu verlangen. Er gab mir einige weitere Tage Bedenkzeit in den Zellen von Vrsac, die für Gefangene der UDBA gebraucht wurden, dann schickte er mich zurück ins Lager, nachdem er zu der Überzeugung gekommen war, dass mit mir nichts anzufangen war.

«Der einzige Rumäne, den ich ihnen übergeben habe, war Hauptmann Grossu, der es versucht hatte, mich den rumänischen Kommunisten in die Hände zu spielen. Er sagte mir, dass meine Tätigkeit von diesen sehr bewundert werde und dass sie es begrüssen würden, wenn ich mit ihnen zusammenarbeiten würde. Keiner, sagte er in überzeugender Weise, sei zu weit gegangen um nicht rehabilitiert werden zu können. Dann erzählte er mir ein Märchen über eine Frau, die versucht hätte, Lenin zu töten und die später eine Heldin der Sowjetunion geworden sei. Da schlug ich ihm ins Gesicht und übergab ihn der UDBA, doch diese liessen ihn ziehen unter dem Vorwand, dass sie ihn nur gebraucht hatten um mich zu testen.

«Dann wurde ich, ohne zu wissen weshalb, nach Svetozarevo gebracht, wo man mich mit verschiedenen Ausflüchten abermals prüfen wollte, auch diesmal ohne Erfolg. Während ich dort war, organisierte ich jedoch Gruppen und unterrichtete sie, wie sie in den Westen fliehen konnten. Manch einem ist später die Flucht gelungen. Ebenso arbeitete ich dort ein System aus, durch welches Häftlingen in andern Gefängnissen Vorräte überbracht werden konnten, was eine Zeitlang sehr gut funktionierte. Als die UDBA schliesslich darauf kam, schickten sie mich wieder fort nach Sabac und stellten mich erneut unter die Aufsicht von Hauptmann Grossu.

«Immer wieder versuchten sie es mit mir, und mehrmals wurde ich nach Belgrad entsandt und dort in Verbindung mit höheren Offizieren ihres Spionagedienstes gebracht. Und wieder trachteten sie darnach, mich zu gewinnen, indem sie mir zusagten, dass damit alle früheren Schwierigkeiten, über die ich mich beklagt hatte, für immer aufgehoben würden usw. Sie glaubten sogar, mich zu überzeugen, dass es Pflicht eines Patrioten sei, für die Freiheit seines Landes zu kämpfen und dass Jugoslawien den Wunsch hatte, den Satelliten zu dieser Freiheit zu verhelfen. Da fragte ich sie, was die Alliierten darüber dächten, worauf sie mir antworteten, die Alliierten bekümmerten sich nicht um das Schicksal der Satelliten sondern machten nur Propaganda mit ihnen von Zeit zu Zeit aus Neid gegen die Sowjetunion. Sie offerierten mir sogar, in den Westen zu gehen und mich selbst von diesen Tatsachen zu überzeugen.

«Als ich dann fragte, warum sie rumänische Flüchtlinge an der Grenze auffingen, in solch elenden Verhältnissen zurückbehielten und sie am Übertritt in den Westen hinderten, erhielt ich die lakonische Antwort, dass der Westen sie gar nicht aufnehmen würde. Schliesslich kamen wir überein, dass ich in den Westen gehe und zunächst nichts anderes tue als mich dort umzusehen. Später würden sie mir dann Arbeit übergeben. Ich erhielt Adressen, an die ich zu schreiben hatte, und man gab mir auch ein vereinbartes Zeichen, mit dem ich mich ihren

Verbindungsmännern zu erkennen geben konnte. Ich verlangte, dass mit mir wenigstens zehn weitere Männer in Freiheit gesetzt werden sollten. Nach langem Streiten gaben sie mir drei, und ich nahm diese drei mit nach Triest.»

Diese Ausführungen Beldeanus, die er jenem geheimen Mann von München anvertraut hat, scheinen mir eine wichtige Ergänzung zu sein zu seinem in Thorberg verfassten Bericht «Mein Weg nach Thorberg», also seinem Kämpfen in Rumänien und im rumänischen Maquis bis zu jenen Jahren, die dann das schwere Erleben in Jugoslawien und seinen Ausbruch nach dem Westen brachten und schliesslich zu dem Überfall in Bern führten.

Auf vollständig nüchterne Weise wurde da seine Leidenszeit in Jugoslawien geschildert. Keine Übertreibungen, kein Mitleid-Heischen, kein Pathos. Das ist vielleicht das Bezeichnendste für den Helden von heute, das Weglassen, der Verzicht auf jegliches Pathos. Diese Männer waren und sind Helden wider Willen, sie suchen die Heldentat nicht, sie wird ihnen aufgezwungen. Ruhmloses Heldentum vom ersten Aufbäumen bis zum Untergang in der Namenlosigkeit irgendwann und irgendwo. Da werden keine Gedenktafeln, keine Denkmäler errichtet, und kein Kreuz wird auch nur den Namen des Hingemordeten nennen. Und was dazwischen liegt an Demütigung, an Qual, an Entmenschlichung des Einzelnen werden nur diejenigen wissen, die es mit angesehen haben, die wenigen auf der einen Seite als grausame, sehr oft verbrecherische Sadisten, die vielen auf der andern Seite als frühere oder spätere Opfer der selben teuflischen Maschinerie.

Gleichsam nur nebenbei muss aber auch noch jener hier gedacht werden, die als Helden begannen und die die letzten Grade des Durchhaltevermögens nicht erreichten, deren geschundener Körper, deren gemarterter Geist aufgeben musste, weil die Kräfte nicht mehr ausreichten. Wer könnte sie verurteilen! Wer auch nur die geheimen Qualen dieser abtrünnig Gewordenen ermessen, die dann als Überläufer oder als Versager ein ebenso ruhmloses Leben kläglich zu Ende führen müssen, all jene, die Namen verraten haben um einer Erlösung, einer

190

Umklammerung willen, jene, die sich zum Aufgeben überreden liessen, um endlich wieder zu leben, denn das, was sie zur Übergabe reif machte, war nicht mehr Leben, war nur noch Verzweiflung ohne Ende. Die eigene Familie vor der Bedrohung retten, deren Einkerkerung oder Tod sie verschuldet hätten, war das nicht ehrenwerter Grund genug zur Aufgabe? Das Naheliegendste, Menschlichste, das nur zu leicht zu Verstehende! Verrat der Kameraden aus Gemeinheit? Niemals, denn keiner, der als tapferer Kämpfer begann und unter dem allzu schweren Joch zu Boden ging, kann gemein gewesen sein. Die Gemeinheit, die Niedertracht lag auf der andern Seite, wurde den Vollstreckern in fertigen Systemen, aber auch der Willkür sadistischer Elemente überlassen. Es gibt sie in allen Schattierungen, diese Peiniger; einem solchen wehrlos ausgeliefert zu sein, muss auch starke Menschen schliesslich in die Knie zwingen. Nein, wenn sie auch den andern, den Unbeugsamen oft grausamen Schaden angetan haben, so kann hier doch nicht von Verrat gesprochen werden. Sie sind keine gedingten, bezahlten, belohnten Überläufer und Verräter wie sie die Geschichte kennt und wie sie auch in den Heldensagen, der Ilias namentlich, ihren unrühmlichen Platz gefunden haben. Gewiss, es kann auch während jener Kampf- und Leidenszeit Beldeanus vereinzelte gegeben haben, die sich kaufen liessen, aber es ist wohl die kleinste Zahl aller, die in jene Todesmaschinerie des Totalitarismus geraten sind. Eine zahlenmässige Relation aber auch nur zu wagen zwischen jenen, deren Kraft nicht ausreichte und jenen andern, die sich jeder Qual, jeder Todesnot auslieferten, das wäre ein unmögliches wenn nicht gar unwürdiges Unterfangen. Es gibt in diesem Heldenkampf kein letztes Mass, es gibt ja auch keine Heldenfriedhöfe, auf denen man die Kreuze zählen könnte, so wie sie die beiden Weltkriege im Gefolge hatten. Und es gibt auch kein ruhmvolles Untergehen vor den staunenden Augen der Massen.

Und das ist das Bedenklichste: Es kann dadurch auch kein Zeichen aufgerichtet, kein Beispiel gegeben werden, sichtbar allen, besonders denen, die noch im Zweifel sind oder nicht glauben wollen. Nein, zu wissen, dass man einem erbarmungs-

losen Koloss gegenübersteht und dennoch das völlig Unwahrscheinliche und Aussichtslose zu wagen, wagen zu müssen, das
verlangt Grösse. Erst einmal nur die Schrecken einer Untersuchungshaft erfahren zu haben, dann die Lagerhaft mit all ihren
Demütigungen, die Rückkehr ins bürgerliche Leben mit seinen
Möglichkeiten anständigen Ausweichens, und dann abermals
nicht anders können als weiterzukämpfen, die ganze Not vor
Augen, die einem mit Sicherheit wartet, die Folterzeichen noch
an den Gliedern, und doch wieder anzufangen, doch wieder
den ungleichen Kampf aufzunehmen . . .

Hier muss ich vorgreifen und an meine Begegnung mit
Oliviu Beldeanu im Zuchthaus auf dem Thorberg denken. Als
ich ihn beim Abschiednehmen fragte, was er zu tun gedenke,
wenn er wieder frei sei — und dieser Zeitpunkt stand nahe bevor — gab er mir schlicht und ohne jedes Pathos zur Antwort:

«Weiterkämpfen!»

*

22

Einiges über den Überfall in Bern ist schon in Chirilas Bericht aufgezeichnet. Wenn ich dennoch Wesentliches hier wiedergeben muss, so um aufzuzeigen, dass man es da nicht mit «vom amerikanischen Geheimdienst gedingten Gangstern» zu tun hatte, wie die ganze östliche Presse es lautstark zum Ausdruck brachte. Es ging aber auch nicht um Phantasten, die glaubten, durch einen Handstreich die Welt aus den Angeln heben zu können.

Beldeanu hatte sich ursprünglich eine grössere Kampfgruppe vorgestellt. Die Schwierigkeiten dabei lagen vornehmlich im finanziellen Bereich. Es wäre schwer gewesen, eine Mannschaft von zehn oder zwölf mit genügend Waffen auszurüsten. Die vier hatten ohnehin schon Mühe, aus eigenen Mitteln sich mit dem Nötigen zu versorgen. An Einsatzbereiten hätte es nicht gefehlt, Beldeanu hatte im Laufe seiner Haftjahre einen Spürsinn erworben, er wusste, wieviel ein Mann wert war. Und die ihn kannten, empfanden auch etwas wie Verehrung für ihn, den sie den «Riesen» nannten, und anerkannten ihn einhellig als ihren Anführer. Das zeigt auch der ganze Verlauf des Überfalls.

Die Aktion sollte wie ein Fanal wirken. Einmal, und nicht zu ihrer persönlichen Genugtuung, sondern aus tieferen Gründen, sollten Freiheitskämpfer ins Rampenlicht der Öffentlichkeit treten, um diese Öffentlichkeit aufzuschrecken, sie zu erinnern an die grosse Not, in der sich die Völker des Ostens unter dem russischen Joch befanden. Dass diese Absicht richtig war, davon zeugten während Tagen und Wochen die Schlagzeilen und Kommentare der westlichen sowie der östlichen Presse. Es zeugte dafür auch die Anteilnahme der Bevölkerung, bis hin zu den unzähligen anonymen Schreiben und Telefonanrufen, die den Angreifern ihre Sympathie aussprachen. Insofern war die Aktion geglückt.

Im weitern ging es den Männern darum, durch Geiselnahme von wichtigen Persönlichkeiten der Gesandtschaft die

Befreiung aus Kerker- und Lagerhaft grosser Freiheitskämpfer in Rumänien zu erzwingen, deren Namen auf einer Liste eingetragen waren. Diese Erwartung ging aber infolge des teilweise missglückten Überfalls nicht in Erfüllung.

Und zum dritten wollten sich die Angreifer wichtige Dokumente aus den Geheimarchiven der Gesandtschaft aneignen, die Aufschluss geben konnten über die Aufgaben der rumänischen Spionagetätigkeit, über die Verfolgung und Überwachung von in der Schweiz lebenden Exilrumänen und anderes mehr. Hierin waren die Angreifer erfolgreicher, sie konnten sich Zugang verschaffen zu einer Menge von Schriften und Dokumenten, deren Auswertung ihnen jedoch verwehrt bleiben sollte bis auf wenige Angaben, die in die Öffentlichkeit drangen und die auch der schweizerischen Bundesanwaltschaft zur Kenntnisnahme dienen konnten.

Es handelte sich also um ganz konkrete Absichten mit äusserst wertvollen Zielsetzungen, die, wenn der ganze Überfall gelungen wäre, sehr wohl einige Unruhe, ja Unordnung in die Situation Rumäniens unter dem Sowjetkommunismus hätten bringen können.

Ein weiteres wichtiges Moment für die Angreifer war aber auch, ihre Waffen nur zur Verteidigung zu brauchen und wenn immer möglich jegliches Blutvergiessen zu vermeiden. Beldeanu war ein viel zu gewiegter Revolutionär, als dass er Blutopfer für ein geeignetes Mittel hielt, bestimmte Ziele zu erreichen. Auch wäre eine solche Handlungsweise niemals mit seinen religiösen Überzeugungen im Einklang gestanden. Das wäre ebenso bei seinen Mitkämpfern der Fall gewesen.

Der Überfall war auch nicht die grösste Leistung dieser Widerstandsgruppe. War Heldentum dabei im Spiele? Es will mir scheinen, dass gerade in diesem Überfall das Heldenhafte, obgleich vorübergehend im Rampenlicht der Öffentlichkeit, eine sekundäre Rolle gespielt hat. Zu Helden waren die vier geworden in den langen Jahren der Mühsal und der Not, nicht jener Not, die sie in Untersuchungshaft oder bei der Verbüssung einer Strafe erlitten hatten, sondern Helden waren sie ganz eindeutig geworden durch den steten Neubeginn, die Wiederaufnahme ihres verbotenen Handelns im Untergrund. Damals nach den ersten Kostproben in Kerker und Arbeitslager wussten sie genau, was sie mit neuen Aktionen auf sich nahmen. Und sie wussten auch, welchem Koloss an Macht sie gegenüberstanden. Aber nicht einmal dieses Wissen, auch nicht das Bedenken der Aussichtslosigkeit ihres Tuns konnte sie hindern, weiterzugehen auf diesem Weg der Prüfungen. Hierin erblicke ich das eigentliche Heldentum.

Weder all die zu erwartende Marter, noch der Tod, dem sie alle in die Augen gesehen hatten, nichts hatte vermocht, sie von ihrem Vorhaben zurückzuhalten. Es war nicht die Kampfestrunkenheit eines Hektor, auch nicht das rauschhafte sich Opfern eines Winkelried, der sie steil ansteigen liess, um das Unmögliche zu erreichen, es war vielmehr das innere unausweichliche und fortwährende Drängen nach einer Verwirklichung des Auftrags, den eine höhere Instanz ihnen eingegeben hatte.

Es war aber auch grenzenlose Verzweiflung im Spiel über die Ungleichheit der Kräfte und damit die fast sichere Aussichtslosigkeit des Kampfes gegen eine dämonische Übermacht; es war jugendliche Ungeduld gegenüber einem trägen Fatalismus, der sich im Lande immer mehr ausbreitete, und es mag wohl auch ein leidenschaftliches Aufrütteln der freien Völker damit gemeint gewesen sein, der westlichen Welt, die, wie es die Rumänen infolge der strengen Zensur ihrer Presse nicht anders wussten, teilnahms- und tatenlos zuschaute, wie Rumänien unter dem Joch der Knechtschaft zu verbluten drohte.

Eines aber war es mit Sicherheit nicht, es war nicht Terrorismus, wie man ihn damals in den Fünfzigerjahren verstand und keinesfalls das, als was er sich in der heutigen Zeit weltweit ausbreitete. Dazu fehlen beinahe alle Voraussetzungen. Einmal sind die Rumänen im Gegensatz zu den heutigen Terroristen nach ihrem Überfall nicht von der Bildfläche verschwunden sondern sind im Hause geblieben und haben sich dann der Polizei gestellt. Ihr Benehmen bei der Verhaftung und im Gefängnis war diszipliniert und korrekt.

Ferner sind nicht wahllos Menschenleben geopfert worden — der Tod Setus war ein von den Rumänen selbst bedauertes

Missgeschick gewesen — es ist im Gegenteil Sorge getragen worden, dass Frauen und Kinder aus dem Hause und in Sicherheit kamen. Eine Geiselnahme harmlosester Art im Vergleich zu den heutigen sollte dazu dienen, in Rumänien gefangene und aufs grausamste behandelte Männer — also nicht wie heute gefangene Terroristen — freizubekommen. Und schliesslich ging es auch nicht um das Entwenden grosser Geldsummen, wie dies heute oft der Fall ist zum weiteren Ausbau des bandenmässigen, methodisch eingeübten Terrorismus.

Wichtigstes Argument aber gegen einen Terrorakt im heutigen Sinne war das Motiv. Bei den jungen Rumänen handelte es sich nicht um anarchistische Umtriebe zur Verunsicherung der freien Welt. Es ging ihnen um nichts Geringeres als den Versuch einer Befreiung ihres Landes aus dem ihm aufgezwungenen und der Mehrheit seiner Bevölkerung ungemässen Herrschaftssystem. In ihren Augen diente die Rumänische «Volksrepublik» gerade nicht dem rumänischen Volk sondern machte es einer kleinen aber mächtigen Herrschergruppe auf grausame Weise untertan. So musste Oliviu Beldeanu, der sensible Künstler, in nobelster Gesinnung und Haltung einen Gewaltakt vollbringen, der seinem innersten Wesen widersprach, der ihm aber zu jenem Zeitpunkt als einzige Möglichkeit des Handelns offen schien.

Hier sei nun das Wesentliche des Überfalls geschildert und zwar einzig im Bestreben, das Verhalten der Angreifer in der geplanten Aktion zu verfolgen und zu überprüfen. Vergessen wir dabei niemals, dass im Wagen, der sie in die Nähe des Gesandtschaftsareals gebracht hatte, gebetet wurde, in freien Anrufen an Gott und mit dem Vaterunser. Starke, angriffswillige, hartgeprüfte junge Männer beteten das Vaterunser und suchten damit die Verbindung mit jenem geheimnisvollen Sein, das mit einer Allmächtigkeit ohnegleichen im einzelnen kleinen Menschen wirksam ist und von ihm Verantwortung, Antwort fordert.

In der Schilderung des Hergangs halte ich mich einerseits an das Werk von Laurence Wilkinson, anderseits an die Pressenachrichten. Im Lebensbericht Chirilas sind überdies wertvolle ergänzende Angaben gleichsam von der Gegenseite aus enthalten.

Das erste amtliche Communiqué lautete:

Bern, 15. Februar 1955.

Überfall auf die rumänische Gesandtschaft in Bern. Besetzung des Gebäudes durch bewaffnete rumänische Antikommunisten. Amtlich wird mitgeteilt:

«Ein schwerer Vorfall ereignete sich in dieser Nacht in der rumänischen Gesandtschaft in Bern. Einige mit Waffen versehene Unbekannte drangen mit Gewalt in die Kanzlei und die Residenz des Geschäftsträgers ein. Sie verwundeten den Gesandtschaftschauffeur, darauf verschanzten sie sich im Gebäude und weigerten sich, es zu verlassen, solange fünf rumänische Persönlichkeiten, die gegenwärtig in Rumänien in Haft sind, nicht in Freiheit gesetzt werden. Der Geschäftsträger, seine Familie wie auch seine Mitarbeiter sind wohlauf; sie wurden in benachbarten Häusern aufgenommen. Der Chauffeur wurde ins Spital transportiert.

Die rumänische Regierung verlangt die Verhaftung und die Auslieferung der Angreifer. Der Bundespräsident rief den Bundesrat zusammen, um ihn zu informieren und um einen Bericht der Polizeibehörden anzuhören.»

Am Mittag des gleichen Tages stellte der erste stellvertretende Aussenminister der Rumänischen Volksrepublik dem Geschäftsführer Eric Stoffel eine Note zu, in der von einer Bande rumänischer Faschisten, *) von kriminellen Elementen, von Angriffen bestialischer Art, von der Pflicht der Schweiz, die Banditen zu verhaften und der Auslieferung an die Rumänische Volksrepublik die Rede war. Der Bundesrat trat zu einer Sondersitzung zusammen. Auf dem Territorium der rumänischen Gesandtschaft erschienen die Vertreter der Berner Regierung und der Polizei, ein Polizeicordon wurde gebildet, und es wurde nach dem verwundeten Chauffeur Setu gesucht, wie dies ja auch im

*) (als ob dem Kommunismus nicht dieselbe Intoleranz wie dem Faschismus eigen wäre)

Bericht Chirilas beschrieben wird. Es waren die Angreifer —
und das muss hier mit Nachdruck hervorgehoben werden —
die die Polizei darauf aufmerksam machten, dass sich ein Verletzter im Park befinden musste. Dieser konnte während fünf
Nachtstunden nicht gefunden werden, weil er sich noch unter
ein Gebüsch hatte schleppen können und infolge seiner Verletzungen offenbar kein Zeichen mehr von sich geben konnte.

Es erschien dann auch in der Presse eine Ansicht des Gesandtschaftsgebäudes, eines idyllischen Schlösschens — die
Strasse, an der es liegt, heisst ja auch dieses Gebäudes wegen
Schlösslistrasse — alles so schön, wie es sich die arme und von
den eigenen und den sowjetischen Kommunisten ausgeplünder-
te rumänische Bevölkerung wohl kaum vorstellen kann. Park,
mächtige Bäume, Rasen, Springbrunnen — so gehört es zum
Leben dieser Vertreter einer kommunistischen Arbeiter-Volks-
republik.

Am 16. Februar laut Zeitung — ich halte mich in dieser
Zusammenfassung fast ausschliesslich an die Pressemeldungen
der Neuen Zürcher Zeitung — unveränderte Lage. Der NZZ sei
hier mein Dank ausgesprochen, dass sie mir ihre gesamte Dokumentation zur Verfügung gestellt hat. Zwischen den Zeilen
vernimmt der kritische Leser etwas über die feine Haltung
des Geschäftsträgers Stoffel, von dessen Flucht aus dem Fenster wir schon durch Chirila vernommen haben, wie er sich
mit einem Sprung vom Balkon in den Park aus der Sache ziehen konnte und zwar unter Zurücklassung seiner wehrlosen
Frau und seiner zwei Kinder. Seine Angehörigen, die im Keller
eingesperrt worden seien, hätten durch eine den Angreifern
unbekannte Tür ebenfalls das Gesandtschaftsgebäude verlassen
können, hiess es. Da erhöbe sich die Frage, ob es sehr heldenhaft gewesen sei für Stoffel, seine Familie unbeschützt den Angreifern zu überlassen, wenn wir durch Chirila nicht wüssten,
dass Frauen und Kinder alle das Haus verlassen durften, gerade
weil die Angreifer sie aus ihren Aktionen ausschalten wollten.

Von Frankfurt aus wurden durch die United Press die Namen der Persönlichkeiten auf der schon früher (S. 174) erwähnten Ehrenliste bekanntgegeben, deren Befreiung von den Angrei-

fern der rumänischen Gesandtschaft gefordert wurde. Die zusätzlichen Personalangaben stammen aus den Archiven von «Radio Free Europe»:

> *Bischof Suciu* war Bischof von Fagarasch mit Sitz in Blaj. Im letzten Jahrbuch des Vatikans wird er als noch lebend, aber im Gefängnis befindlich registriert. Er wurde von den Kommunisten zusammen mit den Bischöfen Scheffler und Marton im Herbst 1948 verhaftet. Nach Berichten aus Wien soll Bischof Suciu vor drei Jahren an den Folgen kommunistischer Misshandlungen gestorben sein.
>
> *General Adion Aldea.* Aldea war das Oberhaupt der Widerstandsgruppe «Schwarzhemden». Er wurde gefangengenommen und zu zwanzig Jahren Zuchthaus verurteilt; wahrscheinlich starb er im Gefängnis.
>
> *B. Bratianu.* Vier Angehörige der Familie Bratianu werden in den Archiven von «Radio Free Europe» angeführt: Dinu Bratianu war ein führender Politiker, jetzt 85 Jahre alt, Führer der Liberalen Partei, wahrscheinlich gegenwärtig noch in Haft, zuletzt in einem Lager gemeldet. Vintila Bratianu war früher Ministerpräsident.
>
> *Ilie Lazar.* Ehemaliger Abgeordneter der Bauernpartei, in Aiud gefangen.
>
> *Anton Mureseanu.* Vor der kommunistischen Machtübernahme Mitarbeiter verschiedener Zeitungen. Gefolgsmann von Maniu, dem Führer der Nationalen Bauernpartei, mit dem er gleichzeitig verurteilt wurde.

Die Darstellung Bukarests — ebenfalls in der NZZ wiedergegeben, spottet aller Beschreibung. Heftige Angriffe gegen die Schweizer Behörden, die Schweizer Presse, völlig entstellte, unwahre Beschreibung der Vorgänge, Angriffe auch gegen die in der Schweiz bestehende Schweizerisch-Rumänische Gesellschaft, der Exilrumänen angehören, die Vermutung, dass in dieser «reaktionären» Gesellschaft die Pläne zum Überfall auf die Gesandtschaft geschmiedet worden seien — ein anderes Mal ist es das Werk des «imperialistischen amerikanischen Geheimdienstes» — Angriffe auch gegen die Schweiz als Gastland «übelster faschistischer Banden», sowie auf den «den Ruf der Schweiz gefährdenden Einfluss als Gastland internationaler Konferenzen, auf den sie stolz ist». Warum wird da verschwiegen, dass die Schweiz infolge international bestehender diplomatischer Verpflichtungen auch unfreiwillig Gastland östlicher Spionagezentren geworden ist? Dann wird die Gelegenheit benützt, die westlichen Regierungen massiv anzugreifen:

> «Der Schutz, den eine Reihe westlicher Regierungen den Landesverrätern gewähren, die Verbrechen gegen unser Volk begangen haben, ist ein Ausdruck dieser aggressiven, kriegsähnlichen Politik der imperialistischen Kreise. Diese Landesverräter sind die Nutzniesser jener berühmten Fonds, die die Regierung der Vereinigten Staaten auf so zynische Art und Weise den kriminellen Aktionen gegen demokratische Staaten zur Verfügung stellt. Unter diesen Leuten werden die Spione und Diversionisten rekrutiert, die Schüler der imperialistischen Länder. Unter ihnen werden auch die «Banditen» ausgewählt, die mit dem Fallschirm auf das Territorium demokratischer Nationen abspringen.»

Und, in anderem Zusammenhang:

> «Unter Verrätern dieser Sorte fanden sich auch die Mörder, die die rumänische Gesandtschaft in Bern angegriffen und den Chauffeur Setu niedergestreckt haben, ihn, den ergebenen Sohn der arbeitenden Klasse und des rumänischen Volkes.»

Es ist nicht festzustellen, ob die Regierung in Bukarest, wie sich später herausstellte, damals schon davon wusste, dass dieser «ergebene Sohn der arbeitenden Klasse» mit höchster Wahrscheinlichkeit, wie aus den gefundenen Akten hervorzugehen scheint, in Wirklichkeit ein gerissener Doppelagent gewesen ist, den ein rasches Ende vielleicht vor dem Dahinsiechen in rumänischen Kerkern bewahrt hat. So können in Volksrepubliken Chauffeurmützen zu Tarnkappen werden ...

Der Vorsteher des Politischen Departementes, Bundesrat Petitpierre, verwahrte sich in einem langen Gespräch mit dem

200

rumänischen Geschäftsträger Stoffel energisch gegen die mit den Tatsachen im Widerspruch stehenden Behauptungen der rumänischen Regierung. In einer Note protestierte er überdies gegen den ungebührlichen Ton Bukarests und wies die ungerechtfertigten Vorwürfe entschieden zurück. Die Polizeibehörden hätten rasch und mit Umsicht gehandelt, der Chauffeur wurde gepflegt, sobald dies möglich war. Es war ja nach Chirilas Bericht Beldeanu, der die Polizei darauf aufmerksam machte, dass ein Verletzter irgendwo im Park liegen müsse. Er war es auch, der die Suche mit der Polizei immer wieder aufnahm.

Über die Frage der Auslieferung der Angreifer behielt sich der Bundesrat die Entscheidung zu einem späteren Termin vor. Die NZZ schliesst ihren Bericht vom 16. Februar in unmissverständlicher Weise folgendermassen ab:

«Die deutliche Zurückweisung des ungebührlichen Tons und Inhalts der rumänischen Note durch den Bundesrat wird die einmütige Zustimmung der schweizerischen öffentlichen Meinung finden. Die Schweiz ist ein Rechtsstaat und wird als solcher ihre Pflicht angesichts des gegen eine ihrem Schutz unterstehende diplomatische Vertretung eines fremden Landes verübten Verbrechens gewissenhaft erfüllen; sie darf und muss es aber ablehnen, für gewisse «Berufsrisiken» verantwortlich gemacht zu werden, denen die Regimes von Diktaturstaaten und ihre Repräsentanten im Zeitalter des Totalitarismus erfahrungsgemäss unterliegen.»

Dann kam es zwischen den Belagerern und den schweizerischen und städtischen Behördevertretern zu ersten Verhandlungen. Der Schutz des Territoriums wurde verstärkt. Den Eindringlingen wurde ein Ultimatum gestellt, das um 11 Uhr vormittags ablaufen sollte. Dann aber wurden weitere Verhandlungen auf den Nachmittag vereinbart. Zwei der Rumänen — es waren Beldeanu und Chirila — hatten den Beistand eines Geistlichen verlangt. Beldeanu besonders hatte, wie schon berichtet, ein Gelübde abgelegt, das ihn zum Weiterkämpfen bis zum Äussersten verpflichtete. Er konnte demnach nur von einem katholischen Geistlichen davon entbunden werden.

Der katholische Priester Dr. Lorenz Seckinger war bereit, das Gespräch mit den beiden aufzunehmen, es kam zu einer längeren Unterredung, in deren Verlauf es ihm gelang, die Kapitulation der beiden zu erwirken.

So erfolgte nach 43 Stunden der Besetzung des Gesandtschaftsgebäudes die Übergabe, drei der vier Angreifer wurden in einem bereitgestellten Gefangenenwagen abgeführt. Über den Verbleib des vierten Mannes, Ochiu, wusste man nichts Genaues. Nach einem Zeitungsbericht der NZZ vom 15. Februar war dieser schon in der ersten Nacht beim Eingang des Areals festgenommen worden. Er soll schwer bewaffnet gewesen sein. Eine andere Meldung erwähnte, dass er einen Stoss Dokumente aus der Gesandtschaft bei sich gehabt habe, die ihm abgenommen wurden.

Alle diese Zeitungsberichte waren schwer nachzuprüfen auf ihre Richtigkeit. Ein Blick in die verschiedenen Zeitungen zeugt von Widersprüchen und wilden Gerüchten. Fest steht, dass an einer Pressekonferenz vom 16. Februar der Polizeikommandant erklärte, dass sich drei der Angreifer ergeben hatten, nachdem bereits früher ein vierter ergriffen werden konnte, so dass sich nun vier Männer in Gewahrsam befanden. Erst der Prozess konnte später den Tatbestand um das Verhalten Ochius erhellen.

Jedenfalls war mit der Kapitulation Beldeanus und seiner Mitstreiter die Aktion beendet. Von einem eigentlichen Misserfolg kann nicht gesprochen werden. Gewiss, das dringendste Anliegen, die Befreiung jener in Rumänien in Kerkerhaft liegenden Freiheitskämpfer war nicht gelungen. Auch konnten die vorgefundenen Akten nicht ausgewertet werden, höchstens im Falle des «Chauffeurs» Setu, der als wahrscheinlicher Doppelagent das einzige Todesopfer geworden war, ungewollt von den Angreifern, provoziert jedoch in gewissem Masse vom Verhalten Setus selbst.

Einen eindeutigen Erfolg aber hatten Beldeanu und seine Leute erreicht: Die Aktion ging als Sensation durch die gesamte internationale Presse, begrüsst in den freien Ländern als eine mutige Tat der Verzweiflung, aufs allerschwerste verurteilt von den Ländern hinter dem Eisernen Vorhang, wo der Hergang der ganzen Aktion und möglicher Zusammenhänge in einer Weise dargestellt wurde, die jeder korrekten oder auch nur anständigen Journalistik Hohn spricht. Wesentlich scheint mir, aus all den Pressestimmen vor und hinter dem Eisernen Vorhang eine Mitteilung der United Press aus Washington vom 16. Februar hier festzuhalten:

«Der ehemalige rumänische Aussenminister Constantin Visoianu erklärte hier gestern, das Vorgehen seiner Landsleute, welche die rumänische Gesandtschaft in Bern besetzt haben, stelle eine Revolte gegen die kommunistische Tyrannei in Rumänien dar. Visoianu betonte, er sei nicht ein Freund von Gewalttätigkeiten. «Aber dieser Verzweiflungsakt meiner Landsleute kann als Appell an das Gewissen der freien Welt gegen die Verbrechen, die in meinem Lande täglich geschehen, aufgefasst werden.» Visoianu war in den Jahren 1944 und 1945 rumänischer Aussenminister.»

Dies Zeugnis stammt zweifellos nicht nur von einem guten, sondern auch von einem besonders erfahrenen Kenner der damaligen Zustände in Rumänien.

Aus Paris brachte unter dem 23. Februar die AFP eine Mitteilung des Generalsekretärs der «Liga der freien Rumänen», Niculescu. Dieser gab an einer Pressekonferenz in Paris bekannt, *Aurel Setu* — der rumänische Gesandtschaftschauffeur — habe als Verbindungsmann zwischen Moskau und den kommunistischen Parteien der Schweiz, Italiens und Österreichs gedient. Im selben Zusammenhang führte die AFP aus:

«Niculescu, der sich während des Angriffs auf die rumänische Gesandtschaft in der Schweiz aufgehalten hatte, und der Präsident der Liga, Farcasanu, erklärten sodann, am Abend vor dem Überfall sei Setu mit einem Diplomatenkoffer und den *neuesten Weisungen aus dem Osten* zurückgekehrt. ,Anscheinend haben die Verschwörer aus diesem Grunde jene Nacht für ihren Überfall ausgewählt.' Niculescu lehnte es in der Folge ab, nähere Angaben über die Organisation, der die Eindringlinge angehörten, zu machen.

Er versicherte lediglich, es habe sich um sechs Personen gehandelt, was darauf hinzudeuten scheint, dass zwei zu entkommen vermochten. Die Gruppe umfasste mehrere Offiziere der ehemaligen königlich-rumänischen Armee. Niculescu betonte nachdrücklich, es handle sich nicht um ehemalige Mitglieder der ,Eisernen Garde'. Die sechs Eindringlinge hätten bedeutende Dokumente erbeutet, welche die Zusammenhänge zwischen den Kommunisten der Schweiz, Italiens und Österreichs aufdeckten und darüber hinaus bewiesen, dass die rumänische Gesandtschaft in Bern ein Spionagezentrum sei.

«Generalsekretär Niculescu bezeichnet Setu als einen ehemaligen Verbrecher des gemeinen Rechtes, ,der wie viele andere bei der Machtübernahme von den Kommunisten freigelassen wurde und der dann in der Sowjetunion eine Spezialausbildung erhielt.'

«Er bestritt dann, dass seine Organisation mit dem Berner Überfall etwas zu tun habe, kündigte aber an, die ,Liga der freien Rumänen' veranstalte eine Geldsammlung zugunsten der Verteidigung der vier inhaftierten Rumänen. Es sei möglich, dass französische Anwälte gewählt würden. Niculescu bestätigte, dass alle sechs Verschwörer nicht in der Schweiz gewohnt hatten sondern aus dem Ausland eingereist waren. ,Ich kann nicht sagen, ob es sich um eine vereinzelte Aktion oder um eine genau ausgedachte Tat handelt, die das Vorspiel zu weiteren bildet. Das Vorgehen dieser Patrioten beweist aber, dass die exilierten Rumänen angesichts der Haltung der freien Welt gegenüber ihrem gemarterten Lande so verzweifelt sind, dass sie sich jetzt entschlossen haben, zur direkten Aktion überzugehen. Weitere derartige Taten sind somit vorauszusehen.»

«Niculescu kam dann auf die Widerstandsbewegung in Rumänien zu sprechen. Er erklärte dabei, in seiner Heimat gebe es 57 Widerstandszentren. ,Ihr Hauptziel besteht darin, Informationen über die Pläne der Kommunistischen Partei zu sammeln, um die Bevölkerung rechtzeitig zu warnen. Die Widerstandskämpfer unternehmen ausserdem kleinere örtlich begrenzte Sabotageakte. In den Bergen leben noch immer bewaffnete Banden, die meist ehemalige Soldaten der königlichen Armee umfassen. Sie hausen vor allem in den Karpaten.' Auf die Frage, ob er eine kürzlich verübte Sabotagehandlung nennen könne, erinnerte er an den grossen Streik, der 1953 die Bukarester Eisenbahnen lahmlegte; bei jenem Streik hätten die Eisenbahner einen Teil des Rollmaterials zerstört. ‚In den bäuerlichen Gebieten ist der Antikommunismus so virulent, dass die politische Polizei eine Zeitlang gewisse Dörfer nicht mehr zu betreten wagte,' sagte Niculescu weiter aus. Die rumänischen Bauern übten an den Bukarester Entscheiden ganz offene Kritik, ohne dass die Polizei eingreifen könne.

«Niculescu war früher Sekretär General Radescus, der vom 4. Dezember 1944 bis zum 28. Februar 1945 rumänischer Ministerpräsident war. Radescu trat dann auf Druck Wyschinskis zurück und ging ins Exil. Im Ausland gründete er die ‚Liga der freien Rumänen' mit Sitz in New York. Radescu starb im vergangenen Jahr (1954).»

Dass von Rumänien aus über Presse und Radio Schauermären über die Schweiz verbreitet wurden als einem Land, in dem man vor Gangstern und Banditen nicht mehr sicher sei, war zu erwarten. Auch im Lande selbst wurde alles getan um das rumänische Volk aufzuhetzen. Der höchst peinliche Zwischenfall in Bern konnte für die Regierung dieses geknechteten Volkes gefährlich werden. Deshalb die geradezu hysterischen Reaktionen. Dasselbe galt auch für Sowjetrussland, das mit Schmähungen der schweizerischen Regierung und dem misslungenen Überfall der «faschistischen Banditen» nicht zurückhielt und ebenso energisch wie Rumänien die Auslieferung der Angreifer verlangte.

Ein anderes, nicht unbedenkliches Intermezzo bedeutete dann aber die vorübergehende Beschlagnahme durch die Bundesanwaltschaft eines Teils der Auflage einer Broschüre, die rein zufällig zum selben Zeitpunkt im Veritas-Verlag in Luzern erscheinen sollte. Titel der Broschüre: «Lieber den Tod als in der Knechtschaft leben!» Der Inhalt galt dem Kampf um Rumäniens Freiheit nach zehn Jahren Diktatur, verfasst war die Broschüre von Emil Wiederkehr. In der Broschüre wurden Zustände und Einzelheiten über die Leiden dieses Volkes wiedergegeben wie wir sie aus den Berichten der vier Freiheitskämpfer kennen. Der selbe Herausgeber Emil Wiederkehr, früherer Pressechef der Zentralstelle für Flüchtlingshilfe und des Bundes ehemaliger KZ-Häftlinge, hat im gleichen Verlag eine Schrift veröffentlicht mit dem Titel: «Land ohne Freiheit», die ebenfalls den roten Terror in Rumänien zum Inhalt hat. Diese Schrift gibt die ganze Entwicklung der Sowjetisierung Rumäniens wieder, Berichte u. a. über Juliu Maniu, jenen bedeutenden rumänischen Politiker, der seine Unbeugsamkeit mit einer 16-jährigen Freiheitsstrafe zu büssen hatte und der seither in einem kommunistischen Kerker umgekommen ist. Ferner wird in diesem Buch auch über die Zustände in kommunistischen Gefängnissen und Konzentrationslagern berichtet, ebenso über den berüchtigten Iwan Serow, den Henker von Stalins und Chruschtschows Gnaden, wie man ihn nannte, dann über Zwangsarbeit, über das furchtbare Schicksal der Rumänen-Schweizer u. a. Die Massnahme der Bundesanwaltschaft mag damals notwendig gewesen sein und war auch nur eine vorübergehende. Tatsache ist, dass beide Schriften jetzt in öffentlichen Bibliotheken aufliegen. Die Beschlagnahme hat auch im Ausland Wellen geworfen. So hat die in Hamburg erscheinende Wochenzeitung «Zeit» vom Recht des Geistes auf Gastfreiheit gesprochen und bemerkt, das Vorgehen sei umso verwunderlicher, «als hier nicht ein Werk fremden Geistes, sondern der gleichen Freiheit Schutz suchte, die auch der Schweiz am Herzen liege.»

Am 18. März 1955 erfolgte dann der Schlussbericht der Bundesanwaltschaft, in dem festgehalten wurde, dass lediglich die vier in der Strafanstalt Thorberg in Untersuchungshaft weilenden Angreifer unmittelbar am Überfall beteiligt waren. Dem in München in Haft genommenen Ciochina, der die Gruppe nach Bern gebracht hatte und auf Befehl Beldeanus sofort nach Beginn des Feuerwechsels nach Deutschland zurückgefahren war, konnte keine Mittäterschaft nachgewiesen werden.

Den vier Angeklagten wurden verschiedene strafbare Handlungen zur Last gelegt, «die sowohl der eidgenössischen wie der kantonalen Gerichtsbarkeit unterstehen», heisst es im Schlussbericht, der nach weiteren Ausführungen im letzten Abschnitt wie folgt lautet:

> «Auf Antrag des Eidgenössischen Justiz- und Polizeidepartements hat der Bundesrat die zur Verfolgung der politischen Delikte erforderliche Ermächtigung erteilt und die Strafverfolgung und Beurteilung aller in Betracht kommenden Straftatbestände in der Hand der eidgenössischen Behörden (eidgenössischer Untersuchungsrichter und Bundesstrafgericht) angeordnet. Die Bundesanwaltschaft wurde ermächtigt, beim eidgenössischen Untersuchungsrichter für die deutsche Schweiz die Einleitung der Voruntersuchung zu beantragen.»

Eine weitere Antwortnote des Bundesrates an Rumänien wurde laut Bericht vom 24. März dem Geschäftsträger Stoffel überreicht, in der sich der Bundesrat gegen die von der rumänischen Regierung gemachten Anschuldigungen und Verdächtigungen verwahrt und die Situation der Schweizer Regierung in neun Punkten darlegt, deren wesentlichster Punkt in Art. 1 aussagt, dass eine Auslieferung der Gefangenen nicht stattfinden werde und dass die Verfolgung und Verurteilung der Angreifer Sache der schweizerischen Justiz sei. Dass die rumänische Regierung wiederholt energisch die Auslieferung der Angreifer an Rumänien verlangte, war vorauszusehen. In der Note, die der Bundesrat am 18. Februar 1955 an Rumänien richtete, hiess es unmissverständlich laut Wiedergabe der NZZ vom 20. Februar:

> «... Zum Begehren nach Auslieferung der Angreifer an die rumänischen Behörden stellt der Bundesrat fest, dass zwischen der Schweiz und Rumänien *kein Auslieferungsvertrag* besteht und dass es deshalb nicht gegeben ist, zu dieser Auslieferung zu schreiten.»

Im weiteren schreibt der Bundesrat in der gleichen Note:

> «Der Bundesrat gibt in dieser für beide Länder peinlichen Angelegenheit dem Wunsche Ausdruck, die rumänische Re-

gierung möchte künftig mehr Objektivität beweisen und darauf verzichten, sich Methoden zu bedienen, welche die Regelung dieser Angelegenheit nur schwieriger gestalten.»

Nach diesem Schlussbericht des Bundesanwaltes und der damit verbundenen Stellungnahme des Bundesrates senkt sich für die Öffentlichkeit der Vorhang über diesem Geschehen für eine Zeitlang. Die Presse steht neuen Aufgaben gegenüber, ihre Schlagzeilen wechseln das Thema, die Männer der Zeit- und Weltöffentlichkeit jener denkwürdigen Februartage des Jahres 1955 befinden sich in der Bernischen Strafanstalt Thorberg in Untersuchungshaft. In der Abgeschirmtheit der Amtsstuben und der Anwaltsbüros, wohl auch im Gefangenensprechzimmer der Strafanstalt nimmt das Geschehen seinen weiteren Fortgang.

Die Häftlinge verhalten sich erwartungsgemäss zur Zufriedenheit der Gefängnisleitung. Was es für sie bedeutet, nach Jahren schwersten Kämpfens unter unmenschlichen Haftbedingungen in den rumänischen, ungarischen und jugoslawischen Gefängnissen und Arbeitslagern in der Geborgenheit der Gefängnismauern von Thorberg nun zum Aufatmen zu kommen, können wir nur ahnen. Wohl wissen sie, dass sie nicht an Rumänien ausgeliefert werden. Allein, das ist vielleicht nur eine Bedrängnis weniger, die sich wohltuend abhebt von dem, was an Neuem auf sie zukommt. Gerichtsverfahren mit Verhören kennen sie aus jahrelanger Erfahrung. Wie wird es hier sein, in der freien, der diktaturfreien Schweiz? Auf keinen Fall auch nur annähernd so schlimm wie sie es kennen aus den letzten Jahren, das sagt ihnen schon die Behandlung in der Anstalt, und das merken sie auch ihren Strafverteidigern an, wenn sie mit ihnen sprechen. Sie spüren da sogleich die Unterschiede, sie haben eine feine Witterung bekommen für solche Dinge. Die drei, Chirila, Codrescu und Ochiu haben noch Mühe, sich mit den andern Häftlingen zu verständigen weil sie nur wenig deutsch sprechen. Das erschwert ihre Lage wesentlich. Aber da ist ja ganz in der Nähe noch «der Riese», ist Oliviu, er spricht deutsch, er ist immer ein Bindeglied, und er ist auch jetzt noch ihre Führergestalt. Und da er alle Verantwortung auf sich nimmt, das hat er stets gesagt und wird es auch tun, so wird er wohl auch mit einem höheren Strafmass belegt werden. Und das wiederum wird ihnen, den andern die Möglichkeit geben, ihn bis zu ihrer eigenen Entlassung in der Nähe zu haben, wann immer sie ihn brauchen.

*

23

Im Februar 1955 waren die vier Angreifer in Untersuchungshaft versetzt worden. Es sollte bis zum Juni 1956, also gute fünfviertel Jahre dauern, bis es zur Aburteilung kam. Der ganze Aktionsapparat Rumäniens, die Angriffe auf die schweizerischen Behörden in ihren immer neuen Noten, aber auch in der Presse, in Radio und Fernsehen, vermochten bei aller Gehässigkeit, aller offensichtlichen Verzerrung der Tatbestände nicht, den ruhigen und gewissenhaften Gang der Untersuchung zu stören oder zu beschleunigen.

Am 11. Juni begann dann im Berner Rathaus der Prozess, der durch das Bundesstrafgericht geführt wurde unter dem Vorsitz von Bundesrichter Dr. Paul Schwartz. Die Anklage wurde durch Bundesanwalt René Dubois vertreten. Folgende Tatbestände wurden den vier Urhebern des Überfalls angelastet: verbotener politischer Nachrichtendienst, Widerhandlung gegen den Kriegsmaterialbeschluss (verbotene Einfuhr von Waffen), Freiheitsberaubung, vorsätzliche Tötung, evtl. Körperverletzung mit tödlichem Ausgang, tätlicher Angriff auf ein fremdes Hoheitszeichen und Gewalt und Drohung gegen Beamte.

Der Verlauf des Prozesses war der übliche, Einvernahme der Angeklagten und der Zeugen, Anklage durch den Bundesanwalt, die Plädoyers durch die Verteidiger, das Urteil. Den Verhandlungen lag die Anklageschrift der Bundesverwaltung zugrunde. Später wurde dann eine elfseitige Zusammenfassung der Urteilsgründe der Schweizerischen Bundesanwaltschaft ausgefertigt. Das Urteil wurde den Parteien schriftlich mit ausführlicher Begründung mitgeteilt.

So traten denn die vier Männer nach langer Wartezeit abermals ins Rampenlicht der Weltöffentlichkeit. Denn zu dem Prozess hatten sich über hundert Pressevertreter, darunter viele aus dem Ausland, eingefunden. Noch einmal sollten die Menschen der freien Welt Kunde erhalten von dem, was vier beherzte Männer in Verzweiflung und Todesbereitschaft, aber auch

nach reiflicher Überlegung, jedenfalls ihres Anführers Beldeanu, zu ihrer Tat bewogen hatte.

Zu diesem neuen Abschnitt des Geschehens gab die NZZ
unter dem 8. und 11. Juni nochmals ausführlich die Vorge-
schichte des Überfalls bekannt, versehen mit einigen nicht un-
wichtigen Ergänzungen der früheren Berichte. Da dieselben jedoch in keiner Weise vom Wesentlichen abweichen, so erübrigt
sich eine Wiedergabe.

Der 11. Juni 1956, der Tag des Prozessbeginns, wurde nun
auch für mich bedeutungsvoll. Ein uns befreundeter Richter des
amtierenden Gerichtes hatte mir eine Eintrittskarte für die Dauer des ganzen Prozesses angeboten. Dadurch kam ich in die
Lage, mir ein Bild über den Verlauf dieses ungewöhnlichen Prozesses, vor allem aber auch über die vier Angeklagten zu machen. Es war beileibe nicht Sensationslust, die mich dazu bewog,
an den Verhandlungen teilzunehmen. Gewiss, die Zeitungsspal-
ten hatten sich Tage zuvor wieder gefüllt mit dem bevorstehenden Prozess. Noch einmal also das von Beldeanu gewünschte
Rampenlicht, in dem die Zustände in seinem Land aufgezeigt
werden sollten! Es war denn auch dem Publikum unschwer an-
zumerken, dass viele diesem Sensationsgefälle zufolge herbei-
geströmt waren. Zugegen waren auch Vertreter der Ostblock-
länder, namentlich der Rumänen. Aber auch den Russen durfte
nichts entgehen, sie hatten vorgesorgt. Ein sehr gemischtes, un-
gewöhnliches Publikum also, das da im vollbesetzten Ratssaal
zusammengekommen war.

Den Herren des Gerichts war anzusehen, dass sie sich vor
einer heiklen Aufgabe wussten. Ernst lag denn auch auf diesen
feingeprägten Gesichtern, ein Ernst der Verantwortung. Es durften keine Fehler begangen werden! Aber es schienen mir gute
Köpfe, es waren zweifellos nicht ferngesteuerte Marionetten,
nein, da tagte ein Justizkollegium, das ausgestattet war mit der
Handlungs- und Entscheidungsfreiheit der den demokratischen
Grundsätzen entsprechenden Gewaltentrennung. Und es waren
auch Menschen mit Kopf und Herz, das spürte man sogleich.

Abweichend davon vielleicht Staatsanwalt Dubois, in dessen Antlitz ich nicht den gleichen verantwortungsbewussten

212

Ernst erkennen konnte, sondern eine merkwürdige Ausdruckslosigkeit und Leere. Ich kannte den Mann nicht, aber ich fragte mich sogleich, wie das Leben dieses immerhin nicht mehr jungen Menschen bisher verlaufen sein mochte, dass es so gar keine Spuren auf seinem Antlitz hinterlassen hatte. Da er während des ganzen Prozesses gerade in meinem Blickfeld sass, hatte ich immer wieder Gelegenheit, mich in diese so merkwürdig leeren und ungeprägten Züge zu vertiefen. Er war es denn auch, der hart und scharf gegen die Rumänen vorging und bei jeder Bemerkung, jeder ihrer Ausführungen, die etwas über das grauenvolle Wirken der sowjetisch gesteuerten Kommunisten in seinem Land aussagen wollte, dem Sprechenden sogleich das Wort abschnitt mit der Bemerkung, das gehöre nicht zur Sache. Er war ein mächtiger Mann im Gerichtssaal, das war der Eindruck, den er hinterliess, ein Mann, bei dem ich mich immer wieder fragte, ob er seiner Aufgabe gewachsen sei. Sein Leben, das sei hier nur zur Ergänzung meines Eindrucks von ihm kurz angedeutet, endete wenige Jahre später im Selbstmord, dessen Hintergründe nie ganz abgeklärt werden konnten, so sehr sich auch der damalige Chef des Eidgenössischen Justizdepartements darum bemühte.

Der Prozess liegt über zwanzig Jahre zurück. Ich hatte damals nicht die Absicht, einmal zur Feder zu greifen, um das ganze Geschehen um die vier Angeklagten nochmals aufleben zu lassen. So kann ich von meiner Sicht aus nur kurze Eindrücke wiedergeben, die mir noch gegenwärtig sind, darunter neben der Person jenes Bundesanwalts die Herren des Gerichts als Gesamtheit, die sogleich mein Vertrauen erweckten, dann die Verteidiger, drei Schweizer und ein Pariser Anwalt, die sich mit grosser Überzeugungskraft und, wie mir scheinen wollte, mit echtem innerem Engagement für ihre Mandanten einsetzten. Es waren die Anwälte Dr. Wild und Dr. Mastronardi, Bern, Dr. Robichon, Lausanne, und Maître Floriot aus Paris. Besonders soll sich Dr. Wild in menschlich warmer und gütiger Art der Gefangenen während der Untersuchungshaft angenommen haben und zu ihnen in ein eigentliches Vertrauensverhältnis gekommen sein. Was das für die Inhaftierten bedeuten musste, nachdem

ihre Menschenwürde während der jahrelangen Gefängnisaufent-
halte im Osten mit Füssen getreten worden war, kann man wohl
kaum ganz ermessen.

Eigentliche Sensation erregte der aus Paris herbeigerufe-
ne Maître René Floriot, einer der berühmtesten Strafverteidi-
tiger Frankreichs, dessen Plädoyer sich über mehrere Stunden
hinzog und — der Star hatte sich in seinen Talar gekleidet —
dessen Auftreten einer vollendeten Theaterszene gleichkam. Ja,
seine Verteidigungsrede hätte ein abendfüllendes Einmannstück
abgeben können, das in seiner Aussagekraft die Gemüter in
Wallung gebracht hätte und manch einen gleichgültigen Bürger
in einen mitfühlenden Anteilnehmenden für die Nöte der Menschen in den Ostblockländern hätte verwandeln können. Man
musste ihn gesehen haben, diesen Me. Floriot, wie er vor der
Bank der Richter auf- und abgehend ein wahres Feuerwerk der
Verteidigung entfachte für die in Verstrickung geratenen Freiheitskämpfer. Weit ausholende Gebärden, dann wieder Verhaltenheit, die zu neuer Spannung der Zuhörer anreizte, Sprache
und Stimme ein ganzes Register von Nuancen. Die zuweilen
gestikulierend erhobenen Arme wurden durch die weiten Ärmel
des Talars gleichsam zu Adlerschwingen und unterstrichen immer wieder das echte Engagement, mit dem er sich seiner Aufgabe entledigte. Es hätte nicht einmal seiner vollendeten Rheto-
rik bedurft, dies herauszuspüren. Zuweilen unterbrach er sein
Hin- und Herschreiten wieder, wandte sich gegen seine Mandanten, wandte sich gegen die Richter, den Staatsanwalt und
sagte etwas ihm besonders wichtig Erscheinendes aus, nicht nur
klar, leichtfasslich und in der bestmöglichen Formulierung, nein,
die ganze Skala an Lautstärke, an Eindringlichkeit, an Bewunderung für seine Helden liess er spielen. Die Sätze, sie mocht-
ten so lang sein wie sie wollten, immer klar und durchsichtig,
immer vollendet im Stil, immer auch bildhaft, überzeugend,
kurz, von einer beispielhaften Suggestionskraft, so wie sein ganzes Auftreten dazu angetan gewesen wäre, einen Daumier aus
der Fassung zu bringen, Daumier, der es so meisterhaft verstand,
gerade Advokaten und andere Gerichtsfiguren in ihren Schwä-
chen und Eitelkeiten, ihrer Sturheit und Gerissenheit darzustellen

und der da einen aus der Gilde erlebt hätte, dem es sehr ernst war und der Daumiers Zeichenblock auf einmalige Weise durch neue Aspekte und Impressionen verändert hätte. Frankreich kennt viele solcher Redekünstler unter den Strafverteidigern, und man sieht es diesen, man sah es Me. Floriot beinahe an, mit welcher Lust da zu Werke gegangen wurde. Mit welcher inneren Anteilnahme aber auch in dem vorliegenden Fall! Das schien mir ohne Zweifel, er strahlte sie aus, die Zuhörer waren gefesselt von seiner Rede, es hätte einer aus Stein sein müssen, wäre er nicht dieser hohen und in diesem Falle sehr ernst gemeinten Kunst erlegen.

Freilich, die Gegenseite, die Vertreter des Ostens schienen unberührt, kaum dass man etwas von Hass auf den erstarrten Zügen hätte feststellen können, Hass, Empörung zum Beispiel, wenn Me. Floriot etwas für sie Unangenehmes berührte, ganz harmlos, aber stets gut gezielt, und dabei zum Beispiel im Gehen ein Etwas, ein Nichts, das sich scheinbar am Boden befand und ihn störte, mit einer entschiedenen Bewegung des Fusses — einem symbolischen Fusstritt gleichsam — aus dem Wege räumte, nicht selten in der Richtung dieser östlichen Vertreter heiliger Volksrechte. Da konnte dieser symbolische Fusstritt geradezu zur symbolischen Ohrfeige werden, wenn dieser Trick sich während des stundenlangen Plädoyers in ausgesparten Momenten gutgezielt wiederholte, unmissverständlich und doch guter westlicher Art würdig!

Me. Floriot vertrat Beldeanu, die Hauptfigur auf der Anklagebank. Alle vier Angeklagten sassen neben einander in der vordersten Mittelreihe hinter einer Rampe, in einiger Entfernung davor amtete das Gericht, hinter den Angeklagten sassen die Verteidiger. Ich selbst befand mich in den Reihen des Publikums im rechten Winkel zu den Reihen des Mittelschiffs. Und ich musste mich etwas vorneigen, wenn ich das Gesicht des einen oder andern der Angeklagten sehen wollte. So habe ich denn besonders das Profil und das Halbprofil Beldeanus im Gedächtnis behalten, die merkwürdig weichen Formen, die am Kinn noch durch einen gepflegten kurzen Bart unterstrichen wurden, die tiefliegenden, klug, ruhig, beherrscht blickenden Augen, überlagert von einer hohen Stirn, helles, nach hinten gebürstetes Haar, alles von natürlicher Gediegenheit und Würde. Was mich aber am meisten fesselte, das waren seine Hände. Von Zeit zu Zeit geschah es nämlich, dass sich eine Hand auf das Geländer legte, das musste mir auffallen, weil ich genau im rechten Winkel zu dieser Reihe sass. Die Hand war schmal, fein gebildet, beinahe überstilisiert, war fast die Hand einer vornehmen Frau, ach, es hätte die Hand auf einem Frauenbildnis eines Tizian sein können! Das waren die Hände Beldeanus, immer nur eine von ihnen.

Mordbubenhände? fragte ich mich immer wieder. Und immer wieder von Zeit zu Zeit, ganz unerwartet für mich erschien wie als Antwort abermals die Hand auf der Rampe, leicht hingelegt, nie den Querbalken im Affekt hart umklammernd, nein, mit innerer Gelassenheit einfach hingelegt in ihrer ganzen Wohlgeformtheit. Und doch hatte diese Hand mit Gewalt ein Fenster eingeschlagen beim Überfall auf das Gesandtschaftsgebäude und hatte geblutet; die Hand hatte auch Waffen umfasst, Waffen geprüft auf ihre Tauglichkeit, hatte unausdenklich lange zuvor im winterlichen Maquis eine erlegte Krähe als letzte Zehrung mit dem Freund Jakob geteilt, als sie am Verhungern waren und zutode erschöpft.

Und es war auch die nämliche Hand, die schon in der Untersuchungshaft nach Stift und Zeichnungsblock gegriffen, die Hand, die auf der Akademie der Künste in Bukarest einst ausgebildet worden war, Gesehenes, Erschautes im Bilde wiederzugeben, und die Hand auch, die modellierte, die den Meissel schwang um aus einem Steinblock oder einem Holzscheit eine menschliche Figur, ein edles Tier herauszuholen, und die später in der jahrelangen Haft während der Freistunden Lindenholz bearbeitete, und so der noch lebendigen Materie zum Fortdauern Ausdruck und Seele verlieh.

Diese Hände des Oliviu Beldeanu liessen mich in jenen längst vergangenen Tagen an den Menschen Beldeanu glauben. Es waren Hände, die Aufträge zu erfüllen hatten, die zu dienen, zu verehren, zu kämpfen hatten, Hände, die sich an jenem denkwürdigen Tag des Januar 1941, als Rumänien in den Krieg eintrat, auf der Hauptstrasse in Bukarest zum Gebet gefaltet hatten, als der junge Puiu es den andern gleichgetan hatte und zu Boden gekniet war ob dem nicht zu begreifenden Geschehen, Hände wohl auch, die sich dann aber, im August 1944, beim Übertritt Rumäniens zu den Alliierten in Schmerz und grimmigem Zorn ballten, als er von den Schandtaten der sowjetischen Eindringlinge hörte, als er vernahm, dass Ana, der Engel des Militärlazaretts geschändet und erschossen worden war von den östlichen Mordbuben, nachdem sie sich ihre Lust an ihr genommen hatten.

Es war aber auch die Hand, die sich einst, nachdem er das zur Unkenntlichkeit entstellte Gesicht seiner aus der Haft entlassenen Mutter erblickt hatte, zum Schwur erhoben hatte vor Gott und einem seiner Priester, dass ihr Träger fortan sein Leben nur noch einsetzen wollte für die Befreiung seines Landes vom sowjetischen Joch.

So werden Hände zu stummen und doch sprechenden Zeugen. Die Hände des Oliviu Beldeanu auf der Schranke im Gerichtssaal sagten mehr aus als jeder der geladenen Zeugen.

Nun stand also diese «faschistische Verbrecherbande», wie sie in der sowjetisch-kommunistischen Führung der rumänischen Volksrepublik bezeichnet wurde, vor dem hohen Gericht im Rathaus zu Bern. Es ist hier nicht meine Aufgabe, den Prozessverlauf darzustellen, geht es mir ja in diesem Bericht hauptsächlich darum, zu versuchen, ein Heldenleben nachzuzeichnen, wie es sich in unserer Zeit bei aller Verschiedenheit der Umstände nicht nur einmal, nein zu hunderttausend Malen abspielt. Schon die Untersuchungshaft auf dem Thorberg, dann auch der Prozess selber und die spätere Gefängnishaft sind Stationen im Leben des Oliviu Beldeanu, die wohl mit seinem Leiden und Kämpfen in Rumänien und Jugoslawien zusammenhängen, die aber was Behandlung, Rechtssprechung, Führung durch die Verteidiger usw. anbelangt, so grundverschieden von allem waren, was Beldeanu und auch seine Kameraden vorher auszustehen gehabt hatten, dass hier von eigentlichem Heldentum nicht mehr die Rede sein kann. Selbst wenn Beldeanu mehrmals wiederholte, man möge ihm die ganze Schuld anlasten, da er die Verantwortung für den Angriff von Anfang an übernommen hatte, so ging diesem Entschluss weder Erpressung noch Folter noch irgendwelcher Zwang voraus, sondern es lag ganz einfach im Wesen der selbstgewählten Führerrolle Beldeanus, die Verantwortung und die volle Schuld auf sich zu nehmen. Und es lag auch im Charakter des Angeklagten, in seiner menschlichen Grösse, sich vor seine Kameraden zu stellen und sie von aller Mitschuld freizusprechen.

Die Haltung des Staatsanwaltes war hart und übereifrig korrekt, so als ob er nach geheimem Diktat handle, wie mir schien. Auch der Verteidiger von Frau Setu schien seinen Auftrag mit sichtlicher Anteilnahme zu erfüllen. Von warmem innerem Engagement aber zeugten die Plädoyers sämtlicher Verteidiger, die ihre Klienten nach mehrmaligen Unterredungen im Gefängnis zu Thorberg offenbar kennen gelernt und dabei auch erkannt hatten, dass es sich hier um Menschen handelte, deren ganze Jugend, ja deren Leben vielleicht auf immer zerstört worden war durch die politischen Einbrüche in ihr Land, Menschen, die es verdienten, dass man sich endlich ihrer annahm und ihnen zu einer menschenwürdigen Zukunft verhalf. Erleichtert wurde den Advokaten ihre Aufgabe auch durch das tadellose Verhalten der Häftlinge in Thorberg, von deren anständiger Gesinnung der damalige Direktor Werren schon bald überzeugt war.

Es war ja auch bis in die Schweiz durchgesickert, dass z. B. im Vertrag von Jalta die Vertreter der Vereinigten Staaten, Englands, Frankreichs und Russlands übereingekommen waren, die Welt des Nahen Ostens aufzuteilen nach ihrem jeweiligen Nutzen, etwas, was das rumänische Volk lange nicht zu wissen bekam. Man liess Rumänien zuerst im Glauben, dass die vier Grossmächte Rumänien und die andern Balkan- und Oststaaten gemeinsam verwalten würden. Während aber die USA, England und Frankreich den Westen zugesprochen erhielten, bemächtigte sich Russland mit Zustimmung der andern Mächte des ganzen Ostens. Die russische Einflussspähre umfasste damals die Tschechoslowakei, Polen, Rumänien, Bulgarien und Ungarn. In Diskussion war Jugoslawien, dessen Haltung dann aber so gefestigt erschien, dass Russland davon ablassen musste. Dagegen verlangte Russland die Neutralität von Österreich, ebenso verbat es sich jede Einmischung in die Baltischen Staaten.

Die Auslegung des Friedensabkommens von Jalta, die dem rumänischen Volk lange vorenthalten geblieben war, verbreitete Bitterkeit und Empörung. Das ganze Volk war betroffen und sah sich immer mehr der Ohnmacht und Verzweiflung ausgesetzt, war es doch erst allmählich sichtbar geworden, welche Machtfülle Russland auf sich vereinigte. Und man erfuhr auch immer mehr, mit welchen Mitteln diese Macht ausgebaut wurde und welche Dämonen dabei im Spiele waren. Es war deshalb für die Menschen des Westens, die diese Entwicklung aufmerksam verfolgten, ausser Zweifel, was es hiess, in diesen Oststaaten sich etwas wie Freiheit erkämpfen zu wollen. Und was man zuweilen in Zeitungen zu lesen bekam, das wurde in diesem Prozess plötzlich zum unmittelbaren Erleben. Da standen Menschen von Fleisch und Blut, die dieser Hölle entkommen waren und die für ihren Widerstand gegen die fremde Macht Jahre der schlimmsten Leiden und Verfolgungen durchgemacht hatten. Gewiss, es gehörte zur Taktik Me. Floriots, wenn er behauptete, dass diese vier Delinquenten nicht ernst zu nehmen seien. «Ces accusés, Mr. le Président,» konnte er in seinem Plädoyer mit einer betonten ‚bonhomie' sagen, «sont de braves gens. Des gosses! Beldeanu laisse pousser sa terrible barbe. Mais c'est un gosse!»

Nein, Beldeanu war kein «gosse», das wusste auch Me. Floriot. Und ebenso wenig waren es die andern. Diese Menschen waren vielleicht nie «gosses», waren nie Jungen gewesen, die ihre Jugend bis in die Mannesjahre hinein hätten auskosten können. Früh waren sie in den Strudel der politischen Machtkämpfe hineingezogen worden, und das, was sie durchgemacht hatten, das hatte sie frühzeitig zu Männern gemacht. Freilich, körperlich waren sie schmächtig, nur Beldeanu war hochaufgeschossen, aber die Spuren der Hungerjahre dieser vier konnten dem aufmerksamen Beobachter nicht entgehen. Ihre Leiden aber, das war das Eigenartige, drückten sich gleichsam in der Umkehrung aus, indem sie sogar im Gerichtssaal einen Eindruck von innerer Sicherheit machten, die im Widerspruch zu den

Gegebenheiten dieser Gerichtstage stand. Die Schweiz, Land der Freiheit, Strafverteidiger, die von Mensch zu Mensch mit ihnen gesprochen hatten und die ihre freundschaftliche und verständnisvolle Gesinnung nicht verhehlt hatten, Sauberkeit bis in die Zellen der Untersuchungshaft, anständige Behandlung auch vonseiten der Wärter, ein geradezu gütiger Anstaltsdirektor, das waren Dinge, die ihnen wie ein unwahrscheinliches Märchen vorkommen mussten. Sie befanden sich in einer völlig andern Welt. Und wenn später, in der Haft, einer der Gefangenen einem Freund ins Ausland schrieb, dass sie hier auf dem Thorberg «in einem der schönsten Gefängnisse Europas lebten und dass, wenn er ihm erzählen könnte, wie gut sie es hatten, dieser ihm kaum glauben würde», so hatte schon die Untersuchungshaft bewirkt, dass diese Männer mit Disziplin und gutem Benehmen ihre Gesinnung, die Gesinnung freiheitsliebender Patrioten, in ihrer Haltung ausdrückten. Kein Verstoss gegen Anstand und gute Sitte, kein Ausfall, die Verteidiger hatten wahrlich leichtes Spiel. Es schien, als ob sie einander in die Hände arbeiteten, jeder ergänzend und bestätigend den andern ablöste und schliesslich alles in jene für alle, die es miterlebten, unvergessliche Apotheose des Me. Floriot ausmünden liessen, der ein Geschworenengericht restlos verfallen wäre und die selbst das Bundesstrafgericht nicht unberührt lassen konnte.

*

24

Schlaglichter, so wie sie Beldeanu von dem Überfall erhofft hatte, bedeuteten für die Weltöffentlichkeit die Aussagen der exilrumänischen Zeugenschaft, allen voran des prominenten Exilrumänen *Mihail Farcasanu,* der den vier Angeklagten die Unterstützung der Liga der Freien Rumänen und weiterer Kreise in den Vereinigten Staaten verschaffte. Farcasanu nahm durch seinen Namen und seine Tätigkeit einen besonderen Rang ein und wurde auch in den Noten der Rumänen an die Schweizer Regierung immer wieder genannt. Er war der Präsident der Liga der Freien Rumänen, deren Sitz sich in New York befand. In einer Note der rumänischen Regierung wurde er als «Emissär einer faschistischen Organisation» bezeichnet, der schon wegen Terrortätigkeit in Rumänien verurteilt worden war und der beschuldigt wurde, im Zusammenhang mit dem Überfall in Bern gestanden zu haben. Es wurde den Schweizer Behörden vorgeworfen, dass dieser Mann nicht von ihnen verhaftet worden sei, «obwohl seine Mittäterschaft an dem Verbrechen aus seinen eigenen Äusserungen hervorgehe.»

Am 16. Februar 1955 wurden laut NZZ vom 24. März Mihail Farcasanu und der Generalsekretär der Liga, Barbu Niculescu, von der Genfer Polizei im Zusammenhang mit dem Überfall in Bern einvernommen, zum Zeitpunkt also, als das Gesandtschaftsgebäude von den Angreifern noch besetzt war. Beide bestritten auf das entschiedenste, in irgend einer Weise am Anschlag beteiligt gewesen zu sein oder von dieser Aktion zum voraus gewusst zu haben.

Einige Tage später, am 19. Februar, kurz vor ihrer Abreise ins Ausland gaben die beiden Rumänen zuhanden der Presse eine Erklärung ab, worin sie unter anderem sagten, der Hauptzweck des Anschlages, nämlich der Nachweis, dass die rumänische Gesandtschaft in Bern ein Spionagezentrum sei, habe erreicht werden können. Eine ähnliche Erklärung gab Nicolescu an einer Pressekonferenz in Paris ab. Dies veranlasste die Bundesanwaltschaft, die kantonalen Polizeibehörden anzuweisen, Farcasanu und Nicolescu im Falle einer Wiedereinreise in die Schweiz anzuhalten. Am 22. März meldete — immer laut Bericht der NZZ — die Genfer Polizei der Bundesanwaltschaft die Ankunft Farcasanus. Daraufhin wurde dessen Überwachung angeordnet. Farcasanu begab sich am 23. März nach Bern auf die Bundesanwaltschaft, wo er um Audienz nachsuchte. Bei dieser Gelegenheit wurde er einem Verhör unterzogen. Da diesem Verhör in der Presse keine weiteren Mitteilungen folgten, ist anzunehmen, dass Farcasanu sich keiner strafbaren Handlungen schuldig gemacht hatte. Am gleichen Abend des 23. März durchsuchte die Polizei in einem Genfer Hotel sein Zimmer, offenbar auch ohne Ergebnis.

Schon am 19. Februar hatte die Liga der Freien Rumänen unter Mihail Farcasanu in Genf den technischen Zusammenhang mit dem Berner Überfall in Abrede gestellt, die Aktion aber als Protesthandlung gegen das unmenschliche Regime im Heimatland der vier Verhafteten politisch durchaus sanktioniert.

Am 15. April wurde aus London durch die AFP berichtet, dass Farcasanu dort an einer Pressekonferenz mitgeteilt habe, am Samstag nach der Schweiz zu reisen, um die Verteidigung der fünf Exilrumänen zu studieren. Am 18. April wurden die bernischen Anwälte Dr. Wild, Dr. Mastronardi und der Lausanner Advokat Robichon als Verteidiger gewonnen und die entsprechenden Vollmachten durch Mihail Farcasanu unterzeichnet. Die Liga der Freien Rumänen verpflichtete sich auch zur Übernahme der Prozesskosten, sie könne dies, erklärte Farcasanu, nachdem in den Vereinigten Staaten eine Sammlung veranstaltet worden war und sich ein Komitee zur Hilfe bei der Verteidigung der vier Rumänen gebildet hatte, dem sieben gegenwärtige und ein früherer Vertreter im Repräsentantenhaus angehörten.

Es war auch Farcasanu gewesen, der alles daran gesetzt hatte, überdies als Verteidiger einen der grössten französischen Strafverteidiger, Maître Floriot zu gewinnen. Er hätte wahrlich keinen besseren Mann finden können! Die Gazette de Lausanne schrieb denn auch nach dem Plädoyer des Me. Floriot: «Si Me. René Floriot voulait une apothéose, il l'a eue.»

Farcasanu hatte auch im Namen der Liga eine Erklärung abgegeben, in der er den Dank aller exilrumänischen Verbände an die schweizerischen Behörden ausdrückte, die die bürgerlichen und humanen Rechte der Angeklagten gesichert hätten.

Interessant dabei war auch, etwas über die Entstehung dieser Liga zu vernehmen. Diese bildete den Rahmen aller Widerstandsgruppen der verschiedensten Richtungen, deren leitende Organe von Exkönig Michael ernannt wurden, wie Farcasanu erklärte. Im selben Zusammenhang erwähnte Farcasanu auch, dass der ums Leben gekommene angebliche Chauffeur Setu eigentlich politischer Kommissär der Gesandtschaft gewesen war.

Seine Darstellung des Umsturzes in Rumänien vermittelt einen so eindrücklichen Überblick über diese Zeit, dass sie hier nach der Berichterstattung der NZZ vom 15. Juni 1956 wiedergegeben werden soll.

«Farcasanu verliess Rumänien im Jahre 1946. Vorher war er aktives Mitglied der Liberalen Partei und als Journalist tätig. Er entrollte unter gespannter Aufmerksamkeit des Saales *das Bild der kommunistischen Machtübernahme in Rumänien* im Kielwasser der Roten Armee. Die von den russischen Führern abgegebenen Zusicherungen, dass die Truppen nur aus militärischen Gründen das Land betreten und Rumäniens innere Ordnung nicht antasten würden, erwiesen sich als hohle Versprechen. Schritt für Schritt wurden die Freiheitsrechte abgebaut; die traditionelle Verbindung Rumäniens mit dem Westen, besonders mit der französischen Kultur, wurde als Spionage und Verrat ausgelegt. Die Besetzungsmacht unterstützte die aggressiven Aktionen der Kommunistischen Partei, die Behörden wurden entwaffnet, die Kommunisten bewaffnet. Zeitungen wurden unter Druck gesetzt und verboten, Drohungen und Deportationen waren an der Tagesordnung, Verhaftungen und Misshandlungen, Überfälle und Ausschreitungen auf offener Strasse häuften sich, Familien wurden auseinandergerissen. Die Jugendorganisationen der Liberalen Partei und der Bauernpartei waren zunehmenden Verfolgungen ausgesetzt. Die individuelle Freiheit existierte nicht mehr. Die Institutionen einer zivilisierten Gesellschaft wurden systematisch zertrümmert: das war das Ziel der Kommunisten.

«Die *Rumänen im Exil* sind heute, nach zehn Jahren unerfüllter Hoffnung auf die Rückkehr ihrer Heimat zur Freiheit, von einem *Gefühl der Enttäuschung* erfasst. Sie sehen, dass die internationale Politik eine Richtung eingeschlagen hat, die von ihrer Sehnsucht immer weiter wegführt.

«*Farcasanu kennt Beldeanu* (der übrigens im Sommer 1954 in den Vorstand der Liga eintrat). Als *Beweggrund der Berner Aktion* betrachtet er eine seelische Krise; die jungen Leute wollten sich selbst beweisen, dass sie des Widerstandes und damit ihrer Heimat würdig seien, und sie wollten darüber hinaus die Welt durch ein weithin hallendes Ereignis auf die Unterdrückung des rumänischen Volkes aufmerksam machen.»

Weitere Entlastungszeugen von Bedeutung hatten wichtige Funktionen innegehabt in Rumänien und sahen die Ereignisse in einem grösseren Zusammenhang als Beldeanu und seine Kameraden, die, als sie in den Kampf hineingezogen wurden, noch sehr jung gewesen waren und später im Ausland den Anschluss an die prominenten Exilrumänen noch nicht gefunden hatten. So wurde ein ergänzendes Zeugnis vom Schicksal der Eltern Beldeanus laut NZZ vom Sekretär Manius, Liviu Venetu, abgegeben:

Liviu Venetu traf im Gefängnis mit den Eltern Beldeanus zusammen, die verhaftet worden waren, weil ihr Sohn nicht aufgefunden wurde: Sippenhaft. Monatelang wurden Hunderte von Menschen ohne Verhör und unter schlechten Bedingungen festgehalten. Dann wurden die Mutter Beldeanus und der Zeuge freigelassen, der Vater Beldeanus blieb zurück. Über das weitere Schicksal der Eltern ist nichts bekannt. Nach einem Gerücht sind sie später nach Russland deportiert worden. Der Vater des Zeugen ist im Gefängnis gestorben, aber man hat dies dem Sohn erst nach wiederholten Bitten um Auskunft nach Amerika bestätigt. Der Zeuge hatte vom jungen Beldeanu den Eindruck eines feurigen Patrioten.»

Wesentlich sind auch die Aussagen dreier weiterer prominenter Rumänen, über die die NZZ am 15. und 16. Juni 1956 berichtete und die geeignet sind, die Verzweiflungstat der jungen Angeklagten zu verstehen. Es sind die drei Männer Constantin Stoicanescu, Gherman und Grigore Gafencu. Nachfolgend der Bericht der NZZ:

«*Constantin Stoicanescu* hat als Offizier den Frontwechsel der rumänischen Armee im Sommer 1944 mitgemacht, von dem an die Rumänen bis in den Mai 1945 an der Seite der Roten Armee gegen die Deutschen kämpften. Er hatte den Eindruck, dass die Russen durch ihre Kriegsführung versuchten, die Elite der rumänischen Armee zu eliminieren, um im Lande die Kommunisten besser fördern zu können. Die Wahlen von 1946 und 1948, bei denen der Zeuge als Gardekommandant gewisse Funktionen innehatte, waren ,integral gefälscht'. Der Zeuge erlebte dann durch einen politischen Kommissar in der Armee die übliche ,Gehirnwaschung', die ihm das ganze System der Überwachung und der Denunziation enthüllte. Er verliess Rumänien, weil er an den voraussehbaren Unterdrückungsmassnahmen gegen die Bauern nicht teilnehmen wollte.

«Eine klare und eindrückliche Schilderung der totalitären Methoden gab der frühere Vizepräsident des rumänischen Gewerkschaftsbundes und Leiter der Bergarbeitergewerkschaft, *Gherman*. 1946 hatte er als Mitglied eines Wahlbüros gesehen, wie die Fälschung der Wahlresultate vorgenommen wurde. Es waren zwei Wahlurnen vorhanden, eine vorbereitete falsche und die echte. Für die Auszählung wurde die präparierte Urne geleert. Der Zeuge konnte den Urnenaustausch in seinem Wahllokal verhindern, aber in der Mehrzahl der Bezirke wurde die Fälschung vollzogen. Weil er nicht Hand zur Fälschung bot, hätte ihn die Sozialistische Partei, von der er fünfmal in das Abgeordnetenhaus gewählt wurde, auf Druck der Kommunistischen Partei ausstossen sollen. Die Koalitionsregierung, unter deren Aegide die Wahlen stattfanden, hatte mit Freiheit und Demokratie nichts zu tun. Die Arbeiter Rumäniens haben nie so stark gelitten wie nach dem Krieg unter den Kommunisten. Führende Gewerkschafter wurden willkürlich verhaftet und auf administrativem Weg während Jahren eingekerkert. Noch im November 1955, als angeblich das Klima im kommunistischen Reich sich geändert hatte und das Gerede von der Koexistenz Trumpf war, wurden zwei Kollegen des Zeugen nach der Sowjetunion deportiert. In Wirklichkeit hat sich nach der Auffassung Ghermans *am Regime der Diktatur nichts geändert.*»

Eine weitere Zeugin, die als Journalistin bei der von Farcasanu geleiteten Zeitung tätig gewesen war, sagte aus, wie sie eines Tages von der Strasse weg verhaftet und, da man amerikanische Zigaretten auf ihr fand, als amerikanische Spionin festgenommen wurde. Im Gefängnis wurde sie nach den schon von Beldeanu u. a. beschriebenen Praktiken wie tausend andere geschlagen und andern, noch entwürdigenderen Methoden ausgesetzt. Schluchzend hatte sie diese letzte Aussage gemacht, und dann auf eine Frage eines der Verteidiger bejaht, mit eigenen Augen gesehen zu haben, wie eine Gruppe rumänischer Studenten, als sie die rumänische Nationalhymne sangen, von einem Kommunisten mit einer Mitrailleuse niedergemäht wurden.

Alle diese Aussagen rumänischer Zeugen über die historischen Hintergründe wurden dann durch eine Stimme aus der Zeugenschaft auf eigenartige Weise ergänzt. Es handelte sich um die Freundin Beldeanus, eine Schweizerin, durch nichts auffallend, eine bescheidene aber gediegene Erscheinung mit einem Zug mütterlicher Güte in dem offenen Antlitz. Eine Frau vielleicht, wie wir sie zu hunderten, zu tausenden sehen in unserem schweizerischen Alltag. Vielleicht machte aber gerade dies nicht Auffallende, dies Vertrauenerweckende jener Frau einen gewissen Eindruck. Von dem Vorhaben der vier Männer, die rumänische Gesandtschaft in Bern zu überfallen, hatte sie nichts gewusst, wohl aber von ihren Waffenkäufen. Das Gericht liess diese Frau unbehelligt, es war ihr keine strafbare Handlung nachzuweisen.

Es war denn auch das grosse Verdienst dieser Frau, dass sie Beldeanu in den Jahren der Haft die Treue bewahrt hat, dass sie ihn regelmässig besuchte und in ununterbrochenem zensuriertem Briefwechsel mit ihm stand. Nur die vorgeschriebene Beschränkung von Besuchen der Häftlinge sowie der Korrespondenz mit ihnen setzten da die Grenzen. Aber auch darin Korrektheit und bereitwilliges Einhalten des Masses. Ob diese Frau das Besondere des Fremdlings, den sie da kennen und lieben gelernt hatte, erkannt hat, ich weiss es nicht. Es ist auch nicht Sache der Öffentlichkeit, in dem, was die beiden aneinanderband, zu schnüffeln. Fest steht nur, dass diese Frau als einziges weibliches Wesen für die vier Männer ganz allgemein, für Beldeanu aber in besonderem Masse, ein Element in die so unmenschlich harte Wirklichkeit gebracht hat, das gar nicht zu überschätzen ist, etwas was sie vielleicht jahrelang aufs schmerzlichste entbehrt hatten: die spontane Herzlichkeit einer Frau für sie alle, Güte, Liebe für den Einen. Es war wohl das einzige Mal im Leben Oliviu Beldeanus, dass in dieser Beziehung das Schicksal ihm hold war und dass die kurze Zeitspanne, die den beiden gewährt war vor dem Angriff in Bern — ein gemeinsames Weihnachtsfest lag in diese Zeit eingebettet — dem bewegten und an Liebe oder auch nur an Herzlichkeit so armen Leben Olivius ein karg bemessenes Glück brachte, ein Ausruhen in einer anderen Seele. Denn Liebesabenteuer hatte dies Leben nicht gekannt, sie hätten kaum in dies grossangelegte, von tiefem Ernst und bitterstem Leiden gezeichnete Dasein gepasst. Wenige Frauen waren an seinem Wege gestanden, die Grossmutter, stets bekümmert um die Familie, um Puiu, den Enkel, stets vor der Ikone im Gebet um sie alle besorgt— von der Schwester wissen wir nichts als dass Oliviu nach den ersten Greueltaten der Russen rasch zu ihrem Schutze nach Hause eilen wollte, dann die Mutter, eine unter den Schrecken der Ereignisse zusammengebrochene Frau; und dann Ana, das Mädchen, nicht mehr als eine lichte Traumgestalt, in die er, in die auch seine leidenden Kameraden all das hinein projizierten an Wünschen und Sehnsüchten, was die Aussichtslosigkeit ihrer Lage, ihres Zustandes damals nur hervorbringen konnte.

Nun aber hier und jetzt, im Augenblick, da er die Hölle Ungarns, Jugoslawiens und seines eigenen Landes hinter sich hatte und sich anschickte, zu einer in seiner Vorstellung entscheidenden Tat für seine Heimat auszuholen, jetzt war diese Frau in sein Leben getreten und hatte in ihrer Schlichtheit und mit spontanem Einfühlungsvermögen nur das aussagen können, dass Oliviu Beldeanu ein guter Mensch sei, der zu keinem Verbrechen fähig wäre.

Abschliessend sei hier noch eine der eindruckvollsten Zeugenaussagen wiedergegeben, diejenige des ehemaligen rumänischen Aussenministers Grigore Gafencu (ebenfalls nach der NZZ vom 16. Juni):

«Wie wir bereits kurz meldeten, hatte unmittelbar vor dieser Schlussphase des Beweisverfahrens der letzte der rund vierzig Zeugen noch das Wort erhalten. Eine sichtliche Bewegung hatte das Auditorium ergriffen, als der letzte Aussenminister des freien Rumäniens, der heute in Paris im Exil lebende *Grigore Gafencu* den Saal betrat. Leidenschaftslos, von tiefem Ernst erfüllt, formulierte der Minister, ein überzeugter Liberaler, seine Anklage gegen die Unterdrücker der Heimat und seinen Appell an das Gewissen der Öffentlichkeit der in ihrem Wohlbefinden satten, jedoch durch den Machtwahn der gleichen Aggressoren und Tyrannen und ihr System bedrohten freien Welt. Das würdige Auftreten und die überzeugenden Ausführungen dieses prominentesten Vertreters der rumänischen Emigration haben einen *tiefen Eindruck* hinterlassen.

«Gafencu versicherte einleitend das Gericht, dass der Schock, welcher die Folge des plötzlichen *Zusammenpralls der Tragödie seines Landes mit den Grundsätzen vollkommener Ordnung und Rechtlichkeit der neutralen Schweiz* gewesen sei, nicht zuletzt die rumänischen Emigranten, welche wie kaum jemand sonst die Schweiz als Hort dieser Ordnung und Rechtlichkeit zu schätzen wüssten, tief ergriffen habe. Er bedauert die der Schweiz daraus erwachsenen Unannehmlichkeiten, wie er es auch bedauert, dass der an sich verwirrend und sinnlos erscheinenden Aktion ein Menschenleben zum Opfer fallen musste. Dabei ist er gewiss, dass die vier jungen Angeklagten dieses Bedauern mit ihm und mit seinen Gesinnungsfreunden im Exil vorbehaltlos teilen. Weniger verständlich allerdings ist ihm die Empörung über die ‚Nachtruhestörung' und die ‚Verletzung des Domizils' auf der Seite jener Leute, welche, wie Geschäftsträger Stoffel, in der Schweiz einen Staat und ein System vertreten, in dem und unter dem derartige ‚Störungen' in weit grauenhafterer Form an der Tagesordnung sind. Den Vertretern einer Tyrannis, die Nacht für Nacht Familien auseinanderreisst, Menschen deportiert und Unschuldige tötet, gebricht es an der Legitimation zur Klage.

«Der Zeuge trat dann auf die Schilderung des *Hintergrundes* ein, auf dem diese so erstaunliche und dem nüchternen Betrachter vielleicht sinnlos erscheinende Tat der vier jungen Rumänen zu sehen ist. Diesen Hintergrund bildet die tiefe *Niedergeschlagenheit, Hoffnungslosigkeit und Verzweiflung,* die sich seit der kommunistischen Machtergreifung wie anderer Satellitenländer so auch *des rumänischen Volkes* bemächtigt hat. Diese Verzweiflung ist nicht die Angelegenheit einzelner vom Schicksal geschlagener Menschen, sondern es ist die kollektive Verzweiflung eines ganzen Volkes, der ganzen rumänischen Nation. Von ihr sind alle Menschen und alle Schichten, Intellektuelle und Arbeiter, Handwerker und Bauern, früher zu den Besitzenden Gehörende und Arme gleicherweise betroffen. Minister Gafencu ist — wie er uns später im Gespräch versicherte — überzeugt, dass er hier nicht nur den Gefühlen der aus der Heimat vertriebenen Emigranten Ausdruck gab, vielmehr sind das Bewusstsein um den unnennbaren Verlust und die daraus erwachsende Verzweiflung im ganzen rumänischen Volke wach, wie alle Rumänen, die auch heute noch durch den Eisernen Vorhang den Weg in die Freiheit finden, immer wieder aufs neue bestätigen.

«Nach dem Zeugen sind es vor allem *drei Wurzeln,* die dieses Gefühl der Verzweiflung nähren. Einmal ist es der Schmerz über den *Verlust der staatlichen und nationalen Unabhängigkeit,* die auch in Rumänien in jahrhundertelangem Ringen erkämpft und mit der kommunistischen Machtübernahme nun völlig zerstört worden ist. Zum andern ist es das Gefühl der Unsicherheit und des *Verlustes jeder persönlichen Würde und Freiheit,* welches den einzelnen in diese Verzweiflung und Mutlosigkeit drängt. Es ist auch die *Angst,* dass die Menschen diesem Druck und diesen Anfechtungen jahrelang ausgesetzt werden und ihre Widerstandskraft allmählich einbüssen. Den Rumänen wird oder soll alles genommen werden, Gott und Glaube, Familie, Gemeinschaft, Tradition und Freiheit. Persönlichkeitswerte werden unterdrückt, der Mensch geistig abgetötet. Auflehnung dagegen aber führt ins Gefängnis oder statt zum psychischen zum physischen Tod. Als dritte Wurzel der nationalen Verzweiflung endlich nannte Gafencu die — meist nicht gebührend beachtete — Tatsache, dass die kommunistische Machtergreifung die Krönung nicht einer echten, aus dem Innern der Nation herausgewachsenen und von nationalen Kräften zehrenden, sondern einer von aussen in das Land hineingetragenen und fremder Ideologie verpflichteten Revolution gewesen sei. Eine solche Revolution aber könne nie geistige Erneuerung, vielmehr nur den Tod der Nation bedeuten.

«Gafencu konnte seine Ausführungen über die kollektive Verzweiflung mit der Zitierung eines prominenten und unbestechlichen Zeugen beschliessen. Dieser prominente Politiker liess sich kürzlich in einer vielbeachteten Rede wie folgt verlauten: ,Die Verhaftungen, die Massendeportationen von Tausenden von Menschen, die Hinrichtungen ohne Prozesse oder nach heuchlerischen Scheinprozessen haben die *Bedingungen für diese Unsicherheit, für dieses Grauen und diese Verzweiflung geschaffen.'* Es war *Nikita Chruschtschow,* der dies sagte, als er am 20. Parteitag in Moskau über den Stalinismus referierte! (Grosse Bewegung im Saal.)

«Wenn nun die Tat der Angeklagten vor dem *Hintergrund* dieser Verzweiflung und als elementarer Ausbruch aus dem latenten Zustand der Hoffnungslosigkeit und der Niedergeschlagenheit betrachtet wird, so geht es nicht mehr an, sie als blosse ,Verrücktheit', als ,sinnlosen Bubenstreich' abzutun. Vergessen wir nicht, dass *diese Aktion aus einer Atmosphäre* vollendeter, von oben *aufgezwungener Illegalität* heraus geboren wurde. Sie hat als eine Reaktion gegen, nicht als eine Aktion im Dienste und im Sinne der Gesetzlosigkeit zu gelten. Wohl wurde zu ungesetzlichen Mitteln gegriffen — zu ungesetzlichen Mitteln aber gegen die Ungesetzlichkeit und im Dienste des Rechts und der Freiheit, das andere ständig verletzen.

«Der Zeuge verzichtete darauf, sich einlässlicher über die Frage zu äussern, ob gewissen Aktenfunden in der Gesandtschaft Bedeutung beizumessen gewesen sei oder nicht. Solche Funde sind bedeutsam, weil sie die Gefahren belegen, die der freien Welt aus dem Herrschaftsbereich des Kommunismus drohen. Er hätte es sich nicht vorstellen können, wenn Beldeanu und seine Leute entsprechende Überlegungen überhaupt nicht angestellt und die Aktenschränke der Gesandtschaft einfach unbeachtet gelassen hätten. Die eigentliche Bedeutung der Aktion geht aber über dieses spezielle Motiv weit hinaus. Sie wollte eine Demonstration, wollte ein *Alarmruf* sein, der der freien Welt Augen und Ohren für das öffnete, was hinter dem Eisernen Vorhang geschieht. Wer möchte die Notwendigkeit eines solchen Alarmrufes aber im Ernst bestreiten in einer Zeit, wo sich die freie Welt immer mehr in eine gefährliche Indifferenz, in ein Sichabfinden mit dem Status quo diesseits und jenseits der Grenze zwischen Ost und West zu verlieren droht. Diese *moralische Kapitulation* des Westens ist nicht nur ansteckend, sondern für die freie Welt lebensgefährlich. Die vier jungen Rumänen, die dagegen demonstrierten, haben wohl eine Verrücktheit begangen. Hat sich diese Verrücktheit aber nicht gegen eine andere, weit grössere und gefährlichere Verrücktheit gerichtet, die der Westen mit dieser geistigen, moralischen Kapitulation vor dem Osten zu unternehmen im Begriffe steht?

«Grigore Gafencu schloss mit der gleichnishaften Erwähnung einer bezeichnenden Episode des 20. Moskauer Parteikongresses. Dem Redner Chruschtschow wurde aus der Mitte der Versammlung ein Zettel zugesteckt, auf dem ein Abgeordneter anonym die Frage stellte, warum er, Chruschtschow, und seine Kollegen zu den von ihm nun gerügten Greueln jahrzehntelang geschwiegen hätten. Chruschtschow bat den Absender des Zettels, sich zu melden. Schweigen im Saal! Darauf Chruschtschow: ,Eben darum haben auch wir geschwiegen'. ‚Diese vier jungen Leute auf der Anklagebank aber', so schloss Gafencu, ‚haben nicht geschwiegen, sondern mutig, laut und der ganzen Welt vernehmbar geschrien, und dafür bezeuge ich ihnen bei allem Bedauern, das ich über die Konsequenzen der Tat für die Schweiz und über den Verlust eines Menschenlebens empfinde, *meinen Respekt und meine Sympathie.*'»

Diese Zeugenaussage des früheren rumänischen Aussenministers hat dokumentarischen Aussagewert. Gafencu war sich bewusst, hier eine ungewöhnliche Gelegenheit zu haben, die Welt an die Leiden und Nöte seines Volkes zu erinnern. Es liess sich auf neutralem Schweizerboden vielleicht manches leichter sagen als in Paris, so wie ja auch der Anschlag Beldeanus möglicherweise mit Vorbedacht auf politisch neutralem Staatsgebiet stattfinden sollte.

Die Ansprache Gafencus umfasst die ganze Problematik, in der sich auch Beldeanu befand. Es ist heute eine müssige Frage, wie dieser Appell Gafencus auf die westliche Welt gewirkt hat. Krieg und Nachkriegszeit hatten ja die Unterwerfung nicht nur Rumäniens, sondern auch anderer Balkanstaaten sowie des Baltikums und weiterer fremder Staatsgebiete unter sowjetische Herrschaft gebracht, aus Königreichen oder demokratisch regierten Staaten waren «Volksdemokratien» geworden, die Grenzen des Machtbereichs der Sowjetunion hatten sich immer weiter nach Westen verschoben.

Es kann nicht Aufgabe dieser Nachzeichnung eines Heldenlebens unserer Zeit sein, kritisch Stellung zu nehmen dazu, was von den Staaten Westeuropas versäumt worden ist. Selbst geschwächt durch die Folgen des Krieges, hatten auch sie eine Fülle von Problemen zu bewältigen und waren gebunden durch manche neu eingegangene zwischenstaatliche Verpflichtung. Das mag als Entschuldigung gelten; ob es aber von jeglicher Schuld freispricht, ist eine Frage, die sich auch heute noch jeder besorgte Europäer zu stellen hat. Die Folgen dieser Versäumnisse des Westens jedoch sind nicht zu übersehen, und es fragt sich, wie lange die westliche Welt sich noch zu allen möglichen wirtschaftlichen Bündnissen zusammenschliessen kann, bis sie gewahr wird, dass auch die besten zwischenstaatlichen Zusammenschlüsse auf politisch schwachem oder gar schwankendem Grund nicht von Dauer sein können. Gemeinsame wirtschaftliche und in der Folge kulturelle und humanitäre Zielsetzungen werden über längere Zeit hinweg nur auf politisch gesicherter Grundlage gedeihen.

*

25

Die Anklage des Bundesanwaltes kann hier übergangen werden, ebenso wurde von der Verteidigung das Wesentliche gesagt. Alles hat sich ohne Zwischenfälle abgespielt, das Gericht hat seines Amtes gewaltet mit jener Souveränität, die nach den Regeln einer durch keine politische Rücksichtnahme behinderte Urteilskraft eingeengt oder gar bedroht ist.

Das Urteil des Bundesstrafgerichts lautete:

Für Oliviu Beldeanu auf 4 Jahre Zuchthaus unter voller Anrechnung der Untersuchungs- und Sicherheitshaft, zur Einstellung in der bürgerlichen Ehrenfähigkeit und zur Landesverweisung, beides auf die Dauer von 8 Jahren.

Für Stan Codrescu auf 3 Jahre und 6 Monate Zuchthaus, unter voller Anrechnung der Untersuchungs- und Sicherheitshaft; ferner zur Einstellung in der bürgerlichen Ehrenfähigkeit und zur Landesverweisung, beides auf die Dauer von fünf Jahren.

Für Ion Chirila auf 2 Jahre und 6 Monate Zuchthaus, unter Anrechnung der Untersuchungs- und Sicherheitshaft, zur Einstellung der bürgerlichen Ehrenfähigkeit und zur Landesverweisung, beides auf die Dauer von 5 Jahren.

Für Dumitriu Ochiu auf 1 Jahr und 4 Monate Zuchthaus, unter voller Anrechnung der Untersuchungs- und Sicherheitshaft, zur Einstellung der bürgerlichen Ehrenfähigkeit und zur Landesverweisung, beides auf die Dauer von 5 Jahren. Ochiu, dessen Strafmass durch die Untersuchungshaft schon getilgt war, wurde sofort dem Polizeikommando des Kantons Bern zum Vollzug der Landesverweisung übergeben.

Bei der Bemessung der Strafen wurde vom Bundesstrafgericht u. a. festgehalten, der ganze Fall liege schwer, anderseits seien gemäss Art. 63 des Strafgesetzbuches die Beweggründe, das Vorleben und die persönlichen Verhältnisse der Angeklagten zu berücksichtigen. Unter den Beweggründen fielen in Betracht die politische Überzeugung der Angeklagten und ihr Mitgefühl mit den Gesinnungsgenossen in Rumänien. Ferner wurden die Angeklagten, die nicht vorbestraft waren, als rechtschaffen geschildert und hätten Jahre härtester Prüfungen hinter sich.

Abgesehen von einer Bestrafung hatte man bei Ciochina, dem schwerinvaliden, beinlosen Rumänen, der die vier Angreifer in seinem VW-Wagen nach Bern gefahren hatte. In wohlüberlegter Weise hatte Beldeanu ihn auch nie über die wirklichen Absichten ihres Unternehmens eingeweiht. Bei der Vernehmung wirkte er unsicher und verstrickte sich, wohl aus Rücksicht auf seine Kameraden, in Widersprüche, gab aber dann zu, dass er tags zuvor Mihail Farcasanu getroffen und diesem versprochen habe, im Prozess die reine Wahrheit zu sagen, was er bereit sei zu tun. Es ist bei dem Schicksal dieses Mannes, das wir in einem früheren Kapitel aus dem Bericht von Laurence Wilkinson nachgezeichnet haben, zu begreifen, dass dieser bei dem kurzen Verhör, dem er unterzogen wurde, eine gewisse Unruhe und Gereiztheit nicht unterdrücken konnte. So nahm er sich denn auch heraus, bei dem ihm gestatteten letzten Wort zu einer scharfen Anklage gegen den Kommunismus auszuholen als dem «Raubtier», das ihn um seine Familie, seine Heimat und sein Glück gebracht habe. Es braucht kaum der Erwähnung, dass dieses leidenschaftlich hervorgebrachte Schlusswort des invaliden Mannes manch ein Gemüt im Ratssaal erschüttert hat.

Da die Parteien nach dem Schiedsspruch auf eine Replik verzichteten, kam es zum Schlusswort der Angeklagten, das Beldeanu im Namen seiner Kameraden aussprach. Auch hier war er wieder der Mann ohne Pathos, ohne Effekthascherei, aber auch ohne Zurückhaltung, da wo sie ihm nicht geboten schien. Er sei sich bewusst, führte Beldeanu aus, dass er die schweizerischen Gesetze verletzt habe und darum auch bereit, dafür gemäss dem Spruch des höchsten schweizerischen Gerichts zu sühnen. In ihrem Bericht über das Schlusswort Beldeanus berichtet die NZZ am 18. Juni u. a. folgendes:

«Nochmals sprach dann Beldeanu mit bewegter Stimme sein Bedauern aus über den Tod des Chauffeurs Setu, der nicht beabsichtigt gewesen sei. Dieses Bedauern sei umso stärker, als er in der Überfallsnacht in der Gesandtschaft einen Brief gefunden habe, in dem Geschäftsträger Stoffel zu scharfer Kontrolle des bei den zuständigen Stellen in Bukarest offenbar in den Geruch politischer Unzuverlässigkeit gefallenen Setu aufgefordert worden sei. Früher oder später wären wohl die Rückberufung des Chauffeurs nach Rumänien und sein Verschwinden in einem Gefängnis oder Lager dieser Aufforderung gefolgt, so dass ,sein Schicksal wohl vor dem Überfall bereits entschieden' gewesen sei.

«Von einiger Nervosität in den Journalistenbänken war die Ankündigung Beldeanus gefolgt, er wolle nun über einige *Funde in der Gesandtschaft* — unter Umständen mit Nennung von Namen — Auskunft geben. Der *Vorsitzende* ermahnte ihn aber, dies zu unterlassen und Auskünfte, die er unbedingt erteilen wolle, dem Bundesanwalt zu erteilen. Beldeanu beschränkte sich in der Folge darauf, von gewissem, auf Geschäftsträger Stoffels Schreibtisch gefundenem Propagandamaterial zu reden. Energisch setzte er sich nochmals mit dem von Dr. Lifschitz, dem Vertreter der Gegenpartei, erhobenen Vorwurf des Antisemitismus auseinander, der ihn während des ganzen Prozesses am härtesten getroffen habe. Er forderte den Vertreter der Zivilpartei auf, sich mit den Unterzeichnern des bewussten Briefes in Rumänien persönlich in Verbindung zu setzen, worauf ihm zweifellos anderslautende und richtigere Auskunft zuteil werde. Beldeanu schloss mit der Bitte an das Gericht, seine Mittäter am Überfall, für den er die Hauptverantwortung trage, milde zu bestrafen.»

Was jene Anschuldigung des Vertreters der Gegenseite und besonders der Frau des getöteten «Chauffeurs» Setu anbelangt, bediente sich Fürsprecher Lifschitz sozusagen eines Strohhalmes, um sich mit der Verteidigung über Wasser zu halten und die ganze Verworfenheit Beldeanus aufzudecken, nämlich Beldeanus Antisemitismus! Es werde Beldeanu nachgesagt, dass er sich einmal in der Schule mit einem Schuljungen gebalgt habe, der —

Jude war! Mit wieviel andern der junge Puiu wie seine Kameraden auf dem Schulhof nach Knabenart gerauft hatte, schien nicht
bedenkenswert. Me. Floriot hatte dann auch diese Anschuldigung
auf meisterhafte Weise lächerlich gemacht und erklärt, dass auch
er als Junge ein Gleiches getan habe und erst viel später gewusst habe, dass jener Eine zufällig ein Jude gewesen war.

Wir dürfen uns angesichts der Unhaltbarkeit dieses hässli-
chen Anwurfes von Fürsprecher Lifschitz daran erinnern, dass
in der Familie Beldeanu kaum Antisemitismus geherrscht hatte,
wenn wir daran zurückdenken, dass damals, als die Familie aus
Dej vertrieben wurde und nach Bukarest ziehen musste, und als
vom Norden Transsilvaniens her jüdische Flüchtlinge durch die
Verfolgung der Kommunisten bis nach Bukarest getrieben wurden, gerade die Eltern Beldeanus solche Flüchtlinge aufnahmen
und bei sich versteckt hielten, was, wie von andern Ländern bekannt, nicht ungefährlich war für die Gastgeber und leicht in
einer Kerkerstrafe hätte enden können. Ein kläglicher Versuch
deshalb, ein armseliger Strohhalm, sich einer Balgerei des kleinen Puiu auf dem Schulhof auf diese Weise zu bedienen! Es ist
daher begreiflich, dass Beldeanu sich bei diesem Vorwurf in
seiner Ehre getroffen fühlte und in seinem Schlusswort darauf
zu sprechen kommen musste. Denn Antisemitismus ist für jeden
Menschen echten Glaubens oder auch nur anständigen Charakters eine erbärmliche Sache.

Dass Beldeanu abschliessend das Gericht bat, gegenüber
seinen Mithelfern am Überfall Milde walten zu lassen, da er
selbst die Hauptverantwortung trage, war zu erwarten gewesen.
Es gehörte zum Wesen des Angeklagten.

*

26

Das Urteil wurde am 21. Juni 1956 vor dem vollbesetzten Gerichtssaal ausgesprochen. In würdiger Haltung nahmen die vier Angeklagten die Schiedssprüche entgegen. Sie empfanden die ihnen auferlegten Strafen, wie einer der vier später einem Freund ins Ausland schrieb, als durchaus gerecht.

Wenn einer der Anwälte kurz darauf ein Begnadigungsgesuch für Beldeanu und Codrescu einreichte, so geschah dies sicher nicht auf Drängen der beiden Gefangenen hin, gab doch auch ihr Benehmen im Gefängnis nie zu Klagen Anlass. Es wurde von der Anstaltsleitung sogar als tadellos bezeichnet. Das Gesuch war ohne Zweifel gestellt worden im Sinne einer vollständigen Rehabilitierung der beiden Gefangenen, wurde aber, wie vorauszusehen war, vom Bundesrat abgelehnt, da, wie aus dem bundesrätlichen Bericht vom 7. Dezember 1956 hervorgeht, das Gesuch keine Elemente enthielt, die bei der Rechtsprechung nicht schon berücksichtigt worden waren. Was das ausgesprochene Wohlverhalten der Sträflinge in der Anstalt anbelange, so könne dies nicht als Begnadigungsgrund gewertet werden, es werde jedoch bei einer späteren Prüfung der vorzeitigen Entlassung nach Verbüssung eines den Vorschriften entsprechenden Teils der Strafe seine Auswirkung finden.

Es versteht sich, dass das vom Bundesstrafgericht gefällte Urteil in der Presse seinen Niederschlag fand. Im Gegensatz zur Zustimmung in der bürgerlichen Schweizer Presse steht die Reaktion des Ostens: In Rumänien nach monatelanger Hetze gegen die Schweizer Behörden ein kommentarloses gedrängtes Communiqué über das Urteil, über den Prozess selbst vollständiges Stillschweigen. Und aus Moskau berichtet der Korrespondent der NZZ am 22. Juni, dass Radio Moskau noch keine Meldung über das Urteil durchgegeben habe. Hier wie dort ganz offenbar betretenes Schweigen, man war entweder auf Schauprozesse oder auf Aburteilungen hinter verschlossenen Türen eingestellt. Ausführliche Beschreibungen des Berner Strafprozesses hätten unangenehme Folgen in diesen Ländern haben können.

Stellvertretend für die Schweizer Presse seien hier Auszüge aus einem ausführlichen Bericht der NZZ vom 24. Juni 1956 angeführt, die in wahrhaft repräsentativer Weise den Schweizer Standpunkt darlegen.

«Die sorgfältige Abklärung und die unparteiische Beurteilung des Vorfalles haben der Welt gezeigt, dass man in der Schweiz auch sogenannte *politische Prozesse* im Geiste und nach den Regeln der *strengen Gerechtigkeit* behandelt und erledigt. Die ruhige und objektive Durchführung der Hauptverhandlung, die den Willen zur Begrenzung des Prozessthemas auf die eingeklagten Tatbestände ebenso erkennen liess wie die Bereitschaft zur Entgegennahme ausführlicher Schilderungen des politischen Schicksals des Heimatlandes der Angeklagten, hat auch auf die zahlreichen ausländischen Beobachter einen starken Eindruck gemacht. Unbeeinflusst durch politische Sympathien und Antipathien oder durch diplomatische Rücksichtnahme sprach das Gericht sein gerechtes Urteil: unsere Rechtsordnung — *die Rechtsordnung eines freiheitlichen, demokratischen Kleinstaates* — hat in diesem von Leidenschaften umwitterten Fall ihre *Bewährungsprobe* bestanden.

«Der von der rumänischen Regierung sofort nach dem Ereignis und ohne Kenntnis der näheren Umstände leichtfertig erhobene Vorwurf der Mitverantwortung oder Haftbarkeit der Schweiz für den Überfall war völlig unbegründet und ist auch nachträglich in aller Form *zurückzuweisen*.

«Rumänien hat darauf verzichtet, im Zusammenhang mit dem Prozess diese Anklage wieder aufzunehmen. Das Gesandtschaftspersonal, das bis auf den Geschäftsträger kurz nach dem Überfall heimberufen worden ist, durfte nicht zur Zeugenaussage erscheinen. An die Stelle der scharfen Kampagne gegen die ,Banditen' und ,Kriegstreiber' einerseits und die schweizerische Regierung anderseits ist ein *offenkundiges Desinteressement* getreten, das sich auch im fast vollständigen Stillschweigen der vor einem Jahr noch eifrig tätigen Sekundanten in Moskau und Prag über den Prozessverlauf kundtat. Weil die politische Linie in Moskau geändert hat und momentan Konfliktstoff nicht gefragt ist, lässt man ein vor kurzem scheinbar noch sehr vitales und gewichtiges Thema, das zu diplomatischen Noten und «spontanen» Protesten in Bukarest anregte, einfach aus Abschied und Traktanden fallen...

«Die vier Angeklagten sind keine Kriminellen. Ihre Tat war ungesetzlich, verhängnisvoll und in wesentlichen Teilen auch zwecklos; aber gerade das Fehlen aller Merkmale einer geübten Agententätigkeit *profiliert die inneren Beweggründe* und macht sie glaubhaft: junge Rumänen, die ein grausames Regime aus ihrer Heimat vertrieben hat, bäumen sich mit einem fast unbeholfen wirkenden Akt gegen die Ausrottung der Freiheitsrechte in ihrem Vaterland auf und wollen sich durch eine vermeintlich grosse Tat aus der Depression des Exils herausarbeiten. Die Erinnerung an die Qualen, die ihre Eltern, ihre Geschwister, ihre Freunde und sie selbst erlitten, der Protest gegen die Unterdrückung ihres Volkes und der Appell an die patriotischen und religiösen Kräfte haben sie zu ihrer Aktion getrieben. Es waren weder raffinierte Spione noch grosse Helden, die vor den Schranken standen, sondern bescheidene junge Leute, die den Weg von Tausenden und Zehntausenden gegangen sind und durch ihre Aktion stellvertretend die Stimme der Vertriebenen, Gefolterten und Entrechteten erheben zu können glaubten.

«So entrollte sich auf dem Hintergrund der nüchternen Tatbestände des schweizerischen Strafrechts *das dunkle Bild eines kommunistischen Staates unserer Zeit* — eines Staates, den die Angeklagten durch ihre persönliche Lebensgeschichte und der lange Zug von Entlastungszeugen mit Grigore Gafencu an der Spitze durch ihre Beobachtungen im politischen und kirchlichen Leben in seiner abstossenden Hässlichkeit zu zeichnen in der Lage waren. Die bewegende Geschichte vom langsamen *Untergang der Freiheit und des Rechtes* im totalitären Regime ist bekannt; aber erst die *Einzelheiten* bis hinunter zu den Machenschaften einer Wahlfälschung, einer ungesetzlichen Verhaftung und den schreckerfüllten Nächten in den Kellern der Polizeigefängnisse vermögen das brutale Gesicht des Terrors ganz zu enthüllen. Der Prozess hat die menschlichen und nationalen Tragödien, die sich im kommunistischen Machtbereich abspielten und immer noch abspielen, blitzartig erhellt. Der Wunsch der Angeklagten, die Welt auf die Zustände in ihrer Heimat hinzuweisen, ist nicht durch ihre strafbare Tat, wohl aber durch die Verhandlungen im ehrwürdigen Berner Rathaus in Erfüllung gegangen.

«Die vier Eindringlinge in die rumänische Gesandtschaft sind vom Bundesstrafgericht zur Rechenschaft gezogen worden. Dem *moralischen Urteil* jedoch untersteht die Frage nach dem *Ursprung des Konflikts,* der in der illegalen Aktion jener Februarnacht dramatisch beleuchtet wurde. Dieses Urteil steht für die überwiegende Mehrheit des Schweizervolkes ausser Zweifel: Der *Kommunismus* beraubt mit seinem Terrorsystem die Völker der Freiheit und treibt sie in den heimlichen und offenen Widerstand; er ist der *Urheber des internationalen Bürgerkrieges,* von dem eine Szene auf unseren Boden getragen wurde. Der Prozess über die vier Exilrumänen ist mit einem gerechten und besonnenen Urteil zu Ende gegangen — der Prozess über das System, gegen das sie protestieren wollten, wird vor dem Tribunal der Geschichte und des Gewissens fortgesetzt.»

*

27

Das Tribunal der Geschichte und des Gewissens — welch gewaltiges Spannungsfeld, das sich da zwischen diesen beiden Begriffen öffnet! Geschichte, das von Menschen gestaltete Geschehen in der Zeit, von Menschenmassen niedrigster Stufe bis zu Völkern, Nationen höchster Kulturfähigkeit — Gewissen, die Angelegenheit Einzelner, des Einzelnen, geschaffen zu furchtbarem Missbrauch wie zum Dienst an den Geboten der Ethik, eine wahrhaft gigantische Spannweite vom Untermenschlichen hinaus zum Über- und Aussermenschlichen. Einen winzigen Geschichtsausschnitt solchen Waltens stellen die Ereignisse in Bern in den Jahren 1955 und 1956 dar, auf dem dunklen und lange währenden Hintergrund dämonischer Mächte freilich, zusammengefasst in zwei gegensätzliche Menschengruppen, eine geknechtete, leidende, aber zahlenmässig weit überwiegende Masse und eine harte, der Macht des Bösen verschriebene, bis ins Letzte abgesicherte herrschende Schicht weniger. Wie könnte da je ein Gleichgewicht oder ein Ausgleich geschaffen werden, wie könnte Geschichte Ausfluss des Gewissens, Gewissen geschichtsbildend werden? Sind das nur Utopien? Hat die Geschichte nicht immer wieder Beispiele vom Aufstreben und wieder Zurücksinken der Völker in das Mittelmass oder darunter gezeigt? Mittelmass, wäre dies denn das richtige Mass? Wohl kaum. Und doch, wie, wenn einmal das Pendel im Mittelmass hängen bliebe, wenn einmal das Zünglein an der Waage, das tückische, gerade dann stehen bliebe, wenn beides, Geschichte und Gewissen die Waagschalen gleichmässig ausfüllten?

Eine Pressestimme zum Rumänenprozess scheint mir gerade in diesem Zusammenhang von Bedeutung zu sein, ein längeres Zitat aus dem Leitartikel im «Le Temps de Paris» über dessen Eindrücke vom Prozess. Es heisst dort laut Übersetzung des Pariser Korrespondenten der NZZ unter dem 21. Juni:

«Die Tat der vier Rumänen erinnert einigermassen an die Résistance in Frankreich und an die verzweifelten Unternehmen jener Jahre des gekränkten Nationalgefühls. Wir stossen auf das Entsetzen und die Revolte einer Jugend, die über das Unglück ihres Landes nicht hinwegkommt und den Weg zu einer besseren Zukunft versperrt findet. Der Überfall von Bern bedeutet auch eine Warnung, einen *Alarmruf* an die Völker, die sich gegen die über der ganzen Welt schwebenden Gefahren gefeit wähnen. Bricht die geistige Résistance im Osten zusammen, so können auch andere Völker von der Kapitulation erfasst werden.

«Man kann sich fragen, ob der Handstreich auf die rumänische Gesandtschaft in Bern eine wirklich ernst zu nehmende Warnung bedeutet. Der Bundesanwalt hat diese Frage verneint und den Hauptangeklagten als einen Don Quichotte bezeichnet. Die Verteidiger bestreiten diese Darstellung nicht. Der *Wahnsinn Don Quichottes* hat die Jahrhunderte überdauert, grosse und selbstlose Taten hervorgerufen, die zu den Herzen der Menschen sprechen und auch die strengsten Richter nachsichtig stimmen.»

Also wiederum Don Quichotte. Schon der Bundesanwalt hatte Beldeanu als einen Don Quichotte bezeichnet. Das wäre, wie wir in einem früheren Kapitel festgestellt haben, recht ehrenvoll, wenn der Ausspruch nicht von Bundesanwalt Dubois stammte und er damit der Interpretation, was ein Don Quichotte war und ist, Tür und Tor öffnete. Etwas davon ist denn auch in jenen Leitartikel des «Temps de Paris» geflossen, in dem dieser vom Wahnsinn Don Quichottes spricht. Und gerade das, gerade wahnsinnig war Don Quichotte nicht, und das war auch Beldeanu nicht. Die Dinge in einem Wahn sehen, also nicht in ihrer vollen Realität, ist noch nicht Wahnsinn. Bei Don Quichotte war es ein Wahn der Seele, freilich in hohem, oft groteskem Ausmass. Aber sein Wahnbild war von lauterster Art. Und in dieser Form kann Wahn zur Extase führen und sich damit der Grenze zum Wahnsinn nähern. Wahnsinn aber ist reine Krankheit, ist durch den Betroffenen nicht korrigierbar, ist zerstörend, indem es Geist und Seele zerstört, während beim blossen Wahn die Seele immer wieder in eine Ruhelage zurückkehrt um neue

Kräfte zu sammeln, seinem Wahnbild, bei Don Quichotte einem überaus edlen, dem Dienst am Menschen, von neuem Folge zu leisten, immer in verehrender Huldigung und zum Wohlgefallen seiner angebeteten Dulcinea.

Gewiss, auch wir könnten in Beldeanu einen Don Quichotte im Sinne eines Wahnsinnigen sehen, wenn wir nur rational sein Schicksal verfolgt hätten. Sein Lebensbild hat aber bis zu dem Zeitpunkt, da er vor seinen letzten weltlichen Richtern stand, auch nicht ein einziges Mal die Züge eines Wahnsinnigen gezeigt. Sein Handeln war das eines Menschen, der an der Schwelle seiner Jugend in den Strudel eines grausamen politischen Kampfes hineingezogen wurde. Hätte er zu jenem frühen Zeitpunkt je einen Überblick über die Lage haben können, wenn selbst reife und politisch geschulte Männer wie sein Onkel Mureseanu, wie Ghita Pop, wie Maniu nicht wissen konnten, was da über ihr Land hereinbrauste? Sein Sinn hatte nach Kunst und deren Ausübung gestanden, er hatte malen, besonders aber bildhauern wollen, und hat, kaum der Kunstakademie entwachsen, weder Pinsel noch Meissel mehr in der Hand gehabt bis zur vorletzten Station seines Verweilens auf dieser Erde, im Thorberg, bevor er wieder in Freiheit gesetzt wurde und damit in den Tod gerannt ist. Die Zeit aber, in der er seinen Kampf um die Freiheit seines Landes begann, fand ihn noch unreif, noch war alles im Gären in ihm begriffen, sein Patriotismus nahm vielleicht übersteigerte Formen an, er kannte aus der Nähe tapfere, unbeugsame Männer, Führernaturen mit einer fertigen Weltanschauung und mit einem geschulten Verantwortungsbewusstsein. Das spornte an. Doch als es auch diese aus dem Hinterhalt traf, als der russische Koloss jede Freiheit, jeden Glauben zum Ersticken brachte, da war es auch für sie zu spät, den Gegenangriff wirksam einzuleiten. Wieviel weniger für einen Puiu Beldeanu!

Es brauchte das Niederknallen seines geliebten Hundes Patrocle, dann seine erste Gefangennahme, seine erste Flucht, seine nächtliche Rückkehr ins Elternhaus, es brauchte die sich im Gebet verzehrende Grossmutter und vor allem die durch Misshandlungen furchtbar entstellte Mutter, was ihn zum Manne machte und damit zu einem Kämpfer, der bereit war, vorwärts zu stürmen und sich von Rache und Hass treiben zu lassen ebenso wie von hoher Vaterlandsliebe, und der — das Kennzeichen des Helden — alle Brücken hinter sich abbrach, um nicht in Versuchung zu geraten, umzukehren. Noch erkannte er den Feind nicht in seiner ganzen Gewalt, aber jetzt ahnte er ihn. Und dieses Ahnen liess in ihm jenen heiligen Wahn aufkeimen, das Unmögliche zu tun und es möglich zu machen. Mit Wahnsinn aber hatte das nichts zu tun. Wenn heute russische Freiheitskämpfer in psychiatrische Kliniken eingewiesen werden, so sicher nicht zur Heilung ihres «Wahnsinns», sondern gerade um diesen gefährlichen Keim der Selbstaufgabe für die grosse Sache der Freiheit zu ersticken und damit die Seelen dieser Männer auszulöschen oder auszuwechseln, dort wo die Kraft der Schwergeprüften nicht ausreicht und es gelingt, ihren Widerstand zu brechen und sie zu andern Menschen zuzurichten, wenn der Name Mensch dadurch auch aufs tiefste geschändet und in Frage gestellt wird.

Die Haltung Oliviu Beldeanus, dessen Name man in Verbindung mit einer der ergreifendsten Gestalten der Weltliteratur gebracht hat, ist ganz eindeutig die Haltung des Helden von heute. Heldentum, wie es aus den alten Mythen und Sagen und aus der Geschichte bekannt ist, gibt es nicht mehr. Dem Helden von heute ist es versagt, zu kämpfen wie einst Hektor im Trojanischen Krieg kämpfte oder wie Alexander der Grosse seinen hohen Gegner Dareios besiegte. Es ist ihm auch versagt, wie ein Dareios zu sterben und von seinem einstigen Feind und Verfolger nach seinem Tode mit dessen Königsmantel ehrenvoll zugedeckt zu werden. So in Würde unterzugehen vor den Augen einer Welt ist dem Helden von heute verwehrt. Er darf es nicht mehr, so wie er auch nicht mit gleichen Waffen gegen den Feind ankämpfen kann.

Und dennoch tut er das Unausdenkbare bis zu seinem unausweichlichen Verhängnis. Und was wiederum neu ist und in der Geschichte noch nie der Fall war: er tut es zu Tausenden, zu Hunderttausenden! Die Zahl wird nie feststellbar sein, sie kann nur geahnt werden. Aber sie könnte auch in die Millionen gehen, wer wüsste es zu sagen! Im Osten herrscht darüber Friedhofsstille, nur bei allgemein bekannten Namen geht man vorsichtiger zu Werke oder statuiert mit ihnen — je nach Opportunität — ein Exempel. Die grosse Mehrheit aber geht unbekannt und ungenannt unter, so wie ihr Schicksal auf immer unbekannt bleiben wird. Das ist vielleicht das ganz grosse Kennzeichen unserer Zeit, dieses namenlose Kämpfen und das ebenso namenlose Sterben. Es gehört zum Wesen des heutigen Begriffs vom Heldentum. Und wir haben allen Grund, es einmal tief zu überdenken. Denn es zeigt eindeutig, dass es dieser unserer Zeit nicht an Grösse fehlt, und dass geheime Kräfte auch heute noch wirken, ungesehen und unerkannt vielleicht, aber mit der ihr eigenen Kraft, aufzubrechen und offenbar zu werden zu jeder Zeit.

Das Wort von der unbewältigten Vergangenheit, was hat es uns zu sagen? Darf diese grausame Vergangenheit je als bewältigt abgetan werden? Der Westen hat sich weitgehend mit den herrschenden Zuständen hinter dem Eisernen Vorhang abgefunden. Wie sehr hätte heute der geknechtete Osten seine Hilfe nötig! Kann sich der Westen überhaupt leisten, teilnahmslos alles jenen verzweifelten Freiheitskämpfern des Ostens zu überlassen anstatt den Gegendruck zu verstärken, Nährboden zu werden für kommendes Heldentum? Alles ist noch zu tun. Aber es muss von der Mitte aus kommen. Das Extreme ist das Gefährliche, das Undurchsichtige, das Getarnte vielleicht. Mass und Mitte sind anzustreben, nicht lau und gleichgültig, sondern aufbrechenden Herzens, damit das Notwendige getan werde und wir den Leidenden des Osten die Hände reichen können.

Der Bericht über die Verurteilung der vier Rumänen darf nicht abgeschlossen werden, ohne dass wir noch einer Zusammenkunft gedenken, die nach dem Prozess auf Einladung der Berner Studentenverbindung Zofingia stattgefunden hat. Es trafen sich dort Persönlichkeiten des öffentlichen Lebens, ein Alt-Bundesrat, Professoren, Studenten und geladene Gäste, zu einem Diskussionsabend mit einigen der bedeutendsten Führer der rumänischen Exilbewegung. Aus den Voten der Exilrumänen ging deutlich und dringend der Wunsch hervor, es möchten doch die westlichen Völker aus ihrer Passivität gegenüber dem, was im Osten vor sich ging, heraustreten. Das Problem besteht heute noch. Denn noch liegt die Vergangenheit greifbar nahe zurück. Und mehr noch, sie ist erschreckend in unsere Gegenwart hineingewachsen. Nichts darf abgetan, nichts vergessen werden, so lange prominente Widerstandskämpfer des Ostens mit diesem tiefen Ernst und der Eindringlichkeit von Verzweifelten so zu uns sprechen wie jene Gäste der Zofingia. Denn nichts ist seither besser geworden in diesen Staaten, so dass die nämlichen Beschwörungen noch heute ausgesprochen werden könnten. So sei hier denn die vollständige Berichterstattung der NZZ vom 26. Juni 1956 wiedergegeben als wichtige Dokumentation von noch heute bestehender Aktualität. Es geht nicht an, dass wir uns müde machen lassen von schon und immer wieder Gehörtem und Gelesenem und dann wieder zur Tagesordnung übergehen. Unterhaltsamer freilich ist es, wenn wir Bilder und Schlagzeilen in unsern Zeitungen sehen, wo z. B. die Königin eines einstigen Weltreiches den heute mächtigsten Mann Rumäniens empfängt und von ihm zu Tische geführt wird. Sollten wir darin aber nicht ein Zeichen des verlängerten Armes Sowjetrusslands erkennen und damit uns bewusst werden, wie weit in den Westen hinein dieser Arm heute reicht?

Hier die Wiedergabe des Berichterstatters der NZZ jener Zusammenkunft mit Exilrumänen:

«... Unter den eingeladenen Referenten befand sich auch der ehemalige amerikanische Kongressabgeordnete Kersten, der als enger Mitarbeiter Präsident Eisenhauers und als Kommissionspräsident im Kongress bestimmend auf die Gestaltung der amerikanischen Aussenpolitik eingewirkt hat.

«Unter dem Titel: ,Der Kampf der Exilierten gegen Totalitarismus und Terror' zeichnete Dr. Mihail Farcasanu, Präsident der freien Rumänen, New York, die Funktion und die Bedeutung der Exilierten für die noch freie Welt. Einerseits sind sie Zeugen dessen, was sich hinter dem Eisernen Vorhang abgespielt hat und immer noch abspielt, anderseits sind sie, weil sie die kommunistische Methode und Taktik am eigenen Leib erfahren ha-

248

ben, zur *Warnung und Aufklärung der Menschen im Westen* befähigt und berufen. Zahlreiche Attentate auf das Leben der Exilierten beweisen, dass sich die kommunistischen Machthaber der wichtigen Doppelfunktion der Exilierten wohl bewusst sind. Für diejenigen, welche die Hölle des Bolschewismus erlitten haben, bleibt die unentschlossene, nachgiebige Haltung der Westmächte den Herren des Kremls gegenüber unverständlich. Die von einer handvoll Verbrechern geknebelten Völker Osteuropas hoffen auf die moralische und materielle Stärke des Westens, und es erfüllt sie deshalb mit tiefer Verzweiflung, wenn sie immer und immer wieder erfahren müssen, dass massgebende westliche Politiker auf das Koexistenzgeschwätz der neuen kommunistischen Führergruppe hereinfallen. Die Exilierten hoffen wie ihre unterdrückten Landsleute in der zerstörten Heimat auf die Befreiung vom kommunistischen Joch. Wenn der Westen dem Kreml gegenüber eine entschlossene, unnachgiebige Haltung einnehmen würde, wäre es — nach Dr. Farcasanu — den gequälten Völkern Osteuropas möglich, sich selbst durch die Kraft des aufgestauten Hasses vom fremden Joch zu befreien.

«Der von tiefem moralischem Ernst und echter Sorge ob der Blindheit so vieler westlicher Politiker getragenen Darstellung Farcasanus schlossen sich die Voten weiterer Offiziere, Publizisten und Politiker des alten Rumänien an, die das Bild des Exils, seiner unmittelbaren Ziele und seiner Hoffnungen ergänzten. Ihr eindrückliches Zeugnis erinnerte an Gabriel Marcel, der die Stimme der Exilierten das ‚De Profundis einer gequälten Menschheit' nannte.

«Der weltpolitische Situationsbericht des amerikanischen Politikers *Kersten* bedeutete in seiner Klarheit und Eindringlichkeit ein Erlebnis besonderer Art. Ausgehend von der Definition Augustins, wonach der Friede ‚die aus der gerechten Ordnung strömende Ruhe' ist, zeichnete er die fundamentale Strukturverschiedenheit des totalitären und des freiheitlich-demokratischen Systems. Eine *echte Koexistenz* wird zwischen den beiden *nie möglich* sein, weil einerseits der Weltkommunismus auf sein letztes Ziel, die Weltrevolution und damit die Unterjochung der noch freien Welt, nicht verzichtet, und anderseits der Westen die verhasste Unterdrückung ehemals freier Völker in Osteuropa und Asien nie akzeptieren darf. Dieser Tatsache sind sich die Sowjets bewusst, und sie benützen deshalb die gegenwärtige Koexistenzparole, um sich eine Atempause und damit Zeit zur Überwindung der eigenen internen Schwierigkeiten und zur Vorbereitung der neuen Aggressionsphase zu verschaffen. Dem *Westen* steht ein *ungeheures moralisches Kapital* zur Verfügung: der tödliche Hass der Unterdrückten gegen ihre Unterdrücker. Dieser Hass ist der mächtigste Verbündete des Westens, denn die Sowjets werden nie einen offenen Krieg wagen, solange sie ihrer eigenen Satellitengefolgschaft nicht sicher sind. Deshalb muss der Westen eine *unnachgiebige und harte Politik gegenüber dem Weltkommunismus* betreiben; jedes ‚appeasement' bringt die unterdrückten Völker der Hoffnungslosigkeit und der Verzweiflung näher, und der Westen liefe Gefahr, seinen wertvollsten Verbündeten zu verlieren. Man ist sich im Westen seit langem einig über die Usurpation der Macht durch die Kommunisten in den Oststaaten, man stellt die dauernde Fälschung der Wahlresultate fest und verneint demnach die Legitimität der so ‚gewählten' Regierungen. Trotzdem anerkennen die Westmächte ‚de jure' diese *Marionettenregierungen*. Der Westen muss in Zukunft den offiziellen diplomatischen Verkehr mit den Satellitenregierungen beschränken oder — wenn möglich — vollständig einstellen. Kersten ist mit dieser sehr prononcierten Stellungnahme im Einklang mit einer mächtigen Strömung in der zeitgenössischen Völkerrechtsdoktrin.

«Der Rektor der Universität nahm in der Diskussion einen Gedanken von Kersten auf, kam aber, entgegen der Auffassung Kerstens, zum Schluss, dass der Begriff der Freiheit nicht dogmatisch und rational erfassbar sei und dass sich deshalb der westliche Freiheitsbegriff kaum als zügige antikommunistische Parole werde verwenden lassen. Nationalrat Bretscher, Vizepräsident der Liberalen Weltunion, umriss abschliessend in treffenden Worten die *Stellung der Schweiz* in der Auseinandersetzung Ost—West. Die vom Ausland oft schwer verstandene schweizerische Neutralität sei wohl die aussenpolitische Devise unseres Staates, doch sei das Schweizervolk im Herzen durchaus nicht neutral oder gar indifferent, sondern beziehe klar und entschlossen für die Sache der Freiheit Stellung.

«In einem ergreifenden Schlusswort sprachen die rumänischen Gäste und Herr Kersten unserem Land ihren *Dank* aus für die Sympathie und das Wohlwollen, das ihnen von seiten der Schweiz während ihres Berner Aufenthaltes entgegengebracht worden war.»

Wie bedenklich akademisch nahm sich in jener Diskussion doch die Bemerkung des damaligen Rektors der Berner Universität aus, ja, wie sophistisch angesichts des Ernstes und der Brisanz der ganzen Problematik, im Hinblick aber vor allem auf den verzweifelten Versuch junger Rumänen, am Joch der Knechtschaft ihres heimgesuchten Landes zu rütteln!

So bedeutete es eine gute Fügung, dass Nationalrat Bretscher den Begriff der Freiheit auch im Schweizervolk nochmals unmissverständlich darlegte und ihm den gebührenden Rang in den Kategorien menschlichen Seins einräumte.

*

28

Wieder senkt sich der Vorhang vor dem Geschehen, das in den Archiven Festgehaltene, nun Geschichte Gewordene, wird schon bald wieder von neuen Begebenheiten in der Öffentlichkeit überspielt.

Während Dumitriu Ochiu das geringste Strafmass zuerteilt hielt und dieses schon durch die Untersuchungshaft getilgt war, wird er sogleich auf freien Fuss gesetzt, das heisst den Polizeibehörden übergeben zur Durchführung der verhängten Landesverweisung.

Beldeanu, Codrescu und Chirila werden wieder nach Thorberg überführt, diesmal offenbar, aus einem Brief eines der Inhaftierten zu schliessen, in den neu erbauten Trakt des Gefängnisses. Jeder von ihnen kommt in einen andern Teil, sie sehen einander nur bei der Rückkehr von der Arbeit, am gemeinsamen Arbeitsplatz oder bei allgemeinen Veranstaltungen. Mit andern Häftlingen suchen sie wenig Kontakt, sie genügen sich selbst und ertragen ihre Haft leicht. Welcher Unterschied aber auch zu den Gefängnissen des Ostens, die sie alle kennengelernt hatten!

«Die Zimmer sind sauber und bequem», schreibt einer in einem Brief, «der Aufenthalt hier ist sehr gut zu ertragen, wenn ich ihn Dir beschriebe, würdest Du es kaum glauben.» Mit dem wohlwollenden Direktor Werren an der Spitze, einem erprobten, durch jahrzehntelange Erfahrungen gereiften Manne kann auch das Wachtpersonal nicht anders als anständig seinen Dienst ausüben, Verständnis und Güte von oben übertragen sich wohl auf die ganze Belegschaft.

Die drei Rumänen sind der Leitung schon bekannt, man weiss, dass man sich auf sie verlassen kann, die Überwachung kann gelockert werden, und es erweist sich, dass man richtig daran tut. Beldeanu, der sich seiner Natur nach sehnt nach konstruktiver Arbeit, wird schon bald in der mechanischen Schreinerei eingesetzt, die sich ausserhalb der Gefängnistore befindet, und arbeitet dort mit Hingabe. Er schätzt den Vertrauensbeweis des Direktors sehr und wird dieses Vertrauen auch nie erschüttern, ebenso wenig wie dies auch die andern rumänischen Häftlinge tun. Bei Bedarf wird Beldeanu zusammen mit Chirila auch in der Landwirtschaft beschäftigt, sie müssen Heu holen für das Vieh und auf dem Felde arbeiten. Ja, mit der Zeit, vermutlich als er als letzter der drei noch zurückbleibt, setzt man Beldeanu sogar als Postordonnanz ein. Das Postbüro für den Thorberg befindet sich in dem im Talboden liegenden Ort Krauchtal, während die Anstalt hoch oben über der Ortschaft auf einem bewaldeten Hügel liegt, von wo aus man einen herrlichen Ausblick auf die Anhöhen und das grüne Tal hat. Wälder unterbrechen zuweilen die Sicht in die Ferne, Bauernhöfe breiten sich stattlich aus im Schutze mächtiger Linden, reich, überschwänglich reich geschmückt die Fenster mit roten Geranien. Die Strasse verbindet in anmutigen Windungen die einen Kilometer entfernte Anstalt mit dem Dorf, hier ein Bach, dort ein wohlbestellter Garten, Gemüse, Beerensträucher strassenwärts, hauswärts Blumen aller Art, Rosen, Dahlien, Zinnien, im Frühling Flieder vom Weiss bis in alle Lila-Schattierungen, dann wildwachsend oder in einer Gartenecke der weissblühende Holunder.

Postordonnanz! Welch ungewöhnlicher Vertrauensbeweis des Anstaltsdirektors, dem Häftling aus Rumänien dies Amt zu übertragen! Er muss es als Auszeichnung empfinden, hätte es ihn sonst dazu gedrängt, dem Geschehen sichtbaren Ausdruck zu verleihen? Noch heute steht im Direktionszimmer der Anstalt, wo jetzt der Sohn des damaligen Direktors des Vaters Arbeit fortsetzt, eine etwa dreissig Zentimeter hohe Figur: Der Postgänger! Da trägt ein kräftig gebauter Mann einen gefüllten Postkorb am Rücken, schwer lastend, wie es zunächst den Anschein macht. Trägt dieser Mann, trägt da Oliviu Beldeanu die ganze Schwere seines Schicksals hinter sich her, die unsichtbare Bürde, die ihm sein unglückliches Rumänien aufgeladen hat? Oder fragt er sich im Dahinschreiten, ob wohl der Korb auch für ihn etwas enthalte, ein Zeichen liebenden Gedenkens etwa, eine Nachricht von Gleichgesinnten aus irgend einem der fünf Kontinente, wie er es schon so oft erfahren durfte? Eine Welt im

254

Tragkorb des Dahinschreitenden! Botschaften vielleicht auch für Mitgefangene, schicksalhaft in die Zukunft weisend, ebenso schicksalhaft auch Verfügungen von Behörden...

Und doch, liegt nicht auch etwas von der stillen Freude des Postgängers darin, wieder Vertrauen zu besitzen? Freude auch, freien Boden unter den Füssen zu fühlen? Dies alles mag mitschwingen auf dem täglichen Gang des Häftlings Oliviu Beldeanu hinunter zur Post, neben sich einen freundlichen Aufseher. Und wenn die beiden dann, Oliviu mit dem Tragkorb am Rücken, den Berg wieder hinaufsteigen und der Schritt sich etwas verlangsamt, da hat er Zeit, um sich zu blicken, die einst zum schöpferischen Sehen geschulten Augen umherschweifen zu lassen — längst hat es wohl zwischen Aufseher und Häftling nichts von Bedeutung mehr zu reden gegeben, umso besser, das ist die Zeit, Schönheit in sich aufzunehmen, die sich ihm in jedem Baum, jedem Strauch so willig darbietet. Da wird Arbeit, Pflichterfüllung zur Erholung, zur Belebung, zum Ansporn, zum Hin- und Zurückdenken an die Heimat, an die Berge und Hügel Transsilvaniens, die er als Junge mit dem Vater durchstreift hat oder mit Nelu, dem älteren Vetter, der ihm so herrliche Heldensagen zu erzählen wusste und der ihn auf seine unerbittliche und doch so kluge Art gelehrt hatte, wie man die Furcht besiegt, ja wie man gegen sie zu leben hatte, wenn man ein tapferer Rumäne werden wollte. Und dann die langen, langen Tage beim Schafehüten, einmal den Kopf auf den neben ihm liegenden Patrocle gelegt und in die Ferne schauend, die alte Scheune mit der Linde, die die Landschaft in zwei Landschaften verwandeln konnte, das hatte er ja so beglückend erlebt, ein andermal aber in seiner zerschlissenen Ilias lesend und dabei teilnehmend an den wundervollen Taten seiner griechischen Helden! Und immer in der Ferne die feine Abschlusslinie am Horizont der dunstig-blauen Berge, hinter denen alles zu wähnen war, was der junge Puiu sich nur ausdenken mochte!

Ach, wie hätte Oliviu, der Sträfling vom Thorberg, dies je vergessen können! Wäre es nicht wie Verrat gewesen an seinem Land, seiner Heimat, für die er ja gekämpft und gelitten hatte, wenn er hier, wo er ein wohltuendes Asyl gefunden hatte, nicht ihrer gedacht hätte!

Und dann sind ja da noch die Kameraden. Es ist schön, sich mit ihnen zu treffen, er fühlt, sie gehören zusammen, Chirila, Codrescu, auch sie beide zufrieden, so zufrieden wie man es in ihrer Lage nur sein konnte. Denn auch Codrescu wird zu wichtiger Arbeit eingespannt, hilft er doch als gelernter Mechaniker mit bei der Erstellung einer Zentralheizung im alten Zellentrakt. Auch da rennt man selten an verschlossene Gittertüren an, und es wird gute Arbeit von ihm verlangt. Und wenn diese Arbeit zu Ende ist, wird er bei der Landwirtschaft und beim Strassenbau beschäftigt. Auch diese Betätigung vollzieht sich natürlich ausserhalb der Gefängnismauern. Das Vertrauen, das man in der Direktion der Strafanstalt in diese Männer setzt, wird von ihnen sehr ernst genommen.

Ion Chirila, der ehemalige Student und Hilfsarbeiter, der Pfarrerssohn, wo sollte er sinnvoll eingesetzt werden? Man beschäftigt ihn in der Schusterwerkstatt. Und es ist anzunehmen, dass jene kleine aber sehr feine Lederarbeit aus Resten unter seinen Händen entstand, die ein hoher Beamter der Anstalt später geschenkt erhalten wird als Etui für ein Messer, das Beldeanu verfertigt hat und in dessen Holzgriff er die nach Horaz ins Lateinische übersetzte Sentenz «Dulce et decorum est pro patria mori» eingekerbt hat, das ausdrückend, was längst die beiden Urheber der zwiefachen Gabe beherrscht, dass es «süss und verdienstvoll sei, für das Vaterland zu sterben.»

In diesem Zusammenhang muss jenes unrühmlichen, ja unmenschlichen Majors Bakajew in Solschenizyns Archipel Gulag gedacht werden, der durch eine niederträchtige Geste, einer Exekution gleichkommend, in die Geschichte eingegangen ist. Es befand sich da im Lager auch ein einstiger Bildhauer, der eine kleine Plastik «trauernde Mutter» für sich angefertigt hatte. Als jener Major bei einem Kontrollgang diese Figur entdeckte, herrschte er den Bildhauer an: «Warum lässt du sie weinen? In unserem Land weinen die Mütter nicht!» Sprach's und holte aus, um sie zu zerschlagen. (Bd. 2, S. 468).

Es sei süss, für das Vaterland zu sterben, sagt jener Messergriff Beldeanus aus. Was hatte Laurence Wilkinson doch in seinem Buche für ein altes rumänisches Sprichwort angeführt? «Keine Frucht ist bitterer als die Macht einer Fremdherrschaft im eigenen Land.» Dort süss, hier bitter — das gehörte zusammen. Das weiss auch Oliviu Beldeanu, und dazwischen liegt der Kampf, das Leiden und wohl auch das Sterben. Der Schaft des selbstgefertigten Messers spricht es aus. Der alte Schwur, von dem Oliviu vor der Übergabe im rumänischen Gesandtschaftsgebäude von einem Priester entbunden worden ist, ach, wie unvergessen lebt er dennoch weiter in dem unentwegten Kämpfer! Wie hätte er ihn jemals aufgeben, vergessen können, wie sich davon wirklich befreien! Niemals, das ist so fest in seinem Innern eingekerbt wie der Spruch des Horaz auf dem Messerschaft.

Wie reich er doch ist, «der Riese», wie sie ihn zuweilen nannten, auch wenn er nichts besass, so konnte er noch schenken, Menschen beglücken mit seiner Hände Arbeit! So hat er auch andere Menschen, deren Güte er erfahren durfte, beschenkt; es sind Dinge, die dauern werden und auch dauern würden über seinen Tod hinaus. Wohl sind es nur Dinge, Gegenstände, aber alle drücken sie etwas von der inneren Grösse, der Würde ihres Herstellers aus.

Doch auch sonst wissen die Häftlinge ihre kurze Freizeit zu nutzen. Die Verbindung mit der Aussenwelt ist keineswegs abgebrochen, da sorgt schon die Liga der Freien Rumänen dafür. Von ihr erhalten sie nicht nur von Zeit zu Zeit kleinere Geldbeträge für Auslagen, die sie sich sonst nicht hätten leisten können, sie erhalten auch regelmässig Zeitungen und politische Zeitschriften, zum grossen Teil aus New York und Washington, dann aber auch aus verschiedenen europäischen Ländern, aus Paris, Rom, München, aus Spanien, Triest, Wien, aus Kanada, Brasilien usw. In brieflicher Verbindung stehen sie ebenfalls mit Menschen verschiedenster Nationen, regelmässig läuft aber auch der Briefverkehr — immer in den Grenzen des vorgeschriebenen Masses und zensuriert von der Schweizerischen Bundesanwaltschaft — mit der Zentrale der rumänischen Flüchtlinge in Triest.

Religiöse Vereinigungen im Ausland senden Lektüre, Ion Chirila wird nach seiner Haftentlassung ein Gleiches tun von Spanien aus und zwar in reichem Masse. Die Verbindung mit ihm wird bestehen bleiben. Es wäre auch kaum denkbar, dass der gemeinsame Kampf, die gemeinsame Not, das gemeinsame Ziel nicht die Freunde auf immer zusammenhielte. Da senken sich Begriffe wie Freundschaft und Treue in tiefe Bereiche hinab. Aber auch mit Ciochina, dem einstigen Chauffeur des Volkswagens, dauert die Verbindung an. Ebenso werden die Häftlinge laufend über die Vorgänge in Rumänien durch Zeitschriften und Zeitungen orientiert.

Aus Salzburg trifft von einer rumänischen katholischen Mission ein Brief ein, in dem der Rektor jener Mission schreibt, er habe Beldeanu im Jahre 1954 auf einem Kongress in Königstein in Westdeutschland getroffen, wo über das Thema «Kirche in Not» gesprochen und nachgedacht wurde.

Beeindruckend sind besonders die Zeichen, die Einzelpersonen, namentlich auch Frauen, den Gefangenen zukommen lassen, «tröstliche Zeitverkürzung durch Lektüre anstelle von Schokolade», heisst es da etwa, wobei Schokolade und auch andere Esswaren, ebenso Zigaretten laut Anstaltsreglement nicht angenommen werden dürfen. Wo sich die Anfragen häufen, namentlich vor den Festzeiten, dürfen keine Ausnahmen gemacht werden, denn gemäss Erklärung der Anstaltsleitung erhalten sämtliche Häftlinge die gleichen Gaben und dies in reichlichem Masse.

Ein besonders ergreifendes Zeichen der Sympathie geht Beldeanu zu von einer Schweizerfrau, die durch eine Polizeistelle, bei der sie anfragte, dazu ermuntert wurde, den drei Häftlingen etwas Lektüre zu schicken. Sie schreibt dazu:

> «Sehr geehrter Herr Beldeanu. Gestatten Sie einer unbekannten Familienmutter, Ihnen dies kleine Päcklein zu senden. Wie wohl fast alle Zeitungsleser nehme ich wärmsten Anteil am Ausgang Ihres Freiheitskampfes. Dass auch unser Vaterland opferbereite Männer brauchte und Gottseidank fand, beweisen Ihnen die Biographien von Herrn

Nationalrat Dürrenmatt und Dr. Feigenwinther sel. Erst vor
kurzem war es mir möglich, in Herzogenbuchsee das Grab
des grossen Berners zu besuchen, auf dessen Granit-Grab-
stein die Worte zu lesen sind: ‚Selig sind die da hungern
und dürsten nach Gerechtigkeit, denn sie werden satt werden.'
Nebenbei noch die kleine Lebensbeschreibung meines Bru-
ders. Gerne würde ich Ihnen und den beiden Helfern in
Ihrem Kampf das Buch von Silvio Pellico ‚Le mie Prigioni'
auf italienisch oder deutsch zukommen lassen. Mit freund-
lichem Gruss ...»

Aus Brasilien schickt die Socieda Cultural «Rumania» ein
Schreiben unter Beifügung einer Abbildung, die ihr von einem
Rumänen übergeben worden sei mit der Behauptung, das Origi-
nal stamme von Beldeanu. Da sie dieses Bild, wenn die Aussage jenes Rumänen ihre Richtigkeit habe, in ihrer Monatsschrift
veröffentlichen möchte, wäre sie dankbar für seine Antwort.
Das Bild stammte in der Tat von Beldeanu und stellte ein Kreuz
mit Fahne und Gewehr dar.

Das sind Fügungen über den Erdball hin, da vereinigen sich
grosse und kleine Wunder zu Wirklichkeiten. Dies gilt auch für
jenen Brief einer Rumänien-Schweizerin, der den Weg nach Thorberg fand. Die Briefschreiberin sagt darin, dass sie in Rumänien
als Schweizerin geboren sei in der gleichen Stadt wo Ciochina
gelebt hatte. Dann habe sie achtzehn Jahre lang in Bukarest gewohnt, wo ihr Vater Sprachlehrer war. Sie sei sehr glücklich in
diesem Lande gewesen, man war gut angesehen und konnte in
Anstand und Ehren sein Brot verdienen. Deshalb bewahre sie
für die Rumänen Gefühle aufrichtiger Freundschaft, und da sie
einen Teil ihrer Ferien in Bern verbringen werde, möchte sie
die drei Inhaftierten gerne besuchen. Dies Gesuch wurde dann
auch bewilligt, und man kann sich unschwer vorstellen, was für
Gefühle die vier Menschen in jener Besuchsstunde bewegten.

Es gibt tatsächlich kaum ein Land — mit Ausnahme des
Ostens natürlich — das nicht auf irgend eine Weise ein Zeichen
nach dem Thorberg sendet. Und auch aus der Schweiz selbst

häufen sich die Sympathiekundgebungen. Eine schweizerische Zeitschrift hatte offenbar über Beldeanu berichtet und eine oder mehrere seiner Skulpturen abgebildet, worauf zahlreiche Anfragen aus verschiedenen Städten der Schweiz eintrafen, ob solche Werke zu erwerben seien. Das Interesse war gross, allein, es war Beldeanu ja nur während der Untersuchungshaft möglich gewesen, viel für sich zu arbeiten, während der eigentlichen Strafverbüssung war seine Freizeit begrenzt, so dass er der Nachfrage niemals hätte genügen können. Beldeanu war übrigens auch kein guter Geschäftsmann. Als mein Mann und ich bei einem Besuch im Thorberg im Büro des damaligen Direktors nach dem Preis für die «Betende», die dort aufgestellt war, fragten, sagte er uns, Beldeanu habe selbst keine Ahnung, was er dafür verlangen solle. Wenn wir sie erwerben wollten, könnten wir einfach bezahlen, was wir für angemessen fänden! Sicher hat es ihm mehr Freude gemacht, einem hohen Beamten der Anstalt oder auch einem ihrer Advokaten etwas Kleines aber Gewichtiges herzustellen und zu schenken als um grosse Einnahmen zu arbeiten. Auch hierin ein reiner Tor, ein Don Quichotte!

Welcher Art aber ist der Lesestoff, der ihnen in Büchern, Zeitschriften und Zeitungen aus aller Welt regelmässig zugeht? Das meiste betrifft natürlich Rumänien, von der Sicht der Exilrumänen aus gesehen, aber auch durch die Presse anderer Länder. Geschichtliche Abhandlungen über ihr Land und andere Länder, Bücher über die Freiheit, die Zeitschrift «America», selbst «La Paix Soviétique» liegt fortan auf ihrem Tisch in den Zellen, ebenso das Werk von Georg Rauch: Das sowjetische Russland; aus Kanada trifft ein Buletinul Militar ein. Es fehlt auch nicht an zahlreichen religiösen Schriften und Kalendern, so «Perspective christine». Vereinigungen orthodoxer Frauen Rumäniens in verschiedenen Ländern (Ohio, Spanien, Frankreich usw.) schicken ebenfalls einschlägige Lektüre. Von einem Professor aus Paris wird Beldeanu persönlich ein Buch überbracht: Mihail Niculescu: Omul si Pamantul Romanec, in Lumina Literaturii Noastre, Prefata de Basil Munteanu, von der Fundatia Regala Universitara Carol I, Paris.

Was sie ausser diesem Lesestoff noch möchten, verschaffen sie sich durch die Verwaltung in Buchhandlungen. Da geht es nur um Werke, die ihnen weiterhelfen sollen wie z. B. eine deutsche Grammatik, Sprachlehren wie rumänisch/deutsch, rumänisch/französisch, ja rumänisch/portugiesisch, im Englischen ganze Lehrkurse, ferner ein kleines Lexikon, Bücher über elementare Physik in Französisch, (Codrescu), den Larousse, ferner Wörterbücher in verschiedenen Sprachen, ein Werk Ralph Waldo Trines: «A l'Unission de l'Infini». Besonders Chirila und Beldeanu beschäftigten sich mit Fragen der Religion.

Und von Zeit zu Zeit bestellt sich Beldeanu kiloweise Plastilin, Werkzeug und anderes Material für seine künstlerische Arbeit.

Meine Aufzählung all dessen, was für das geistige Wohl der Gefangenen aus der Nähe und über Länder und Meere im Thorberg zusammenströmte und die einsamen Zellen der Häftlinge erfüllte, muss unvollständig bleiben. Und auch das, was sie sich selbst dazu an geistiger Nahrung anschafften, ist nur andeutungsweise hier aufgezeichnet. Es zeigt zur Genüge und dient auch nur dazu, darzutun, dass geistige Bedürfnisse und Sammlung von Kenntnissen die jungen Männer in ihrer Freizeit beschäftigten. Und das Wissen um die Verbundenheit mit der Aussenwelt weit über die Landesgrenzen hinaus muss mitgeholfen haben, ihnen die Jahre des Freiheitsentzuges nicht allzu schwer werden zu lassen.

Was wartet ihrer aber nachher? Alles liegt im Ungewissen. Sicher ist nur das eine, keiner wird je mehr die Heimat sehen, keiner von ihnen hat ein Zuhause. Die Bande mit den Angehörigen sind zerschnitten. Man muss den Mut, die innere Bereitschaft aufbringen, sich in diese Lage hineinzudenken. Kein Mensch erwartet sie draussen. Einzig Beldeanu würde wohl mit Liebe und verstehender Wärme bei seiner Freundin empfangen werden. Aber die Landesverweisung ist ja auch ihm auferlegt, und irgendwo in der Stille sesshaft zu werden, würde wohl sein Gelübde auf immer verbieten.

Als ich in Begleitung des Direktors und einiger Freunde Oliviu Beldeanu im Thorberg aufsuchte und ihn fragte, was er zu tun gedenke wenn er frei sein werde, da schaute er mich mit seinen tiefliegenden Augen durchdringend an und sagte mit leiser, aber herber Stimme nur das eine Wort: «Weiterkämpfen!»

Er zeigte mir den Kalender an der Wand seiner Zelle, auf dem er jeden Tag abstrich, den er hinter sich gebracht hatte. Einige Monate — der Tag war rot angezeichnet — dann werde er entlassen werden. Ein Blick in seine Zelle hatte mir bestätigt, was ich vermutet hatte. Die Zelle lebte! Lebte von den Stössen von Büchern und Zeitschriften, lebte von ausgeschnittenen Bildern an der Wand, von aufgestellten kleinen Gegenständen, alles sauber und ordentlich gehalten. Und ganz in der Nähe der kleine Verschlag, seine Werkstatt, in der so wundersame Werke entstanden, alles primitiv eingerichtet, aber genügend, etwas von dem auszudrücken und zu formen, was in ihm nach künstlerischer Gestaltung rief. Zelle und Werkstatt, es musste wie ein tiefes Atemholen sein für den Mann, der einst als gehetzter Flüchtling zu einem unsteten Leben verurteilt war, nirgends ein Verweilen, es sei denn in den abgründigen Zellen seiner rumänischen, ungarischen und jugoslawischen Kerker, nirgends mehr ein Halt, es sei denn eine ebenso gehetzte Freundesseele wie jener Jakob, mit dem er im winterlichen Gebirge umherirrte, eine Krähe als letzte Wegzehrung mit ihm teilend, und den Tod neben sich, in dessen Arme er sich so gerne gelegt hätte.

Ob Beldeanu diese Zeitspanne im Thorberg als den grossen Orgelpunkt im Leben empfunden hat, jenen Punkt, wo schliesslich alle Stimmen, die in seinem Leben zunächst harmonisch aufklangen, dann aber immer schriller, immer schmerzlicher durcheinandergeworfen wurden und zu wilden Dissonanzen führten, ob diese Stimmen wieder zusammenströmten zu einem einzigen wohlklingenden und lang anhaltenden Akkord, das ist nicht auszumachen. Seine ruhige, bestimmte Art liess es vermuten, auch seine Handschrift sagt einiges über ihn aus. Klar, flüssig, festgefügt und beinahe gerade, zeugt sie eher von innerer Ausgeglichenheit. Auffallend gross die Anfangsbuchstaben, hingesetzt wie Zeichen am Anfang einer Aussage. Waren sie es, die den Mann verrieten, die ganz heimlich und ohne dass er es wusste, anzeigten, dass immer wieder ein Neubeginn sein würde, an dem

er die fallengelassenen Fäden wieder aufnehmen müsste zu
neuem Tun? «Weiterkämpfen!», das war vielleicht das Geheimnis auch jener grossangelegten Anfangsbuchstaben seiner Handschrift.

*

29

Und dann war dieser im Kalender rotangestrichene Tag des Austritts gekommen. Es war wie bei den andern zu erwarten gewesen, dass ihm wegen guter Führung ein Drittel seiner Strafzeit gemäss Art. 35 des Schweizerischen Strafgesetzbuches erlassen wurde. Die Ungeduld hätte ihm bei seinem Austritt wohl keine Zeit mehr erlaubt, sich nochmals umzusehen, seine Blicke schweifen zu lassen über die verschiedenen Gebäudeteile, von denen jeder einzelne vielleicht für ihn seine Geschichte, seine Bedeutung hatte. Keine Zeit wohl auch, die Geranien ein letztes Mal zu bewundern, die reich blühend jetzt im Herbst immer noch an den Fenstern eines wettergeschützten Gebäudetraktes rot aufglühten. Er hatte es am Tage zuvor getan, war nach der Arbeit wie im Traum auf dem stattlichen Platz herumgegangen, hatte das prachtvoll gearbeitete Eichentor am Hauptgebäude, die breite Steintreppe, die zu ihm hinaufführte, bewundert, die mächtige Vase neben der Tür, schon gefüllt mit Tannzweigen, rotem Herbstlaub, goldgelben Schafgarben dazwischen, so festlich alles von guten Frauenhänden hingestellt zur Freude aller.

Das Schönste aber für ihn, den Bildhauer, der mächtige Brunnen in der Nische gleich unterhalb jener Treppe, die zum Eichenportal hinaufführte. Welch ein Brunnen! In nach aussen geschwungener Form, überschwänglich ausladend das ovale Becken, aus dem nämlichen hellen Gestein gehauen wie die breitangelegte Treppe, sicher ruhend in jener Nische, ja sie beherrschend, Grundton in jenem mächtigen Akkord, der hier aufklang, auf dem sich die Treppe gleichsam in ehrwürdigen Terzen und Quinten emporschwang bis hinauf zu jener überreich gefüllten Tonvase neben der Eichentür. Schlicht aufsteigend im Becken aber der Brunnenstock, auch er mächtig und im Ebenmass mit dem Becken, und einen starken Strahl klaren Wassers freigebend. Oben leicht zur Mitte ansteigend ein einfacher Abschluss, im Sommer von Geranien überhangen, jetzt aber schon bar jeden Schmuckes. Wie oft war sein Auge an diesem

obersten Teil des Brunnenstockes hängen geblieben! Er, der
Bildhauer, verkürzte die Säule vielleicht um einiges, sah anderes darauf, zog in seiner Vorstellung vielleicht schon
die Linien, die Senkrechte, die Horizontale, die Diagonalen
bis hinauf zu dem Punkt, der ihm die Höhe der Figur
anzeigte, einer Figur, die er dafür hätte schaffen mögen.
Einmal in seinem Leben — welche Erfüllung wäre das für ihn
gewesen! Wie es ihn gelockt hatte all die Zeit, die er hier weil-
te! Und wie oft er sich gefragt hatte, welcher Art seine Figur
hätte sein müssen, wen er hätte dort hinaufheben wollen, allen
zur Schau, Mann, Frau, ein Kind gar. Und manchmal mochte
er dabei an die lieblich schwebende Brunnenheilige seiner Heimat gedacht haben in der Nähe von Cluj, jene Gestalt, die so
oft sein helles Entzücken bedeutet hatte.

Allein, es ging wohl nicht an, willkürlich und austauschbar
Gestalten zu schaffen. Jede forderte ihren eigenen Raum und
den Zusammenhang mit ihrer Zeit. Da wäre wohl auf dieser
Brunnensäule einzig eine Gestalt erstanden wie sie dieser Gegend eigen war, ein schlichtes Bauernmädchen zum Beispiel, so
wie er ihnen auf seinem Gang zur Post immer wieder begegnet
war, einen Korb am Arm, reich gefüllt mit Früchten vielleicht
oder mit Blumen, denn diese Mädchen trugen ja immer volle
Körbe durch den Tag, alles an ihnen unterstrich, was die ganze
Landschaft so reich ausdrückte: Fülle und Mass zugleich und
darüber — Dankbarkeit.

Dankbar ... so hatte es Beldeanu überlegt. Wie aber diese
Dankbarkeit in das einfache Gesicht der jungen Bäuerin hinein-
zaubern? Das musste von innen herkommen, konnte nicht aufgetragen werden. Und es musste wohl von ähnlicher Beschaf-
fenheit sein wie das glückselige, verhaltene Lächeln seiner frühen heimatlichen Brunnen-Madonna. Das aber war Geheimnis
und Lösung zugleich: Beides, so wusste er es jetzt, hing zusammen mit jenem Geborgensein in einem höheren Wesen, erhoben, getragen von einem Göttlichen. Das war der Zusammenhang, deshalb wohl auch das unbändige Verlangen, diese Brunnenfigur zu schaffen, diese Wahnidee, von der er seit langem
nicht mehr losgekommen war.

266

Er wusste, es wäre unmöglich gewesen, den Gedanken in die Tat umzusetzen. Dazu hätte sein kleiner Arbeitswinkel, sein bescheidenes Werkzeug nicht ausgereicht. Und woher auch nur den Stein nehmen! Das hatte er sich immer wieder gesagt. Aber im Geiste sah er sie dort oben stehen, seine junge Bäuerin, in der ganzen Lebensfülle eines freien Menschen, der dem Sinn des Lebens getreu nachlebt, weil er um den Segen von Saat und Ernte weiss.

Es möchte daher wie eine Trotzreaktion erscheinen, dass er die beiden «Belgier» schuf. Als er einmal im Büro des Direktors war, hörte er draussen im Hof Pferdegetrappel. Er wandte den Kopf zum Fenster und erblickte dort ein Pferdegespann, das einen schwerbeladenen Wagen zog. Und weil der Hof ganz leicht ansteigt, brauchte es für die kräftigen Tiere eine vermehrte Anstrengung, die ganz offenbar im Zusammenspiel der gespannten Muskeln und Sehnen für das geschulte Auge des Künstlers besonders beglückend sein musste. Das Gespann, die beiden «Belgier», eine besonders schwergebaute und kräftige Rasse, kam denn auch zur Ausführung und stand später im Arbeitszimmer des Direktors, ergreifendes Zeichen des Dankes für wohlwollendes Verstehen.

*

30

Am grossen Tag, da sich für Oliviu Beldeanu die Gefängnistore endgültig öffnen sollten, an jenem für ihn denkwürdigen 15. Oktober 1957, dachte er wohl im Durchschreiten des Gefängnishofes an anderes als an eine Mädchenfigur auf dem Brunnensockel oder ein Pferdegespann aus Lindenholz. Das Endgültige dieses Tages erregte ihn auf besondere Weise. Nicht mehr als Postordonnanz mit dem Tragkorb am Rücken, nein, als freier Mann durchschritt er jetzt das eiserne Gittertor, freilich noch begleitet von Beauftragten der Kantonspolizei; denn nun stand ja die Landesverweisung bevor, die im Gerichtsurteil ausgesprochen worden war, und diese musste sich nach strengen Vorschriften abwickeln. Dann aber, als er sich im Hinunterfahren nochmals zurückwandte, und als er durch das Lindental hinausfuhr und den stolzen Bau hoch oben auf dem Felsen, wo er mehrere Jahre verbracht hatte, ein letztes Mal erblickte, da überkam es ihn doch mit einer Wucht ohnegleichen. Etwas Neues, neu zu Erprobendes stand ja bevor: die Freiheit.

Im Augenblick aber, da Oliviu Beldeanu der Freiheit entgegenschreitet, gilt es noch einmal, den Begriff dieser Freiheit zu betrachten, haben wir ihn doch angesichts dieses Lebens und Leidens in Unfreiheit, ja in Knechtschaft als einen der höchsten Werte des Menschen erkannt. Er ist dem Menschen mitgegeben, gehört zu ihm und kann auf die Dauer nicht gewaltsam abgetötet werden.

Als ein zwiefaches Vermächtnis ist der Begriff ja auf das Abendland gekommen und hat ihn ins Bewusstsein der Menschen gerufen, einmal durch die Griechen des klassischen Altertums und dann durch das Judentum des Alten Testaments, das zum Christentum führte und von der Gotteskindschaft spricht, die wohl Bindung an ein Höheres, niemals aber Knechtschaft unter diesem Höheren meint. Während Jahrhunderten hat der Begriff dann seine Wandlungen durchgemacht und hat zu unzähligen Verbriefungen von Freiheitsrechten geführt, allen voran und in der Wirkung niemals mehr auszulöschen in der Magna Charta von 1215. Reformation, Renaissance, Aufklärung, erste Menschenrechtsdeklarationen von Nordamerika, Französische Revolution und die Freiheitsbewegungen von 1848, das sind nur die wichtigsten Stationen dieses Wirkens.

Und dann war es Russland vorbehalten, diesen sich durch die Jahrhunderte hinziehenden Siegeszug der Freiheitsidee aufzufangen. Russland an der Peripherie des Abendlandes, immer mit dem spähenden Blick nach Westen gewandt, und immer auch vom Osten fasziniert, dies grosse Land wollte auf seine Weise ebenfalls seinen Beitrag leisten und tat es in seinem «Kommunistischen Manifest» von 1848. In diesem deutlich von Marx inspirierten Manifest spricht jedoch, so führt Prof. Walther Hofer einmal aus,

> «nicht der Geist der Freiheit, sondern der Herrschaft, nicht des Rechts, sondern der Gewalt, nicht der Toleranz, sondern der Unduldsamkeit. Von Freiheit ist kaum die Rede, wohl aber von ,Klassenkampf', ,gewaltsamem Umsturz', ,despotischen Eingriffen', ,Eroberung der politischen Macht', ,Errichtung der Diktatur'.» *)

Wohl gab es auch in Russland eine gemässigte Arbeiter- und Handwerkerpartei, die in Organisationen ihre Kräfte sammelte um auf dem Weg eines evolutionären Sozialismus, wie er sich in Europa mit Erfolg durchsetzte, nach Lösungen zu suchen. Im Frühjahr 1917 kam es sogar in Russland zum Durchbruch zur Demokratie, die den Ausbau der Freiheits- und Menschenrechte ermöglicht hätte, wenn nicht schon ein halbes Jahr später die Bolschewisten unter Lenins Führung dieser Entwicklung ein jähes Ende gesetzt hätten.

Während Karl Marx seine «Proletarier» noch zu erlösen und ihnen ihre Menschenwürde wiederzugeben versprach, war es Lenin, der nun alles daran setzte, mit solchen Tendenzen aufzuräumen und die völlige Unterwerfung des Volkes unter die

*) Walther Hofer: Von der Freiheit und Würde des Menschen. Scherz-Verlag.

270

Diktatur der Macht zu stellen. Das Volk fiel endgültig in Knechtschaft, und Lenin konnte nach seinem Erfolg sagen:

> «Die Auflösung der Konstituante durch die Sowjetregierung bedeutet die vollständige und offene Liquidation der Idee der Demokratie zugunsten des Gedankens der Diktatur. Es wird eine heilsame Lehre sein.» (Ebenfalls zitiert nach Walther Hofer).

Diese «heilsame Lehre» wurde später durch Stalin ins Grauenhafte ausgebaut und auch auf andere Länder des sowjetischen Machtbereiches übertragen, wo sie, unvorstellbar in ihrem Ausmass, Leid, Verzweiflung, Not und Verderben über die Völker gebracht hat.

Der Gedanke der Freiheit ist dabei nicht untergegangen, zuviel Ansätze und Verwirklichungen hat die geschichtliche Vergangenheit aufzuweisen. Sie sind auch den Völkern hinter dem Eisernen Vorhang nicht unbekannt. Der Archipel Gulag ist nur ein wenn auch gewaltiger Zeuge für das Ringen nach Freiheit und Menschenrechten in jenen Ländern. Noch immer wird erbittert gekämpft, auf verlorenem Posten scheinbar und doch nicht aufzuhalten. Einer aus diesem Heer der Unentwegten war der Mann, der im Herbst 1957 vom Thorberg hinab in die Freiheit schritt, war Oliviu Beldeanu.

«Weiterkämpfen!» hatte er Monate zuvor zu mir gesagt. Es war kein Zweifel, die Unfreiheit, ja alles Leiden hatte nicht vermocht, den Willen dieses Mannes zu brechen. Im Weiterkämpfen hat er seinen Weg gesehen. Der Geist lässt sich nun einmal nicht von Kerkermauern einengen. So hat ja auch Cervantes in einem elenden Gefängnis einen Teil des Don Quichotte geschrieben und gerade mit diesem Werk den Idealisten, die gegen alle irdische und endliche Vernunft den Weg zum höheren Menschentum freikämpfen wollen, ein Denkmal gesetzt.

Und ein anderer Freiheitskämpfer, der Sowjetrusse Wladimir Bukowski, drückte es, durch Menschenaustausch — Menschenhandel — schliesslich aus der Kerkerhaft entlassen, einmal so aus:

«Wir dürfen nur nicht unsere Persönlichkeit preisgeben. Das heisst, wir dürfen uns keinem Druck von aussen beugen ... Die Trennungslinie verläuft nicht zwischen rechts und links, sondern zwischen den Kräften, die zur Freiheit hinführen und denen, die davon wegführen. Die beste Waffe für Freiheit und Demokratie sind Menschen, die durch ihre persönliche Haltung die Freiheit praktisch verwirklichen.»

Das sind Gedanken, die in der absoluten Unfreiheit gekeimt haben, täglich gehegt und erprobt mit immer neuer Geduld, einer Geduld, die sich nur von der Hoffnung, dem Glauben nähren konnte und in einem letzten Urvertrauen verankert ist. Dies Urvertrauen kann lange als Funke in der Asche glimmen, um dann als Flamme aufzulodern, wenn die Zeit gekommen ist. In diesem mächtigen Spannungsfeld befindet sich der Raum, wo sich jede zum Einsatz für die Freiheit bereite Seele ansiedeln kann. Die Kräfte sind ungleich verteilt, aber sie sind jedem Menschen gegeben, wenn er sie nur sehen, nur annehmen will, ja, wenn er nicht ausweicht vor ihnen. Denn sie bedeuten etwas überraschend Neues, anderes als das, was wir von der Freiheit schlechthin begreifen wollen, bedeuten ins Paradoxon gewendet Gebundenheit neuer Art. Aber nur scheinbar! Freiheit gibt dem Menschen die Würde der eigenen Entscheidung. Dies führt zur Verpflichtung, führt zur Prüfung des Gewissens. Das befragte Gewissen aber — wer könnte es anders befragen als eine höhere, uns nicht fassbare und doch reale Instanz? «Freiheit ist Befreiung, nicht Ort, sondern Weg» und «Die Freiheit des Starken ist Gehorsam», sagte in einem Vortrag der Musiker Edmond de Stoutz. Und Goethe legt einer schwachen, einer gefangenen Frau, legt seiner Iphigenie auf Tauris die bedeutsamen Worte in den Mund: «Und folgsam fühlt ich immer meine Seele am schönsten frei.» Hier in Bezug auf eine, auf ihre Gottheit ausgesprochen.

Diese Zwiesprache mit einer Gottheit, mit Gott und damit mit dem Gewissen erheischt Antwort. Antwort geben, sich verantworten dieser höheren Instanz gegenüber, so löst sich jenes scheinbare Paradoxon auf in der Bindung, die die Freiheit dem

272

Menschen auferlegt. Und Menschenwürde, die hier waltet, ist jene treibende, lenkende Kraft, die das Steuer führt hin in die gebundene, an ein Höheres gebundene Freiheit. Es gehört ja auch zum System totalitärer Machtausübung, in jedem einzelnen Fall dem Menschen seine Würde zu nehmen. Wenn er sie einmal verloren hat, so wähnen jene, dann verliert er die Führung, dann gehört seine Seele, gehört das ganze Geschöpf ihnen, den Mächtigen.

Gewiss, wir haben es an Beispielen gesehen in der Schilderung unserer vier Freiheitskämpfer, wie rasch es gehen kann, bis einem seine äussere Würde zerschmettert wird. Mit ein paar Faustschlägen, Fusstritten, liegt eine geschundene, getretene, gebrochene Kreatur blutüberströmt und winselnd oder vielleicht bewusstlos auf dem Steinboden ihres Kerkers und wird von ihren Peinigern begafft. Wo kann da noch von menschlicher Würde gesprochen werden! Oder wenn sie im Lager in Lumpen gekleidet, ungepflegt, ausgemergelt, das Leiden tief ins Gesicht gemeisselt, umhergehen, die einst in der Werkstatt, am Schreibtisch, im Atelier, auf der Kanzel, in der Klinik, im Vortragssaal oder wo immer ihr Arbeitsplatz war, gut gekleidet und aufrecht am Werke waren? Dann aber wird für alle, die um das wahre Wesen der Würde wissen, jenes Gefühl entwickelt werden, das da im Bilde des anderen, ebenso Geknechteten, das Gottesmal sieht und das auch ihnen aufgeprägt ist, nicht sichtbar für die niedrige Kreatur, aber mit feiner Witterung gewusst von denen, die es selbst besitzen und deshalb auch im Leidensgefährten erkennen. Aus diesem Wissen heraus ist wohl das Wort Solschenizyns zu verstehen:

«Sei gesegnet, mein Gefängnis! ... Ich habe dort meine Seele grossgezogen.» (Archipel Gulag, Bd. 2, S. 594).

Solcherart wird heute die Seele grossgezogen. Welche Demütigung für die erbärmlichen Kreaturen in der Führung der Diktaturstaaten, die wohl um jene gezielte Entwürdigung ihrer Gefangenen wissen und sie in ihrer Machtvollkommenheit selbst anstreben und befehlen, nie aber einen solchen Menschen selbst zu Gesichte bekommen, sich nie in die Untersuchungsgefängnisse, nie in ein Arbeitslager getrauen würden, dafür aber ihren durch einen Stab von Ärzten gesicherten Leib sowie durch die Mauer ihrer Leibgarde ihre ordenbehängte Brust der Öffentlichkeit zur Schau freigeben. Welche Demütigung für sie, dass sie einem Solschenizyn, einem Bukowski, einem Amalrik, einem Sacharow und all den andern grossen uns meistens unbekannten Freiheitskämpfern nie jenen höchsten Adelsorden entreissen können, der da heisst: Menschenwürde! Erst wenn der Mensch so weit ist, dann kann ein Keim aufgehen und, zunächst unterirdisch, dann aber für den Kundigen hörbar, zu wirken beginnen. Es sind ihrer nicht wenige, das ist von jenen Erprobten mannigfach erwiesen. Und wenn Solschenizyn schon sagte: «Wenn wir die Millionen zählen, die in den Lagern zugrunde gingen, vergessen wir, mit zwei, mit drei zu multiplizieren» (Archipel Gulag, Bd. 1, S. 409), dann dürfen wir die Zahl jener nicht zugrunde Gegangenen, jener mit heiler Seele Weiterlebenden wohl ebenfalls sehr hoch einsetzen.

Es ist auch nicht von ungefähr, dass in keiner Ansprache, in keiner feierlichen Rede der Machthaber in den Diktaturstaaten das Wort Freiheit vorkommt. Das könnte gefährlich werden. Ich habe einmal selbst in einer mir vorliegenden langen Rede von Breschnew anlässlich eines besonderen Jubiläums kein einziges Mal das Wort Freiheit gelesen, wohl aber über hundert Mal das mit Pathos geladene Wort Friede, dieses Opium für die geschundene Volksseele, mit dem jedes einfache Gemüt verführt und betört werden kann und das auch geschickt, ja perfid ablenkt von dem gefährlichen Wort «Freiheit».

In jenen unbeugsamen Freiheitskämpfern müssen Kräfte wirken, die einer andern Welt entstammen, Kräfte einer nicht nachweisbaren und doch so tausendfältig offenbarten Macht. Wie könnte es sonst geschehen, dass einer, der die ganze Hölle dieser Knechtschaft während Jahren erlebt hat, wieder in Freiheit gesetzt, es nicht lassen kann, abermals jenen glimmenden Funken in der Asche, der da heisst «Freiheit», zum Auflodern zu bringen! Immer vor Augen die ganze entsetzliche Drangsal, die mit unerbittlicher Härte wiederum seiner wartet, wenn sein Tun an den Tag kommt. Und es kommt ja in den meisten Fällen an den Tag, das Feuer muss ja aus dem glimmenden Funken auflodern und seinen Schein auf den richten, der es entfacht hat.

Auf der andern Seite aber sind Gerissenheit und Diabolik auf der Lauer. Man könnte es auch Lüge nennen, wenn das Wort nicht so blass geworden wäre. Denn es ist ja nicht einfach Lüge, sondern bewusste, teuflische Irreführung, wenn in unsern Tagen ein Staatsmann wie Ceausescu, der jetzige Regierungschef Rumäniens, Sätze wie diesen öffentlich aussprechen und sich dabei in Positur stellen kann:

«Was wir uns vorgenommen haben — und was meiner Meinung nach heute zählt — ist, zu gewährleisten, dass die Menschen, die sich zu dem einen oder andern Glauben bekennen, diesen ungehindert ausüben können.»

Oder:

«Wir entfalten eine umfassende erzieherische Tätigkeit zur Verbreitung unserer philosophischen Ideen — beginnend im Kindergarten und bis zu den höchsten Bildungsformen — ohne jene zu verletzen oder zu beleidigen, die sich zum einen oder andern Glauben bekennen.»*)

Und ein Jahr später wird derselbe Mann auf dem Kongress des Allgemeinen Gewerkschaftsverbandes Rumäniens am 3. März 1971 über die Meinungsfreiheit u. a. folgendes öffentlich aussprechen:

«Das ganze Volk muss seine Ansicht äussern und die besten Mittel und Wege suchen, um die Gesellschaft aufzubauen, die dazu bestimmt ist, allen Glück und Wohlstand zu gewährleisten.»

Es ist nicht einzusehen, dass ein früherer Schuster, der er war, sich nicht Gedanken machen soll über Ethik, über Staatsmoral, sittliche, religiöse Fragen, sie vor Tausenden ausspricht, sie publizieren lässt, damit sie von noch mehr Tausenden gelesen

*) Nicolae Ceausescu: Der rumänische Standpunkt. Aus der Rede an der Volksversammlung in Arad am 2. Juli 1970.

werden können. Dass er aber gleichzeitig mit brutaler Gewalt alle die verfolgt, die solchen Anschauungen verpflichtet sind, die sich für Menschenrechte, Freiheitsrechte einsetzen, weil sie vielleicht seinen Versprechungen glaubten, und die grosse Masse derer, die nichts sehnlicher wünscht, als in aller Öffentlichkeit ihrem angestammten Glauben nachleben zu können, das ist Lüge in ihrer grauenhaftesten Fratze. Ich nenne diesen hohen rumänischen Staatsmann für viele, für all jene Volksverhetzer und Volksschänder, die unser Jahrhundert hat kennen gelernt und deren Exponenten in trauriger Berühmtheit Hitler und Stalin waren. Gewiss, es werden auch in den Demokratien bei bestimmten Gelegenheiten schöne Reden gehalten, aber es gibt dabei wohl kaum solche Abgründe zwischen Wort und Wirklichkeit wie bei jenen. Wie ist dies möglich? Welcher Ungeist ist hier am Werk, welcher Widersacher gegen die dem Menschen innewohnende Kraft des Gewissens, der Hinwendung zur Verantwortung, zum Handeln gegen eine Übermacht im vollen Bewusstsein, eines ihrer Opfer zu werden?

Es muss eine Macht der gefesselten Kräfte geben, die da wirksam wird, eine unteilbare Hoffnung, eine Konzentration besonderer Art von Urvertrauen, von Glauben an das Gute, an Freiheit, Menschenwürde und Menschenrechte. Und ich möchte diesen noch beigeben: Menschenpflichten — auch sie eingeschlossen in dieser Macht der gefesselten Kräfte, das Ganze unausrottbar. Der Geist wirkt in einem Körper, er ist im frühen Stadium des kindlichen Organismus in diesen eingeströmt und hat sich in ihm entfaltet. Er kann nicht nachgewiesen werden, auch der Beginn seines Wirkens nicht, aber wir wissen, dass dem so ist. Was aber geschieht, wenn dieser Körper wieder zu Asche und Staub zerfällt, mit dem Geist, den er behaust hat? Kann dieser ebenfalls zu Asche und Staub werden? Oder strömt er aus dem zerfallenen Leib heraus, strömt unsichtbar und nicht wahrnehmbar umher, existiert also ausserhalb jenes vorübergehenden Gehäuses weiter, immer bereit, von einer andern Menschenseele aufgenommen zu werden in jenem unbewussten geheimnisvollen Prozess, wie sich die Dinge des Geistes und der Seele vollziehen? Der Geist sei unzerstörbar, haben wir einmal gelernt. Den Beweis dafür liefert in unserem Zeitalter das Wunder solcher Auferstehung des Geistes, dort wo immer er mit Gewalt abgewürgt wird. Zu Millionen werden sie im Osten geknechtet und geschunden, dass ihnen der Geist ausgetrieben werde, und ebenso sicher wie diese äussere Tatsache erwächst da, wo solches geschieht, ein neuer Keim des Guten, der Freiheit, der Gerechtigkeit, der Menschenwürde. Das ist das Wunderbare, und besonders wunderbar in einem hohen Sinne angesichts der tödlichen Gefahr, der sich der Kämpfende mit Sicherheit aussetzt.

Ein grandioser Beweis für den immer neu keimenden Geist für das Gute, für Freiheit und Menschenrechte scheint mir das gemeinsame Völkerversprechen von Helsinki. Freilich, täglich wird dieses Versprechen irgendwo mit Füssen getreten und verraten, aber ungeschehen kann es dennoch nicht mehr gemacht werden. Es lebt, es geht um, es ist eine Verkörperung dessen geworden, was als das vorwärtstragende Richtige erkannt worden ist. Dass der Geist von Helsinki lebt, das beweisen allein schon seine Widersacher, die ihn mit unterschrieben, um die andern daran zu binden und ihn im eigenen Lande dann umso schmählicher zuschanden zu machen. Aber abtöten können sie ihn nicht wieder, er nährt sich aus zu tiefen Quellen! Überall im Osten glimmen die Funken, und es wird Jagd gemacht auf jene Unzähligen, die diesen verbrieften und auch von den Machthabern des Ostens unterschriebenen Pakt im Vertrauen auf das gegebene Wort in die Wirklichkeit umsetzen wollen.

Es gibt eine höhere Erkenntnis, in die dieser geheimnisvolle Vorgang eingebettet ist. Das hat jener Gemadij Smelow im Leningrader Gefängnis erkannt, als er gewillt war, für seine Überzeugung zu sterben und in den Hungerstreik trat. Als er gefragt wurde, warum er das tue, antwortete er: «Die Wahrheit ist mir teurer als das Leben!» Wie gefährlich ein solcher Mensch für seine Umgebung aus der Sicht der Herrschenden sein muss, geht daraus hervor, dass dieser Gemadij Smelow sich am nächsten Tag in der Sonderabteilung des Gefängniskrankenhauses (Irrenhaus) wiederfand, wo ihn der Arzt mit den Worten empfing: «Sie werden der Schizophrenie verdächtigt.»

Die grossen Helden von heute, die grossen Kämpfer, die grossen Dulder. Millionenfach! Das ist das absolut Neue am Begriff des Heldentums. Da ist kein Vergleich mehr möglich mit jenen früheren Formen von Heldentum, wie wir sie eingangs betrachtet haben und wie sie die Weltgeschichte in Fülle darstellt. Es ist nicht nur die ungeheure Zahl mit den unbestimmbar vielen Nullen dahinter allein, die das Neue des Heldentums unserer Zeit ausmacht, es ist die blinde und doch so bewusste Hingabe an die zu vollbringende Tat bei aller Aussichtslosigkeit auf Erfolg und die Preisgabe des eigenen Ichs an die Willkür des Bösen, an dem die Tat abprallt. So prallte ein Don Quichotte an den sich drehenden Windmühlen ab. Also wiederum Wahn, Wahnsinn, Schizophrenie, wie es die heute Mächtigen wahrhaben wollen?

Hier aber trifft sich das Wesen des modernen Heldentums mit demjenigen der Geschichte, der Sage. Es ist die Verbindung mit einer höheren Macht, einer Gottheit, Göttern, mit Gott. Ohne diese Verbindung geht es offenbar nicht. Es wird dabei etwas von jenem Wesenskern im Menschen aufgedeckt, transparent gemacht, das nicht zu übersehen ist, ja, das als eine Gegebenheit des Menschlichen überhaupt angesehen werden muss. Gehorsam gegenüber einem Höheren, aber auch Zuflucht zu diesem Höheren. Wissen wir denn, ob jener Drache, jener Lindwurm, gegen den die Helden in grauen Vorzeiten angehen wollten, nicht einfach der unwiderstehliche Drang in ihrem eigenen Innern war, einem geheimnisvollen Appell nachzugeben, gehorsam zu sein? Der Lindwurm, der Drachen im eigenen Herzen? Das wäre des Nachdenkens wert. Wenn Gilgamesch mit seiner Tat Unsterblichkeit anstrebte, so entspricht das wohl genau dem Ausspruch eines Gelehrten unserer Zeit, H. F. Geyer, wenn er sagt: «Die Unendlichkeit der physischen Existenz des Menschen kann nur mystisch erfasst werden. Sie ist das eigentliche Gegenbild Gottes.»*

*) Aus einem Vortrag über «Die elementare Religion» in der Reihe: «Endliches und Unendliches im Menschen.» Edition Academica Zürich, 1973.

278

Das scheinbar unvernünftige Handeln des Helden unserer Zeit, wie wir es festgestellt haben, muss aber noch aus einem andern Wurzelgrund hervorgehen. Zum Unterschied vom früheren Heldentum geht es hier um eine nach innen gerichtete Haltung. Es ist charakteristisch für dieses Heldentum, dass ihm jegliches Pathos, jegliches Bedürfnis zur grossen Gebärde abgeht. Die Kräfte kommen aus der Tiefe, aus einem Urvertrauen in das nicht gekannte, ja nicht auszudenkende Gute, dessen Wirksamkeit aber für den Menschen mit empfindlichem Gewissen eine Realität bedeutet. Wenn Beldeanu und seine Mitkämpfer in der Aktion in Bern ins Scheinwerferlicht der freien Welt geraten wollten, so nicht um ihrer selbst willen, sondern einzig um mit einer sensationellen Handlung ihrem geknechteten Vaterland helfen zu wollen. Das ist ihnen, wie wir gesehen haben, zu einem Teil gelungen. Dann aber empfanden sie es als richtig, wie sie selber sagten, in der Einsamkeit der Gefangenschaft weiterzuleben. Ihr Umgang mit der Aussenwelt, die, ohne dass sie es suchten, zu ihnen gelangte, ihre Lektüre, ihre geistige Betätigung wurde ihnen jetzt zum Bedürfnis. So wollten sie ihren Wurzelgrund, aus dem sie die Kraft zur Tat geschöpft hatten, aufs neue bestellen, wollten sich auf diese Weise bestätigen in ihrer Tat, wollten — zum mindesten Beldeanu — daraus wiederum zu Vollziehern des Notwendigen, des Not-Wendenden werden, nichts anderes.

Aber auch nichts Geringeres. Denn mit dem Begriff des Heldentums eng verbunden ist in unserer Zeit ja der Begriff der Freiheit. Das war in Bezug auf das Heldentum nicht zu allen Zeiten so, der Begriff Freiheit ist erst sehr spät in der Geschichte aufgetreten und hat auch dann nicht immer den gleichen Stellenwert gehabt. Frei sein — Sklave sein, gewiss, dieser Gegensatz herrschte über lange Jahrhunderte, herrscht noch oder wieder heute in anderen Formen. Und dass dort der Schrei nach Freiheit, d. h. nach Befreiung von Fesseln, von eisernen Ketten, die die Versklavten trugen, vorhanden war, wer könnte daran zweifeln! Das Bedürfnis konnte aber nicht allgemein ausgesprochen werden, der Begriff der Freiheit fehlte. So verklang dieser Schrei im einzelnen Fall ungehört.

Andere Unfreiheiten brachten die alten Religionen des Hinduismus, des Islams und anderer Religionen mit sich infolge ihres hierarchischen Aufbaus, dem sich aber auch die unteren Kasten, Klassen oder Volksgruppen als einer von Gott verhängten Gegebenheit unterzogen. Anders verhält es sich im Christentum, wo der Freiheitsbegriff bis in die Apostelgeschichte zurück zu verfolgen ist. Hegel soll offen ausgesprochen haben, dass das Bewusstsein der Freiheit erst durch das Christentum in die Welt gekommen sei, denn für das Christentum habe «das Individuum als solches einen unendlichen Wert»; allen Menschen komme nach christlicher Lehre die Freiheit gleichermassen zu, da «der Mensch an sich zur höchsten Freiheit bestimmt ist.» (Aus einem Vortrag von Gerd-Klaus Kaltenbrunner über «Emanzipation, Freiheiten und Freiheit».)

Im Christentum wird die Bedeutung vom Menschsein in freier Entfaltung ins Transzendente gehoben und in dieser Form als ständige Forderung postuliert. Freiheit der Entscheidung war zu vergleichen mit Gehorsam gegen das Gewissen. Darin war etwas vom Gedankengut der griechischen Philosophie übernommen worden, das sich ganz besonders in der ergreifenden Gestalt des Sokrates manifestiert, der, um nicht von seinem inneren Gesetz der Wahrheit abzulassen, es vorzog, den Schierlingsbecher zu leeren. Er hat damit der Welt die Freiheit des Gewissensentscheides vorgelebt, jener Freiheit, die an ein göttliches Gesetz gebunden ist. Selbstverwirklichung wird zu Gottesverwirklichung. Es ist der selbe Entscheid, wie ihn der Philosoph Gustav E. Mueller in seinem Werk «Freedom and Human Destiny» so ausdrückt: «That choice between values is our own responsibility and freedom.» In solch freier Wahl hat auch Oliviu Beldeanu gehandelt, als er sich zum Weiterkämpfen entschloss. Es ist diese freie Wahl, die den Menschen zum Menschen macht und ihm Würde und Adel verleiht.

Und diese Haltung, die schon bei Sokrates hin zu einem Göttlichen führt, wird nun als Verantwortung, als Glaube, als Kreuz, als Gehorsam, als heiliger Zwang durch die Jahrhunderte getragen, immer wieder scheinbar erstickt und ausgelöscht durch die Niedertracht der Mächtigen, denen solches Vernunftdenken, das es letzten Endes ist, gefährlich scheint. Doch in der Verborgenheit lebt dann dieser Kategorische Imperativ als geheimnisvolle Macht weiter, um jederzeit wieder aufbrechen zu können.

*

«Ich bin geboren, Sancho, um sterbend zu leben.»
Cervantes: Don Quichotte, 4. Buch.

So kommen denn auch Menschen wie Oliviu Beldeanu in den Strahlungsbereich jenes Kategorischen Imperativs, wenn es gilt, der Freiheit und dem Recht Raum zu schaffen und Unrecht und Knechtschaft zu bekämpfen. In dieser Strahlung schreitet er auch den letzten Teil seines Lebensweges ab. Wir wissen nichts Bestimmtes darüber, wir wissen nicht, ob er die liebende Freundin nochmals gesehen hat, wir wissen auch nicht, wie sich die Übergabe an der Grenze vollzogen hat. Er hat sie als ganz freier Mensch überschritten. Sicher wird es noch zu einem kräftigen Händedruck zwischen ihm und seinen Begleitern gekommen sein. Dann aber senkt sich fast völlige Dunkelheit über seinen Weg, abermals als eine Gesetzmässigkeit des heutigen Heldentums. Untergehen in der Anonymität, in der Ungewissheit, es darf zu keiner Gedenkstätte kommen, an der man Blumen niederlegt.

So ist die Öffentlichkeit auf kärgliche Zeitungsberichte angewiesen, die einander überdies widersprechen. Auch das gehört zum vorgeprägten Heldentum unserer Tage.

Am 28. Oktober 1957 berichtet die NZZ noch über die bedingte Freilassung und den Vollzug der Landesverweisung Beldeanus. Am 2. September 1958, also fast ein Jahr später, bringt ebenfalls die NZZ mit dem Vermerk «unbestätigte Gerüchte» eine Meldung der West-Berliner Zeitung «B. Z.», dass Beldeanu von der Ost-Berliner Volkspolizei erschossen worden sei.

Einer Mitteilung im Bulletin des Nationalen Informationszentrums, in dem Beldeanu ja seinen «Weg nach Thorberg» publiziert hat, zufolge erscheint in einem Emmentaler Blatt unter dem 6. Januar 1959 eine Berichtigung von Falschmeldungen in dem Sinne, dass Beldeanu in Berlin in eine Falle gelockt wurde. Gesperrt gedruckt bemerkt das Blatt, dass seine Information aus nahezu sicherer Quelle stamme. Und sicher sei, so heisst es weiter, dass Beldeanu am 31. August 1958, einem Sonntag. noch dem rumänischen Gottesdienst in der Kirche zum hl. Nikolaus in München beiwohnte und dann, bis zum Flughafen von einigen Freunden begleitet, mit einer Maschine der Air France um 15.50 Uhr in Richtung Berlin abgeflogen sei. Nach einer kurzen Zwischenlandung in Frankfurt a. M. soll die Maschine zwischen 17.30 Uhr und 17.45 Uhr auf dem Tempelhofer Flugplatz in Berlin angekommen sein. Hier fährt der Bericht fort:

«Hier wurde Beldeanu von einem Personenauto, Typ BMW — Produktion Ostzone, erwartet, dessen Chauffeur, allen Aussagen nach ein sehr junger Deutscher, sofort, nachdem Beldeanu den Wagen bestiegen hatte, in schneller Fahrt Richtung sowjetische Zone davonfuhr.

«Es ist so gut wie ausgeschlossen, dass der Chauffeur diese Fahrt in die Ostzone mit Beldeanus Einverständnis antrat. Sofort nach Überschreitung der Zonengrenze, so wurde eindeutig festgestellt, nahm ein Wagen der Volkspolizei, Marke «ZIS», die Verfolgung des BMW auf. An der Kreuzung Wilhelmstrasse—Leipzigerstrasse eröffneten die Volkspolizisten des verfolgenden Wagens und die an der Kreuzung postierten Beamten der Volkspolizei das Feuer auf den BMW. Der junge Chauffeur wurde auf der Stelle getötet. Von wem? Beldeanu, der zu seinem persönlichen Schutze ständig zwei Pistolen bei sich trug, erwiderte das Feuer. Wenn wir der ‚Neuen Berliner Illustrierten', Nr. 39, 1958, einem kommunistischen Blatt, Glauben schenken wollen, hat Beldeanu fünfmal geschossen, davon einmal mit Gaspatrone. Die sechste und letzte Patrone blieb im Lauf ... Dieselbe kommunistische Zeitschrift behauptet allerdings, Beldeanu sei zu Fuss und allein an der Ecke Wilhelmstrasse—Leipzigerstrasse aufgegriffen worden, was unmöglich erscheint. Wie hätte Beldeanu zu Fuss vom Tempelhofer Flugplatz in die Ostzone gelangen sollen, zumal das kommunistische Blatt selbst den Zeitpunkt des Zwischenfalls in der Wilhelmstrasse mit 19.30 Uhr angibt, also nur kurze Zeit nach der Landung der Maschine auf dem Flugplatz Tempelhof. Sicher ist, dass sich Oliviu Beldeanu gegenüber zwanzig mit Maschinenpistolen bewaffneten Gegnern zäh verteidigte.

«Die ,Neue Berliner Illustrierte' schreibt wörtlich: ,Der Widerstand Beldeanus musste mit Gewalt gebrochen werden', mit andern Worten: Beldeanu brach schwerverletzt zusammen. Von einem Verhör Beldeanus wird in der Zeitschrift kein Wort erwähnt, hingegen gibt der Reporter an, dass Beldeanu durchsucht worden sei.

«Unsere Informationen, die aus nahezu sicherer Quelle stammen, besagen, dass Oliviu Beldeanu schwer verwundet wurde und die Volkspolizei alles tat, ihn am Leben zu erhalten, dass er aber am 2. September 1958 seinen schweren Verletzungen erlag.»

Diese sich widersprechenden Berichte zeigen ein weiteres Mal eines der ungeschriebenen Gesetze heutigen Heldentums auf. Das Ende muss verschleiert werden, es darf keine Märtyrer, keinen Pilgerort, keine Grabstätte geben. Nur noch der Eiserne Vorhang spricht. Die Absicht ist unverkennbar, und es ist anzunehmen, dass auch an dieser Widersprüchlichkeit der Zeitungsberichte der Osten beteiligt ist, um damit die Massnahmen im Falle Oliviu Beldeanu nach dem Westen hin abzuschirmen.

Als letzte Dokumentation über dieses ganze Geschehen um den rumänischen Freiheitskämpfer bringt «Die Tat» vom 4. September 1958 einen Bericht unter dem Titel «Der heilige Schwur», «Kämpfer für Freiheit in den Klauen der Häscher». Der Bericht (gezeichnet Cirt.) sei hier in extenso wiedergegeben, weil es der Respekt vor dem Unentwegten fordert, dass die Öffentlichkeit sich noch einmal die Mühe nehme, sich über das jäh abgebrochene Leben des Oliviu Beldeanu zu neigen, ja, dass wir uns selbst als Menschen der freien Welt vor ihm verneigen und damit jener Gestalt die tiefe Achtung erweisen, die sie, stellvertretend für die Hunderttausende von Unbekannten, verdient.

«Mit Erschütterung haben wir von der Nachricht Kenntnis genommen, dass Oliviu Beldeanu im Ostsektor Berlins von der Staatssicherheitspolizei verhaftet worden ist. Unser Bedauern wird gewiss von einem Teil des Schweizervolkes geteilt, darüber hinaus aber senkt sich die Trauer auf Hunderttausende von Flüchtlingen, die aus der Herrschaft des Schreckens hinter dem Eisernen Vorhang in die freie westliche Welt geflohen sind. Beldeanu, der Chef der Aktion auf die rumänische Gesandtschaft in Bern vom 15. Februar 1955, die Hauptperson im grossen Bundesstrafgerichtsprozess vom Juni 1956 um diese Affäre, ist zum

Idol der grossen Emigration

geworden, das leuchtende Vorbild des aktiven Kampfes gegen die Verknechtung des Vaterlandes, zum Helden, der unter Selbstverleugnung Leib und Leben zur Aufrüttelung des westlichen Gewissens aufs Spiel setzte. Noch hatte er sein Leben aus der Berner Affäre gerettet und hunderttausenden gequälter Herzen eine Genugtuung verschafft; heute aber ist sein Spiel verloren. Wehe ihm! Denn über das künftige Schicksal Beldeanus nach seiner Verhaftung durch die Schergen des Ostregimes wird sich niemand Illusionen machen.

«Denken wir an den eben wieder mit besonderer Kraft aufgeflammten Terror in Rumänien, vergegenwärtigen wir uns, dass seit dem Rumänenprozess der Aufstand in Ungarn und seine blutige Niederschlagung das Heer der Ostflüchtlinge vermehrt, den Hass gegen die Unterdrücker weiter genährt und mithin auch den Symbolwert des Verhafteten ins Grosse gesteigert hat, dann kann man ermessen, mit welchen Hassgefühlen Beldeanu heute vom Gegner behandelt, mit welcher Genugtuung seine Habhaftmachung von diesem aufgenommen wird. Für Beldeanu wird es vor seinen Häschern

kein Entrinnen geben.

«Es ist vollbracht. Das Erschütternde ist, dass es offenbar genau so hat kommen müssen, dass der Kreuzweg Beldeanus vorbestimmt, von ihm selber vorgezeichnet war. Beldeanu selbst hat noch vor dem Bundesstrafgericht erklärt, er habe geglaubt, bei seiner Aktion auf exterritorialem Gebiet sich vor einem rumänischen Gericht rechtfertigen zu müssen, und er wünschte seine Auslieferung an ein solches, damit er der ‚rumänischen Marionettenregierung ins Gesicht spucken könne!‘ Bei allem aufrichtigen Bedauern, dass beim Berner Überfall auf die rumänische Gesandtschaft Blut geflossen war, dass ein Mann der Gesandtschaft das Leben lassen musste, dass den schweizerischen Behörden Umtriebe und Nachteile verursacht worden sind, bei aller Achtung vor der menschlich anständigen Behandlung, welche ihm, dem Rechtsbrecher, von den schweizerischen Behörden seit seiner Verhaftung zuteil geworden war, die ihm alle Wege zu einem geordneten und gesunden Weiterleben nach Sühnung der Tat bereiten halfen, hielt Beldeanu an seiner Auffassung unverrückbar fest, sein künftiges Dasein

nur einem Ziel,

dem Kampf für sein verlorenes rumänisches Vaterland und gegen seine kommunistischen Feinde zu widmen. Ein Schwur Beldeanus hat in der Berner Affäre eine grosse Rolle gespielt. Um dieses Schwures willen musste ein Priester bei seiner Verhaftung in der Bundesstadt beigezogen werden, da Beldeanu mit seiner Kapitulation vor der Berner Polizei eine Verletzung dieses Schwures befürchtete. Nachdem Beldeanu, der zu vier Jahren Zuchthaus verurteilt worden war, nach Anrechnung der Untersuchungshaft und vorzeitiger Entlassung wegen guter Führung im Oktober 1957 wieder in Freiheit gesetzt worden war, da stand ihm die Erfüllung seines Schwures als Lebenszweck immer noch vor Augen. Über diesen Schwur hat er sich einem Zuchthausgenossen in Thorberg gegenüber wie folgt geäussert: ‚Die Kommunisten haben meine Eltern ermordet, meine Verwandten und Freunde verschleppt, sie sind die Knechte der Feinde meines Vaterlands und meiner einstigen grossen Nation. Ich habe nach meiner Flucht aus dem Krankenhaus (in Dej, seiner Heimatstadt, wo er von einer Kommunistenbande als politischer Gegner unter den Augen der Polizei niedergeschlagen wurde) geschworen, mein ganzes Leben dem

Kampfe gegen den Kommunismus

zu weihen. Diesen Schwur habe ich bis heute gehalten, und hier in der Abgeschiedenheit und Einsamkeit des Gefängnisses erneuere ich diesen Schwur täglich, und das erhält mein Leben.'

«Beldeanu ist diesem Schwur durch alle schrecklichen Erlebnisse hindurch treu geblieben: 1946 als er als Leiter einer Jugendorganisation der Agrarpartei in die Widerstandsbewegung untertauchte, 1948 als er in der eisigen Januarkälte aus Not, Hunger und Elend von den Bergen über die Grenze nach Jugoslawien floh, als er von den Jugoslawen hierfür für zwei Jahre ins Gefängnis gesteckt und schwer misshandelt wurde, als es ihm 1951 gelang, nach Triest zu entkommen, wo er sofort mit den rumänischen Widerstandsgruppen Kontakt aufnahm und sich dann, zwar vergeblich, als Soldat zum Kampf gegen die Kommunisten in Korea meldete, und schliesslich, als es ihm 1953 glückte, nach Deutschland zu gehen. Auch hier hat er seinen heiligen Schwur nicht vergessen. 1954 schmiedete er, indem er alles auf eine Karte setzte, Pläne, um nach Rumänien zurückzukehren und sich zum Kampfe auf Biegen oder Brechen an die Spitze einer Partisanengruppe zu stellen. Schreckte ihn das Beispiel seines besten Freundes Marc Sabin nicht, der im Sommer 1953 von Salzburg nach Rumänien zurückgekehrt war und hier, als westlicher Spion angeklagt, auf schreckliche Weise hingerichtet wurde?

«Auf alle Fälle kam nun die Berner Episode dazwischen. Sie war ein Zwischenspiel, wie sich heute zeigt, denn Beldeanu setzte offensichtlich seine Bestrebungen um die Erfüllung seines Schwures fort. Aus seiner Person, seinem Charakter und seiner bisherigen Haltung kann sein Aufenthalt im Ostsektor Berlins wohl schwerlich anders gedeutet werden. Wir fürchten nicht, mit dieser Charakterisierung

den Kreuzzug Beldeanus

vor seinen Häschern zu erschweren, denn diese sind über die Person Beldeanus bestens im Bilde. Erinnern wir uns daran, dass

288

der heutige Staatspräsident Rumäniens, Sege Maurer,*) in ein und derselben Person niemand anders ist als der seinerzeitige Chef der kommunistisch-rumänischen Delegation, welche als Beobachter am Bundesstrafgerichtsprozess gegen Beldeanu in Bern teilgenommen hat, womit sich der Kreis des Schicksals in verhängnisvoller Weise schliesst, in welchem Beldeanu heute unentrinnbar gefangen ist. Hatte Beldeanu milde Richter gefunden in Bern, so war es nicht, um den Überfall auf die rumänische Gesandtschaft zu beschönigen, sondern es geschah, wie unser freiheitliches Strafgesetz dies vorschreibt, in Berücksichtigung aller Umstände, die mit der Person des Angeklagten zusammenhingen: seine anständige Gesinnung, seine Haltung als Mensch, die durch Krieg, Terrorherrschaft und die erlittene Brutalität aufgerüttelte Gemütsverfassung, schliesslich das Bestreben, ihm den Weg zum Aufbau eines neuen Lebens zu ebnen.

Diese Absicht hat sich als nichtig erwiesen. Nach seiner Entlassung aus Thorberg im Oktober 1957 wurde Beldeanu vorerst in einem

Auffanglager für Flüchtlinge

in Deutschland aufgenommen. Als dieses Frühjahr das in englischer Sprache verfasste Buch über den Überfall auf die rumänische Gesandtschaft herauskam,**) folgte er einer Einladung, diesem Anlass in London beizuwohnen. Dann betätigte sich Beldeanu als begabter Bildhauer in der Nähe von München auf dem Lande, ein unabhängiger Mann in einer freien Welt, wenn ihn nicht seelisch die Vergangenheit und noch mehr die Erfüllung seines Schwures für die Zukunft in den Bann geschlagen hätte. Freunde in Bern erfuhren vor einer Woche von Beldeanu, dass er sich wahrscheinlich nach Hamburg, vielleicht nach Berlin

---

*) Nach genauer Information muss es sich hier um den damaligen Regierungspräsidenten Jon Gheorghe Maurer handeln. (Die Verf.)

**) — Es handelt sich ohne Zweifel um das hier öfters zitierte Werk von Wilkinson (die Verf.).

begeben werde. Nun kam die erschütternde Nachricht von seiner Verhaftung. Es ist vollbracht. Beldeanu aber wird in den
Herzen Hunderttausender lebendig bleiben.»

*

Epilog

Wie auch das Ende war, und dies wird wohl niemals aufgeklärt werden, es hat sich mit harter Konsequenz ergeben. Einer der unzählbaren Aufrechten hat sein Dasein als Fragment eines vielleicht hochangelegten Künstlerlebens hingegeben für die gute Sache. Im Holzgriff eines Messers hatte er sein Ende vorweggenommen: Dulce et decorum est pro patria mori. Die eingekerbte These ist nicht mehr auszulöschen. Da stellt sich denn unweigerlich die Frage: Wo ist die seelisch-geistige Potenz, die in einer aussergewöhnlichen Konzentration diesen Mann beherrscht haben muss, verströmt, verstrahlt? Ist sie mit dem zu Erde und Staub gewordenen Leib untergegangen, unausgelebt? Ist sie frei geworden beim Zerfall ihrer irdischen Behausung, dem tapferen Körper als Träger dieses starken Geistes?

Urvertrauen, Hoffnung, das waren sicher die Stützen dieses Geistes. Und wenn dieser Geist nicht mit dem Leib untergegangen ist, so muss er als Urvertrauen und Hoffnung weiter wirksam bleiben. Niemand wird ihn beweisen, niemand ihn messen, niemand ihn aber auch mit stichhaltigen Argumenten in Frage stellen können. Urvertrauen und Hoffnung werden uns auf unseren Weg mitgegeben, archetypisch wirken sie in uns fort. Es kann ja nur dieses Urvertrauen sein, das bewirkt, dass Menschen wie Oliviu Beldeanu die Schrecken seines Passionsweges, namentlich seiner Kerkerhaften hat durchleiden können. Solschenizyn hat es ausgesprochen, als er von seinem Kerker sagte, er habe darin seine Seele grossgezogen! Ebenso gut hätte er sagen können, er habe darin sein Urvertrauen wiedergefunden und grossgezogen.

So lebendig kann eine dunkle, stumme Zelle werden. Sie, dies kalte, feuchte Verlies vermag Leben zu entfalten, vielleicht sogar in einem erweiterten biologischen Sinne und damit zur Zelle als Ureinheit und Urelement des Aufbaues und der Erhaltung des Lebens werden. Und so könnte denn zwiefacher Segen jenen furchtbaren und doch so lebensträchtigen Kerker-

zellen entströmen, Keimzellen zu werden für die immerwähren-
de Erneuerung des Urvertrauens und der Hoffnung.

Einer der vielleicht Millionen, die im Dunkel solch leben-
der Zellen das Mysterium jenes «Stirb und werde!» erfahren
haben, hat es im Verein mit ein paar anderen leiderfahrenen
Kameraden fertiggebracht, dass sein Name durch die Welt gegangen ist, weil er zum Wahrzeichen unserer Zeit wurde, jener
Name, von dem ich eingangs gesagt habe, man müsse ihn sich
merken. Jetzt aber kennen wir ihn, den Namen des in der ganzen freien Welt bekannt gewordenen rumänischen Freiheitskämpfers Oliviu Beldeanu. Er war nicht nur ein Kämpfer, er
war auch ein grosser Dulder. Dank und Bewunderung werden
diesen Namen weiterhin umgeben. Und wenn sich Oliviu Beldeanu am Anfang seines Rechenschaftsberichtes auf dem Thorberg ernst die Frage vorlegte und sie seinen Ausführungen vor-
anstellte: «Habe ich falsch gehandelt?», dann beantwortet sich
diese Frage jetzt von selbst, hat sie doch die Folgerichtigkeit
seines Handelns bewiesen. In der Tiefe seiner Zellen, seien sie
nun in Rumänien, in Ungarn oder in Jugoslawien gewesen, ist
ein Keim zum Aufspringen gebracht worden, der weiterwirkt.
Und darum ist denn nur noch das Eine hier anzufügen als das
einzige tröstlich Erhebende dieses Berichtes:

Die Zelle lebt!

*

Bibliographie

Wilkinson, Laurence: *No Fruit more bitter.*
    Heinemann, London
Liess, Otto Rudolf: *Rumänien zwischen Ost und West*
    Niedersächsische Landeszentrale für politische Bildung
Wiederkehr, Emil: *Rumänien, Land ohne Freiheit*
    Veritas-Verlag, Luzern
Wiederkehr, Emil: *Lieber den Tod, als in der Knechtschaft leben*
    Veritas-Verlag, Luzern
Pop, Nicolas: *Kirche unter Hammer und Sichel*
    Die Kirchenverfolgungen in Rumänien 1945—1951
    Morus-Verlag, Berlin
Wurmbrand, Richard: *In Gottes Untergrund*
    Berghausen-Evangelisationsverlag
Hillgruber, Andreas: *Hitler, König Carol*
                  und Marschall Antonescu
    Franz Steier-Verlag, Wiesbaden
Fischer-Galati, Stephen: *Eastern Europe in the Sixties*
    F. A. Praeger, London-New York
Fischer-Galati, Stephen: *The New Rumania. From People's*
                Democracy to Socialist Republic
    Verlag The M.I.T. Press, Cambridge Mass.
Ceasescu, Nicola: *Der rumänische Standpunkt*
    Verlag Rombach, Freiburg i. Br.
Bergel, Hans: *Rumänien, Porträt einer Nation*
    Bechtle-Verlag, München
M. Nagy-Talavera, Nicholas: *The Green Shirts and the Others*
    Hoover-Institution Press, Stanford Cal.
Chronological History of Rumania: *Editura Enciclopedica Romana*
Cretzianu, Alexandru: *Captive Rumania. A decade of soviet rule*
    Praeger, New York
Ionescu, Ghita: *Communism in Rumania 1944—1962*
    Oxford University Press London—New York—Toronto ☞

Kramer, Samuel Noah: *L'Histoire commence à Sumer*
    Verlag Arthaud
Hofer, Walther: *Von der Freiheit und Würde des Menschen*
    Scherz-Verlag
Nigg, Walter: *Der christliche Narr*
    Artemis-Verlag, Zürich
Homer: *Ilias*
Cervantes: *Don Quichotte*